国家精品课程配套教材
国家级精品资源共享课配套教材
省级线上一流课程配套教材

信息检索与利用

主　编　陈晓红
副主编　杨　勇　何雪梅
　　　　朱维凤　夏琬钧

西南交通大学出版社
·成　都·

内容简介

本书主要介绍重要的信息源（哪里找），信息检索工具的使用技巧（怎样找），检索结果的管理、分析和利用（如何用），以帮助大家解决日常生活、学习、就业、科研和工作中信息检索与利用的具体问题。

围绕大学生“学习、生活、科研、成长”四个方面的需求，首先，引入图书馆的基本使用，以及学习资源的获取技巧。其次，介绍如何与搜索引擎和大数据对话，寻找事实真相。再次，详述各类学术信息源、中外最具代表性的学术检索工具和信息管理与分析工具的使用技巧，以及如何进行文献阅读与学术写作；此外，介绍如何获取课题、机构和个人的专利技术信息、经济信息和法律信息，以及如何利用专利进行技术、竞争力、战略分析；同时解答考研和就业中的困惑。最后，通过科创主题、竞赛创意、方案实现、作品展示、成果保护、创新升华等，展示如何利用信息检索进行科技创新。

本书集合了大量的案例，并可通过扫描二维码观看视频，兼具基础性、实践性、引导性与启发性，可作为高等学校本科生、研究生的教材和教学参考书，也可供从事信息素养教育的教师和科技工作者参考使用。

图书在版编目（CIP）数据

信息检索与利用 / 陈晓红主编. —成都：西南交通大学出版社，2022.8

ISBN 978-7-5643-8827-0

Ⅰ. ①信… Ⅱ. ①陈… Ⅲ. ①情报检索 – 高等学校 – 教材 Ⅳ. ①G252.7

中国版本图书馆 CIP 数据核字（2022）第 141024 号

Xinxi Jiansuo yu Liyong

信息检索与利用　　主编　陈晓红

责任编辑	赵永铭		
封面设计	何东琳设计工作室		
出版发行	西南交通大学出版社 （四川省成都市金牛区二环路北一段 111 号 西南交通大学创新大厦 21 楼）		
发行部电话	028-87600564　028-87600533		
邮政编码	610031		
网　址	http://www.xnjdcbs.com		
印　刷	四川煤田地质制图印刷厂		
成品尺寸	185 mm × 260 mm		
印　张	15.25	字　数	333 千
版　次	2022 年 8 月第 1 版	印　次	2022 年 8 月第 1 次
书　号	ISBN 978-7-5643-8827-0		
定　价	45.00 元		

课件咨询电话：028-81435775

【 编写委员会 】 >>>>

主　任　张祖涛　高　凡

主　编　陈晓红

副主编　杨　勇　何雪梅　朱维凤　夏琬钧

【前　言】>>>>

随着人类社会信息化程度的日益提高，网络信息资源呈现急剧增长的态势。在浩如烟海的信息中，如何快速、准确地找到高价值的信息，并合理地、创造性地加以利用，变得越来越重要。因此，信息检索与利用能力已成为信息社会包括大学生在内的信息用户必备的能力。这种能力需要学习与实践方可获得。具有这种能力的大学生，才能更好地适应时代需求。

为此，本书编写团队基于西南交通大学原国家精品课程和国家级精品资源共享课“信息检索”，融合本课程团队核心成员开设的中国大学慕课“信息检索”“大学生创新与创业实践”等课程精髓，并经过充分的交流探讨后，形成了本书的主要内容。本书通过案例分析和视频二维码等形式，不仅呈现与生活、学习、工作、考研、创新创业等相关信息资源，以及如何高效检索与获取、准确评价与管理、合理利用信息的基本方法与技巧，而且关注信息检索、学科竞赛、科研写作等思维的培养，旨在以信息素养带动终生学习能力和创新创业能力的发展。

本书共 12 章，由陈晓红担任主编，杨勇、何雪梅、朱维凤、夏琬钧为副主编，张祖涛、高凡为主任。其中，第 1 章由陈晓红编写；第 2 章由高凡编写；第 3 章由杨勇编写；第 4 章由朱维凤编写；第 5 章由杨勇编写；第 6 章由何雪梅编写；第 7 章由陈晓红编写；第 8 章第 1 节、第 2 节、第 3 节、第 5 节由陈晓红编写，第 4 节由陈晓红、夏琬钧编写；第 9 章由何雪梅编写；第 10 章第 1 节、第 2 节、第 4 节由夏琬钧编写，第 3 节由陈晓红、夏琬钧编写，第 5 节由杨勇编写；第 11 章由朱维凤编写；第 12 章由张祖涛编写。陈晓红、夏琬钧负责全书的审定和校对工作，何雪梅、朱维凤负责核对部分章节的内容和编辑工作。此外，邓发云参与了“信息检索”慕课第 10 章的建设，余恩博等助教也为本书的出版付出了很多辛劳。在此一并表示衷心感谢！

在本书组织内容和整理的过程中，参考了大量的文献、视频等资料，在此谨向有关人士表示由衷的感谢！

鉴于当今信息技术的发展迅猛，有关信息源、信息工具的使用等信息检索知识、理论和实践更新较快，加之作者的能力和视野有限，本书难免有不足和疏漏之处，敬请各位专家、学者和读者谅解，并希望能通过邮件（victoriachengxia@163.com）提出宝贵的意见和建议，我们将不胜感激！

此外，西南交通大学慕课“信息检索”已在中国大学慕课平台上线，读者可扫描下方二维码，在线学习“信息检索”课程。

“信息检索”慕课

编 者

2022 年 4 月

#【数字资源】>>>>

序号	名　　称	类型	页码
1	信息意识的培养	视频	007
2	图书馆的类型	视频	013
3	通过目录查找书刊线索	视频	014
4	文献传递服务	视频	018
5	搜索引擎盈利模式	视频	022
6	知乎经验搜索	视频	033
7	纸本图书的获取	视频	041
8	行业信息的获取	视频	052
9	英语考试和学习资源的获取	视频	055
10	EB Online 案例演示	视频	067
11	传记网案例演示	视频	071
12	国家数据平台案例演示	视频	073
13	各国统计网站列表	网页	075
14	文献信息源的类型	视频	079
15	一拍 500 年，数字时代为什么还需要微缩胶片	网页	080
16	获取文献数据库提供的文献	视频	081
17	开放存取资源简介	视频	083
18	科研社交网站简介	视频	091
19	布尔逻辑检索的使用	视频	093
20	品质文献的筛选	视频	104
21	知网节/引文网络的利用案例	视频	109
22	知网检索技巧的应用案例	视频	112
23	投稿期刊的快速确定	视频	118
24	综合检索应用案例	视频	121
25	文献的批判性阅读	视频	126
26	论文各要素的写作套路	视频	133

续表

序号	名　　称	类型	页码
27	文献管理软件 Endnote 的使用	视频	140
28	文献管理软件 Mendeley 的使用	视频	146
29	文献管理软件 NoteExpress 的使用	视频	146
30	信息可视化分析工具 Citespace 的使用	视频	146
31	学术规范	视频	151
32	考研和就业如何选择	视频	152
33	考研信息搜集的公开渠道	视频	154
34	通过图书馆获取导师相关信息	视频	159
35	通过图书馆获取就业信息	视频	166
36	利用专利文献的意义	视频	170
37	专利文献中常见概念	视频	174
38	专利检索技巧	视频	176
39	国家知识产权局的专利检索与分析	视频	182
40	大为专利检索与分析	视频	184
41	从专利结果分析研究型大学的实力案例	视频	193
42	“磁悬浮列车研究技术动态”的专利分析案例	视频	194
43	如何维护国家信息安全	视频	198
44	造成个人信息泄露的渠道	视频	199
45	个人信息保护	视频	201
46	IFLA 专家教你如何发现虚假新闻	视频	203
47	如何识别虚假公司	视频	214
48	生活中的科技创新	视频	217
49	节能减排主题分析与信息检索	视频	221
50	“轮胎发电”创意案例	视频	222
51	简易脱墨装置演示	视频	222
52	“蜘蛛人助手”创意演示	视频	223
53	方案实现案例	视频	224
54	全国大学生机械创新设计大赛参赛作品展示案例	视频	227
55	节能减排全国二等奖作品创新升华案例	视频	230

【目　录】>>>>

Part 1 第 1 章　信息检索与信息素养

信息检索既是信息社会人们生活的重要组成部分，又是毕业设计、学科竞赛、科研写作、专利申请、创新创业等活动的必要基础。作为信息素养的核心要素，信息检索和利用能力能够促进问题解决、知识创新和终身学习等能力的提升，已成为现代公民生存和发展的“必修内容”。

1.1　信息及其相关概念

1.1.1　信息

“信息”一词的英文是“information”，在日本被称为“情报”，我国台湾称为“资讯”。

早在唐代诗人李中的《暮春怀故人》一诗中，就写道：“梦断美人沈信息，目穿长路依楼台。”不过此处的“信息”意为音讯和消息。

根据《辞海》第七版中的定义，“信息”是指对观察对象形态、运动状态和方式的反映。它被视为事物的一种普遍属性。

不同的学者对此有不同的解读。信息论的奠基人香农（C.E.Shannon）认为：信息是用来消除不确定性的东西；控制论的创始人维纳（N.Wiener）则认为：信息是人们在适应外部世界并使这种适应反作用于外部世界的过程中，同外部世界进行交换的内容的总称。

一般而言，检索到的信息越多、层次越高，解决问题的方案就越准确，获得的物质与精神报酬就越丰厚。

1.1.2　知识

《中国大百科全书·教育》将“知识”阐释为：“所谓知识，就它反映的内容而言，是客观事物的属性与联系的反映，是客观世界在人脑中的主观映象。就它反映的活动形式而言，有时表现为主体对事物的感性知觉或表象，属于感性知识；有时表现为关于事物的概念或规律，属于理性知识。”

知识被视为人类认识的成果或结晶。通常，知识具备三个特征：被证实的

（justified）、真的（true）和被相信的（believed）。

世界经济合作与发展组织（OCED）将知识分为四种类型：

（1）Know-What：关于事实的知识；

（2）Know-Why：有关自然原理和规律方面的科学理论知识；

（3）Know-How：关于完成某件事情的技能知识；

（4）Know-Who：关于是谁的知识或者应该向谁请教问题的知识。

思考并探索：知识可以分为以上四种，还可以包含“Know-Where”吗？

1.1.3 文献

根据 2009 年我国发布的《文献著录 第 1 部分：总则》（GB 3792.1—2009）国家标准，文献的定义是：记录有知识的一切载体。即用文字、图像、符号等手段记录人类知识的各种载体。如古代的甲骨卜辞、帛书卷轴，现代的书刊、缩微胶片等。

文献由三个要素构成：知识、载体、记录方式。其中，知识是文献的内容，载体是其形态，记录方式是构成文献的重要手段，此三位一体不可分割。

思考：空白胶片、磁盘和光盘以及口头传播的知识都属于文献吗？

1.1.4 情报

根据全国科学技术名词审定委员会审定公布的《图书馆 · 情报与文献学名词》第一版，情报是被传递的有用知识或信息。

现代社会，情报被赋予了更多的价值，常被运用到企业生产、经营中。据了解，企业的竞争情报对公司的业绩是有一定贡献的，比如摩托罗拉大致为 11%～30%，微软约占 17%。因此，企业竞争情报工作的负责人（英文简称 CIO），往往由企业的副总裁担任，可见其重要性。

1.1.5 信息、知识、情报和文献之间的关系

信息、知识、情报和文献之间主要存在以下三种关系。

一是包含关系：知识是人脑经过思维加工而形成的有序的信息集合；文献是记录下来的知识。

二是转化关系：特定的信息或知识被传递、被用于科研、生产、经营、军事中，就变成了情报。

三是交叉关系：有些情报来自文献，也可能来自口语或者实物等其他信息。

1.1.6 信息、数据与事实之间的关系

数据（data）是事实或观察的结果，是对客观事物的逻辑归纳，是用于表示客观事物的未经加工的原始素材。狭义的数据是指数字数值；广义的数据泛指具有一定意义的文字、字母、数字符号的组合、图形、图像、音频、视频，以及客观事物的属性、

数量、位置及其相互关系的抽象表示。

信息与数据是不可分离的。数据是原始事实，而信息是数据处理的结果。

温馨提示：一般而言，数据的客观性和公正性强，所以在研究和写作中尽量多采用数据。

1.2 信息检索概述

1.2.1 信息检索的概念

信息检索有广义和狭义的之分。广义的信息检索全称为“信息存储与检索”（Information Storage and Retrieval），是指将信息按照一定的方式组织和存储起来，并根据用户的需求找出有关信息的过程。狭义的信息检索仅指“信息查找”或“信息搜索”，即从信息集合中找出用户所需要的有关信息的过程。

信息检索的实质是将信息用户的需求和一定的信息集合进行比较、选择和匹配，并输出最佳结果的过程。

1.2.2 信息检索的原理

信息检索的全过程由信息存储与信息检索构成。信息存储是把大量的、分散无序的文献信息，如原始文档数据、图片、视频和音频等，进行搜集、加工、组织、管理，并将这些原始信息进行计算机语言的转换，通过标引词形成信息标识，将其存储在数据库中。然后再通过一定的方法和手段，使存储与检索这两个过程所采用的特征标识达到一致，以便有效地获得和利用信息源。最后，系统根据用户的需求，把相关的文献线索或知识信息查找出来，提供给用户。存储是进行检索的前提，也是检索的基础；检索是存储的目的。信息检索的原理具体如图 1-1 所示。

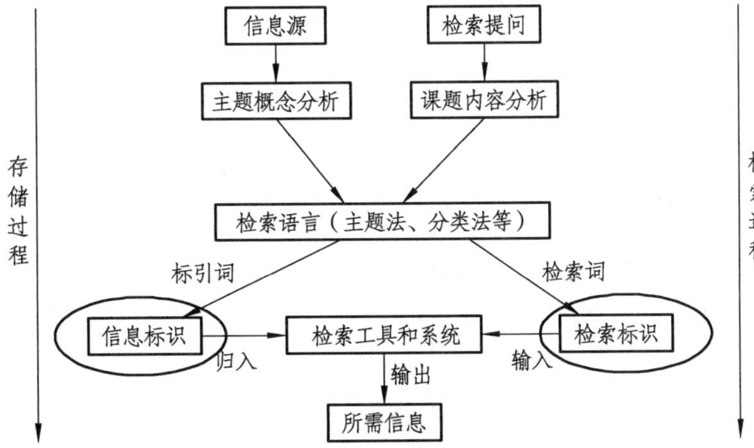

图 1-1 信息检索的基本原理

1.2.3 信息检索的类型

随着信息技术的发展和人们需求的变化，信息检索的类型不断增加。按照不同的标准，信息检索可划分为相异的类型。按检索方式的不同，信息检索可以分为：手工检索、计算机检索。按检索途径可以分为：直接检索、间接检索。按存储与检索对象可划分为：文献检索、数据检索、事实检索。

（1）文献检索（Document Retrieval），是指根据学习和工作的需要，将具有价值的文章、图书或与某一学科有关的重要图书资料，从一定的载体中查找出来的过程。比如，检索有关“机械原理”的一本电子教材。

（2）数据检索（Data Retrieval），是将经过选择、整理、鉴定的数值数据存入数据库中，根据用户的需要查出可回答某一问题的数据的检索。如检索“中国的海岸线有多长？”这是狭义的数据检索，即数字数值检索；广义的数据检索如前所述，泛指查找数字数值，以及图表、图谱、客观事物的属性等非数字数值。

（3）事实检索（Fact Retrieval）是情报检索的一种类型。广义的事实检索既包括数值数据的检索、算术运算、比较和数学推导，也包括非数值数据（如事实、概念、思想、知识等）的检索、比较、演绎和逻辑推理。狭义的事实检索是以某一客观事实为检索对象，其检索结果主要是客观事实，不包含为说明客观事实而提出的数据。例如，检索“杜甫是哪里人”“知识产权的定义是什么”。

以上三种信息检索类型的主要区别在于：数据检索和事实检索是要检索出包含在文献中的信息本身，而文献检索则检索出包含所需要信息的文献即可。

1.2.4 信息检索的方法

1. 常规法

常规法是利用书目、文摘、索引等检索工具进行文献资料查找的方法。运用这种方法的关键在于熟悉各种检索工具的性质、特点和查找过程，可从篇名、主题、作者等不同角度进行查找。

常规法又可分为顺检法、倒检法和抽查法。

（1）顺检法是从过去到现在，按时间顺序进行文献信息检索的方法。这种检索方法常用于某一方面文献信息的系统收集，所需的时间与费用较多。

（2）倒检法是逆时间顺序，从近期开始向远期进行文献信息检索的方法。通常用于快速获取最新信息，其特点是主动性强，效果较好。

（3）抽查法是指在分析课题的基础上，确定关于这一课题的文献信息最有可能出现或出现最多的时期，着重检索这一时期文献信息的方法。

2. 追溯法

追溯法又称“引文法”“回溯法”“引证法”，是指利用已有文献所附的参考文献及其作者、注释、附录等，不断追踪查找文献的方法。

温馨提示：在检索工具不全、检索结果较少或检索到一篇非常有价值的文献时，常采用此方法。它可拓展检索，甚至可帮助获得意想不到的结果。

【案例 1-1】图 1-2 呈现的是笔者发表的论文《近五年国内外信息素养教育研究进展及展望》(《图书情报工作》2018 年第 10 期）在知网检索结果中的引文网络链接。通过引文网络，可以对该文章进行参考文献、二级参考文献、引证文献、二级引证文献、共引文献等引文追溯，获得更多的相关信息。

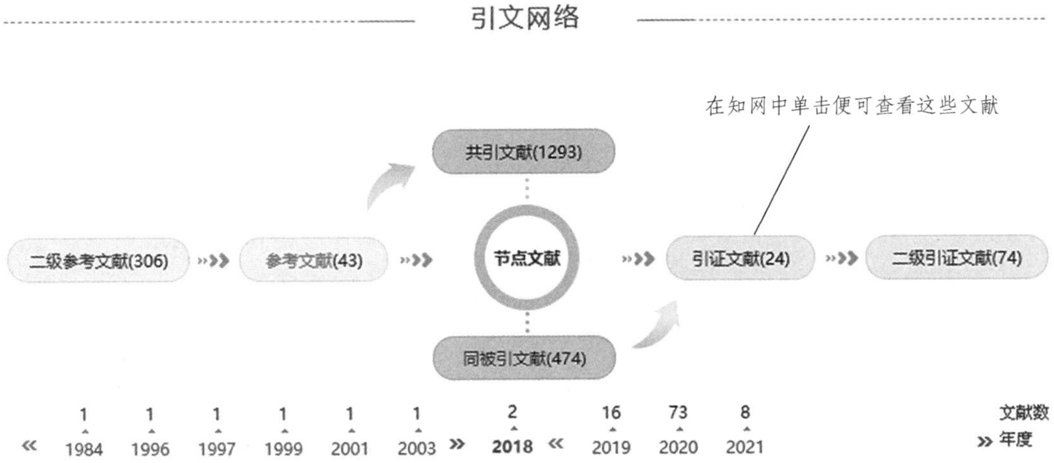

图 1-2　中国知网中的引文网络链接示例

3. 综合法

综合法又称“分段法”“交替法”“循环法”，是指综合使用“常规法”和“追溯法”的方法，即将两种方法分期、分段交替使用，直至查到所需资料为止。一般而言，可以先利用检索工具通过常规法检出一批文献，再以这些文献后面的参考文献、引证文献等为线索追溯原文，如此循环往复，直到满意为止。

综合法集合了“常规法”和“追溯法”的优点，可以帮助获得较为全面、准确的文献，是论文撰写、专利申请、课题申报等活动中常用的方法。

1.3　信息素养概述

1.3.1　信息素养的概念

2005 年，联合国教科文组织指出：信息素养是终身学习的核心，可以帮助所有人走向共同发展。由此可见信息素养的重要性。那么，什么是信息素养呢？

“信息素养”源自英文“Information Literacy”，也称“信息素质”。最早是由信息产业协会（Information Industry Association，IIA）主席保罗·泽考斯基（Paul Zurkowski）于 1974 年在美国提出。他认为，信息素质是“利用大量的信息工具吸引主要信息源，使问题得到解答的技术和技能”。

1989 年，美国图书馆协会（American Library Association，ALA）下设的信息素养总统委员会在其年度报告中，对信息素养进行了重新定义："要成为一个有信息素养的人，就必须能够确定何时需要信息，并且能够有效地查询、评价和使用所需要的信息。"

2015 年，美国大学与研究图书馆协会（Association of College and Research Libraries，ACRL）发布了《高等教育信息素养框架》（简称《框架》），替代 2000 年发布的《高等教育信息素养能力标准》。《框架》对信息素养的内涵给予了新的阐释，指出：信息素养是元素养，它是一系列综合能力，包含对信息的反思性发现、对信息如何产生与评价的理解，以及利用信息创造新知识并合理参与学习社区的能力。

《框架》由六个要素组成，并特别强调其中阈值概念对于专业学习和解决问题的重要性。这些阈值概念分别是：

（1）战略探索式检索（Searching as Strategic Exploration）。即强调运用一定的策略，通过不同信息源、检索方法等探索，去发现信息，最终解决一个问题。

（2）对话式学术研究（Schlolarship as Conversation）。将自己视为学术的贡献者而不仅仅是消费者；需要以开放的思维，参与到网上社区、研讨会等学术研究中，通过交流、讨论，甚至争论使研究得以开展和深入。

（3）信息创建的过程性（Information Creation as a Process）。信息创造与传播具有动态性，甚至可能要经历相当长一段时间，决定了进展中的信息创造过程。

（4）探究式研究（Research as Inquiry）。研究是一个探究过程，包括提炼研究问题、利用更先进研究方法和探索更多元化的学科视角等。

（5）权威性的构建与情境性（Authority is Constructed and Contextual）。权威是一种在一定领域内被认可或可起作用的影响力；需要以一种有根据的怀疑态度，看待新观点、不同声音和思想流派变化；批判性地审视所有证据，包括就信息的来源、背景，及其对当前信息需求的适用性提出疑问。

（6）信息的价值属性（Information Has Value）。信息的价值体现在出版业、信息获取、个人信息的商业化和知识产权法等方面。

检索任务：《框架》中每一个信息素养的阈值概念对应一组知识技能和一组行为方式。请通过搜索引擎获取和了解相关信息。

1.3.2 信息素养的核心要素

随着时代的变迁，信息素养的内涵也在不断充实、更新。现阶段的信息素养不仅包含传统的图书馆素养，还包括数字与媒体素养、工具与平台素养、科研与学术素养、知识产权素养，甚至创新素养等等。无论信息素养的定义如何变化，其核心要素在于三个方面：

（1）信息意识——能不能想到？

（2）信息能力——能不能做到？

（3）信息道德——可不可以做？

信息素养的第一个核心内容是信息意识，主要在于：当遇到问题的时候，能不能首先想到通过获取信息来解决，并且是否具备对信息敏锐的感受力、洞察力。

【案例 1-2】如何提升自己的信息意识？

在这个信息爆炸的时代，我们每一天都会遇到无数的信息，对你而言，哪些是重要且有价值的信息呢？你能把它发掘出来，并善加利用吗？

以《中国图书馆分类法》简表（图 1-3）为例，从中你能提取到什么有效信息？并且获得什么样的启示呢？

信息意识的培养

扫描右侧二维码，了解如何增强信息的感受力和洞察力，以提升自己的信息意识，从而有所发现、有所创新。

中图法简表

A	马克思主义、列宁主义、毛泽东思想、邓小平理论	N	自然科学总论
B	哲学、宗教	O	数理科学和化学
C	社会科学总论	P	天文学、地球科学
D	政治、法律	Q	生物科学
E	军事	R	医药、卫生
F	经济	S	农业科学
G	文化、科学、教育、体育	T	工业技术
H	语言、文字	U	交通运输
I	文学	V	航空、航天
J	艺术	X	环境科学、安全科学
K	历史、地理	Z	综合性图书

图 1-3　《中国图书馆分类法》简表

信息素养的第二个核心要素是信息能力，它是指运用信息知识、技术、手段和工具等解决信息问题的能力。除了包含检索（搜索）能力之外，还包括信息的需求识别、信息的获取、信息的评价与筛选、存储与管理、交流与分享、信息的分析与创造等方面的能力。

总体而言，信息能力包含三个核心层次：

（1）信息需求识别和获取能力。主要是指能把具体问题转化为信息需求，建立相应的检索词、检索式等检索策略，并通过检索工具和一定的渠道获得信息的能力。比如，想了解激光近视手术有多大的风险，以及有什么副作用等问题，就需要知道使用哪些检索词比较合适，是否仅用百度搜索一下就可以了吗？有没有更好的工具或者途径（如利用知网搜索），帮助得到真实和有效的信息呢？这些都关乎信息需求识别和获取能力。

（2）信息评价与信息管理能力。信息评价通常包含两个方面，一是评价信息本身，二是基于信息评价一个人、一个公司等等。

当我们获得的有价值信息越来越多时，就需要进行有效管理。这里的信息管理主要是指个人信息管理，或者是个人知识管理。对于这些信息能否使用相应的收集、整理、分析等软件、工具和方法加以科学管理和分析，也是需要具备的能力。

（3）信息综合利用与创造能力。它是最高层次的信息能力，比如利用检索到的信息进行论文撰写、专利申请、课题申报等方面的能力。

信息素养的第三个核心内容是信息道德，又称为信息伦理，是指在信息的采集、加工、存储、传播和利用等信息活动各个环节中，用来规范其间产生的各种社会关系的道德意识、道德规范和道德行为的总和。网络不是一个绝对的自由世界，跟现实世界一样，它有许多基本的规则和底线，也需要遵守相关的伦理道德与法律法规，形成与信息社会相适应的价值观和责任感。比如：不制造信息垃圾，不使用网络暴力，不非法获取和传播保密信息、隐私信息，要保护知识产权，遵守学术规范，等等。这是我们开展信息活动的前提和基础。

1.4 学习方法

信息检索与其他学习一样，也需要掌握一定的方法，才能学好、学透。

首先，尽量把需求与专业检索结合起来。比如想要就业，想提升创新创业能力，想了解专业与行业内的新变化，不妨利用数据库进行检索，看一看专家学者的观点，而不仅仅使用搜索引擎收集信息。长期保持这种意识，就比较容易增强自身的理性思维和信息素养。尤其是应该将信息检索与专业知识的学习结合起来。这样，检索词才会提炼得准确而全面，并且对检索结果的价值判断，也会更加精准。

其次，多交流，多分享。信息检索既是一门科学，也是一门艺术。说它是一门科学，是因为有规律可循；说它是一门艺术，是因其灵活多变性，有突破常规的意外收获。检索无定式，不同的检索对象，检索的策略也会不一样，如果能通过对检索经验的相互交流、分享，检索能力会获得比较快速的提高。被誉为史上最强学习法的费曼学习法，其精髓就在于能将学到的知识简化、条理化后，分享、传授给他人，进而增强自身对知识的消化、吸收。换言之，想要透彻地理解一个问题，首先得把这个问题清楚地表达出来，就像老师一样能够清晰地讲给他人听。即使是对这个问题一无所知的人，听了你的陈述后，也能明白。

【案例 1-3】曾有一则新闻，报道了一位农民父亲是如何培养儿女分别考上北大、清华的。有记者采访他有什么教育绝招，他的回答很简单，就是让孩子每天放学后，把老师讲的内容再给他复述一遍；如果孩子遇到问题答不上来，第二天去学校的时候需再问老师，直到弄懂了能讲明白为止。其实，这位父亲无意间采用的就是费曼学习法。如此一来，孩子自然把问题都搞清楚了。

最后，多对比，多思考、总结。检索对比是指同时打开多个检索工具，比如知网和万方，或者是同一个检索工具打开多个检索方式，比如浏览检索、初级检索、高级检索，通过尝试比较和分析，发现各种检索工具、检索方法、检索策略的优点和缺点等，并总结出信息检索的基本思路和一般规律。结果对比是指将检索到的信息随时与头脑中已知信息进行联系、比较，从中发掘出不同点，进而提出问题的方法。在实践中需运用多种思考方式，比如“六顶思考帽”模型中的肯定、否定、批判、感性、理性等思维，去发现事物的优劣，提升分析和解决问题的能力。

Part 2 第2章 大学生与图书馆

2.1 认识图书馆

一说到“图书馆”这个词，你会想到什么呢？是一栋建筑物？一个房间？里面排列着整齐的书架，书架上摆满了书，置身其中，仿佛进入书的海洋，书的世界。

你还会想到，这里有安静、温馨、优雅的环境，还有刻苦用功伏案读书的人群，还有各种各样的先进设备，比如，书目查询机、电子书阅读机、电子阅报屏、朗读亭，等等。除了这些场景，你还能想到什么呢？去图书馆网站搜索自己需要的信息？去图书馆听一场讲座？去图书馆看一个展览？去图书馆和朋友约会？聊天？喝一杯咖啡？这些都是我们现在说到图书馆这个词能联想起来的场景。

但是，图书馆从最初出现就是这样吗？这些功能是它一直就具有的吗？

2.1.1 “图书馆”一词的来源

中文所称的“图书馆”，英文就是 library，表 2-1 列出了图书馆这个词在法语、德语、俄语、意大利语、西班牙语等其他语言里的不同表述。

表 2-1 图书馆在部分西方语言中的表述

语种	表述
法语	Bibliotheque
德语	Bibliothek
俄语	Biblioteka
意大利语	Biblioteca
西班牙语	Biblioteca

通过上表，我们可以看到，它有一个共同的特点，就是都有一个相同的词根，是将 biblio 加后缀 theca 组成变化而来的，都来自于古希腊语。在古希腊语中，biblio 的意思就是书，而 theca 的意思是装东西的容器。把这两个词组合在一起，一个是书，一

个是装东西的容器，合起来就是放书的地方，存放图书的地方那就是图书馆。可见，早期图书馆的功能是单一的，就是保存。

而我们现在汉语所用的“图书馆”这个词，是由日本人创造的，在19世纪末由日本传入中国，然后在国内的报纸杂志上开始出现。直到1904年，清政府设立了湖北省图书馆和湖南省图书馆，我国才开始正式使用“图书馆”这个词。

在“图书馆”这个词传入中国前，我们常用来称呼图书馆的有哪些别称呢？常见的有：“府”“阁”“观”“台”“殿”“院”“堂”“斋”“楼”，等等，见表2-2。

表2-2　我国古代对藏书楼的别称

称谓	举例	称谓	举例
窖	殷商遗址	宫	（秦）阿房宫
府	（西周）故府、盟府	观	（东汉）东观
阁	（汉）天禄阁、（清）文渊阁	殿	（隋）观文殿
院	（宋）崇文院	堂	（明）澹生堂
楼	（清）铁琴铜剑楼	斋	（清）知不足斋

比如说，在殷商遗址里发掘的“窖”，它的部分功能就是藏书的地方；在《左传·僖公五年》中有记载：“勋在王室，藏于盟府”。意思是说，有功勋受到王室封赏的记录，都收藏在盟府里。这里的“盟府”就是我国图书馆的雏形。春秋时期的图书馆多称为“守藏室”，《史记》记载，老子“姓李氏，名耳，字聃，周守藏室之史也”。“守藏室之史”，就是专门管理图书的官员，老子就是我国最早的图书馆馆员和图书馆馆长了。

在《史记·太史公自序》中也说道：“秦拔去古文，焚灭诗书，故明堂石室金匮玉版图籍散乱。”可以推测，秦朝时的图书馆为“石室”。汉高祖时，萧何在未央宫的北面建了天禄阁、石渠阁等，专门用于收藏图书。还有隋朝时的观文殿，唐朝和宋朝时的崇文院等，也都是图书馆的别称。在明清时期，“阁”的称谓较为普遍，比如明朝时的国家图书馆是“文渊阁”，还有很多著名的私人图书馆也称为“阁”，如宁波范钦的天一阁，常熟毛晋的汲古阁等。清朝乾隆时期，修建了文渊阁、文津阁、文源阁、文宗阁、文汇阁、文溯阁、文澜阁等七个国家图书馆。另外，还有明朝的澹生堂，清朝的铁琴铜剑楼、知不足斋等，都是那个时期的私人图书馆，也是图书馆的别称。

以上例子说明了，虽然在中国“图书馆”这个词出现得很晚，但是，图书馆产生的历史是比较早的，并且从最早的皇家藏书、官府藏书发展到了私人藏书，1904年出现了公共图书馆。

2.1.2　图书馆的历史

从全世界来看，图书馆到底是起源于什么时候呢？到现在都是无法确知的，大概我们知道的是，人类有了保存记录的必要的时候，就有了图书馆。所以图书馆最初的功能，就是保存人类的记录和文化。世界上的文明古国都是早期图书馆的一个重要发祥地。

考古发现，在大约公元前3000年的古巴比伦王朝的一座寺庙废墟附近，也就是今天的伊拉克的首都巴格达，发现有大批的泥板文献被集中在一起，这是目前已知的最早的图书馆。在巴比伦王国之后兴起的亚述帝国，在巴尼拔国王即位时，把皇都迁到尼尼微，并且在皇宫建造了一座很大的图书馆，收藏各类文献 1 万多种，泥板 3 万多块，内容几乎囊括了当时的全部学识。这些泥板中的大部分，即 20 720 块，现存于英国大英博物馆。这些泥板被发掘出来的时候，是按照不同的专题排放在不同的藏书室，许多藏书都刻有国王的名字，而且，这些泥板是存放在陶罐里面的，每块泥板都有标记，标明这块泥板藏于某室，某架和某罐当中。并且，每间藏书室门边的墙上，都标出书目，以便查找。这表明，在亚述王朝时期的藏书室已有了文献管理。

古埃及托勒密王朝的亚历山大图书馆建于公元前 3 世纪，收藏的资料达 70 万卷，是当时世界上最大的图书馆。那个时期许多的哲学、诗歌、文学、医学、宗教、伦理和其他学科的大量著述都收藏于此。丰富的馆藏吸引了四方的学者云集此地，古希腊地理学家、天文学家、数学家和诗人埃拉托色尼，古希腊文献学家阿里斯塔克等不少历史名人都曾出任过亚历山大图书馆的馆长。而诸如哲学家埃奈西德穆，数学家、物理学家阿基米德等睿智圣贤也均在此或讲学，或求学，使图书馆享有“世界上最好的学校”的美名，并在整个地中海区域传播文明长达 800 年。可见，图书馆的功能已经有了很大突破和发展。

希腊在柏拉图时代就已经有了颇具规模的图书馆。古罗马受到埃及和希腊的影响，也非常重视图书馆。据记载，公元 4 世纪初，仅罗马一城就有 28 个公共图书馆。

图书馆经历了古代、近代的不断发展，已经从最初的皇家藏书、宗教藏书、贵族私人藏书，逐渐演变为向公众开放的图书馆，并发展出不同类型的图书馆。它的功能也从最初的保存扩大到了集搜集、整理、保存、利用、学习、教育、交流为一体的现代图书馆。

2.1.3　图书馆的定义

那么究竟什么是图书馆呢？美国的图书馆学家巴特勒提出的定义是大家比较认可的。他说，图书馆是将人类记忆的东西移植于现在人们的意识之中的一个社会装置。另外，美国的图书馆学家谢拉认为，图书馆是社会中文化交流体系的一个重要机关。而我国图书馆学家吴慰慈认为，图书馆是搜集、整理、保管和利用书刊资料，为一定社会的政治、经济服务的文化教育机构。

现在我们常常可以看到或者听到这样的词：数字图书馆、复合图书馆、智能图书馆、智慧图书馆等，这些都是现代图书馆在发展过程中不断产生的概念。所以说，图书馆是在不断发展的，它的馆藏从最初的泥板、纸莎草、甲骨、竹简，到后来的写本、刻本、印本，再到音频、视频等多媒体资源，再扩展到今天的数字信息资源，图书馆的馆藏文献信息资源随着时代和技术的发展在不断扩充，其职能也随着时代的变化而不断发展着。

现代图书馆的职能包括保存人类文化遗产、开展社会教育、传递科学信息、开发智力资源和提供文化娱乐。

2.1.4　图书馆的类型

图书馆在漫长的发展过程中，出现了各种类型的图书馆。不同类型的图书馆根据其服务对象以及具体任务的不同，其收藏的资源和提供服务的形式和内容也是有所不同的。划分这些图书馆类型有没有标准呢？1974 年，国际标准化组织 ISO 颁布了 ISO2784-1974（E），也就是“国际图书馆的统计标准”，把图书馆划分为国家图书馆、高等院校图书馆，其他主要的非专门图书馆、学校图书馆、专门图书馆和公共图书馆 6 大类。

图书馆的类型

目前我国图书馆的主要类型有：国家图书馆、公共图书馆、学校图书馆、科学图书馆、专业图书馆、儿童图书馆、工会图书馆、军事图书馆等。通常认为公共图书馆、科学图书馆和高等院校图书馆是我国图书馆事业的三大支柱。

（1）公共图书馆。2018 年 1 月 1 日起施行的《公共图书馆法》中明确规定了，公共图书馆是指向社会公众免费开放，收集、整理、保存文献信息并提供查询、借阅及相关服务，开展社会教育的公共文化设施。

公共图书馆主要收藏的是大众化和地域性读物，以书籍为主。比如说一些地市级、县级地方性公共图书馆，要收集当地的地方文献，当地的地方志，记录当地民俗风情的书籍等等。因此，公共图书馆是查找地方文献的主要渠道。公共图书馆由文化和旅游部牵头建设和管理，包括国家图书馆、省（直辖市、自治区）图书馆、市图书馆、县图书馆。

中国国家图书馆位于北京，是我国的国家总书库、国家书目中心、国家古籍保护中心和国家典籍博物馆，履行着国内外图书文献收藏和保护的职责。作为国家总书库，国家图书馆全面入藏中文图书，有重点地选择入藏外文图书。因此，如果你要查询图书，尤其是中文图书和我国古籍，国家图书馆就是最权威的地方。

（2）科学图书馆。科学图书馆属于专门性的图书馆，是紧密结合本系统本单位的研究方向与任务，搜集、整理、保存和提供国内外的科技文献资源，为科学研究服务。科学图书馆是由科技部牵头建设和管理的，是科研与企业用资源最集中的地方。其中代表性的有 NSTL，即国家科技图书文献中心（National Science and Technology Library），它是科技部联合财政部等六部门，经国务院批准，于 2000 年成立的一个基于网络环境的科技文献信息资源服务机构。该中心由中国科学院文献情报中心、中国科学技术信息研究所、机械工业信息研究院、冶金工业信息标准研究院、中国化工信息中心、中国农业科学院农业信息研究所、中国医学科学院医学信息研究所、中国标准化研究院标准馆和中国计量科学研究院文献馆等单位组成，以构建数字时代的国家科技文献资源战略保障服务体系为宗旨，按照“统一采购、规范加工、联合上网、资源共享”的机制，采集、收藏和开发理、工、农、医各学科领域的科技文献资源，面向全国提供公益的、普惠的科技文献信息服务。

中国科学院文献情报中心（国家科学图书馆）也是科学图书馆的代表之一，它立足中国科学院、面向全国，主要为自然科学、边缘交叉科学和高技术领域的科技自主创新提供文献信息保障、战略情报研究服务、公共信息服务平台支撑和科学交流传播服务。

（3）高校图书馆。2016 年教育部颁发的《普通高校图书馆规程》中规定了，高等学校图书馆是学校的文献信息资源中心，是为人才培养和科学研究服务的学术性机构，是学校信息化建设的重要组成部分，是校园文化和社会文化建设的重要基地。高校图书馆是学术类资源最集中的地方，每一个图书馆的收藏特色及提供的服务，是与学校自身的学科建设是紧密相关的。高校图书馆是由教育部来牵头建设和管理的，其主要职能是教育职能和信息服务职能。

2.1.5 小结

（1）图书馆是搜集、整理、保管、利用书刊资料为一定社会的政治、经济服务的文化教育机构。因此，图书馆是我们查找和获取文献信息的最重要的场所。

（2）图书馆始于何时，无法确知。人类有了保存记录的必要时，就有了图书馆。

（3）图书馆最原始的功能是保存人类的记录与文化。所以世界上的文明古国都是早期图书馆的重要发祥地。

（4）我们利用的图书馆主要包括公共图书馆、科学图书馆和高等院校图书馆。

2.2 利用图书馆

利用图书馆主要包括：了解图书馆的馆藏目录和联合目录，通过目录来查找书刊；了解图书馆纸质藏书的分类排架规则，借阅纸质书刊；了解图书馆所拥有的各种类型的数据库及其使用技巧，检索所需要的数字信息资源；利用图书馆优良舒适的环境和空间，培养良好的学习习惯；了解和利用图书馆所提供的各项服务。

2.2.1 通过目录查找书刊线索

什么是目录？一是指书籍正文前所载的目次，是揭示和报道一本书的工具。二是在计算机应用中，目录发展成了我们熟知的“文件夹”。三是记录图书的书名、著者、出版与收藏等情况，按照一定的次序编排而成，是反映图书馆的馆藏、指导读者阅读、检索大量图书的工具。本课程所说的目录，就是第三个概念。

目录也有很多种，本书给大家介绍的是与我们利用图书馆相关的最主要的两种目录。

通过目录查找书刊线索

（1）馆藏目录。所谓的馆藏目录，它反映的是某一个图书馆所藏的全部或者部分文献的目录，它可以细分为反映一个图书馆收藏的全部文献，或者某一种文献的总目录、分馆目录、某一阅览室目录以及反映有特殊价值，并需单独保管的文献的特藏目录，等等。

比如，我们通过西南交通大学图书馆主页提供的馆藏电子目录，也就是 OPAC

（Online Public Access Catalogue），输入检索词，这个检索词可以是书名、作者、刊名，或者出版社等，就能够查找到你所需要的书刊线索（见图 2-1）。例如，我们输入检索词“鼠疫”，限定作者为加缪，就能够查出加缪所著的《鼠疫》这本书的馆藏记录 12 条，提供了该书的在馆情况及馆藏位置，便于借阅。

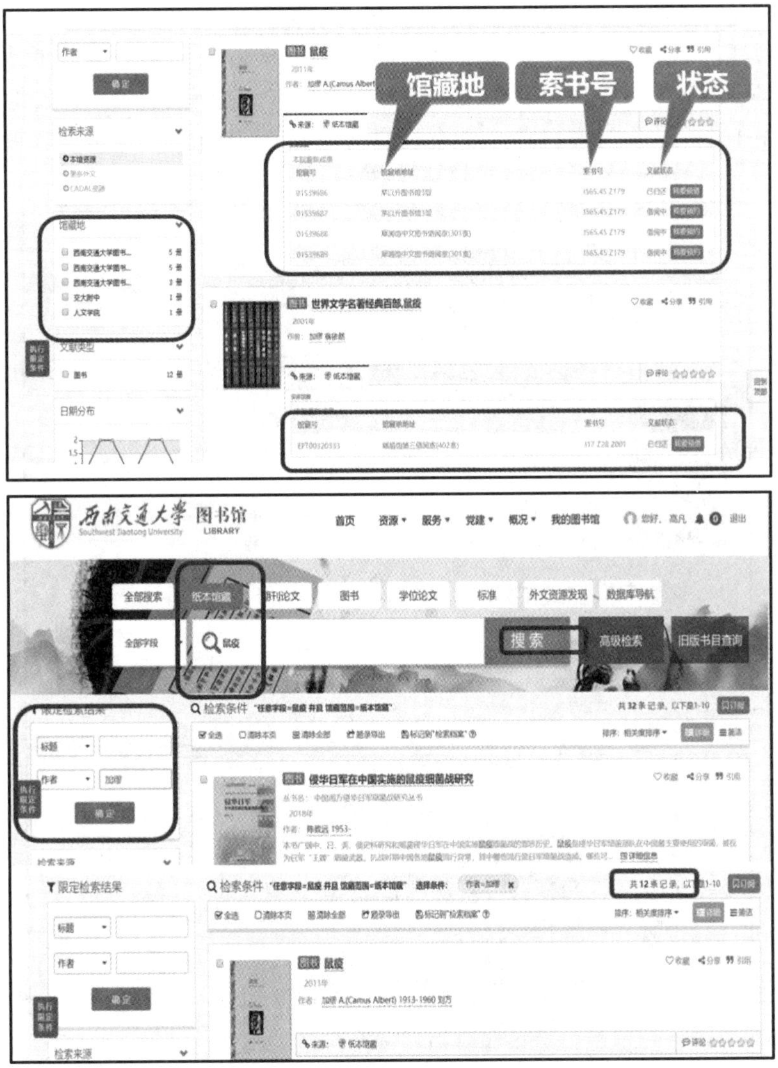

图 2-1　OPAC 目录检索示例

（2）联合目录。联合目录是揭示和报道若干个图书馆收藏文献的一种统一目录。它是若干个图书馆，可以是三五个，可以是几十个上百个上千个，甚至近万个图书馆，把他们所有的馆藏目录结合在一起，这样的目录就是联合目录。联合目录可以是综合性的，也可以是专科专题性的。

例如，由教育部牵头成立的中国高等教育文献保障系统（CALIS），是全球最大的高校图书馆联盟。联盟集合所有成员馆的馆藏目录就成为一个联合目录，在网上提供服务。

通过 CALIS 的 e 读学术搜索就可以全面发现全国高校丰富的纸本和电子资源，既可以检索到本馆资源，也可以检索到所在省的，甚至是全国的其他高校图书馆的馆藏情况。

OCLC（Online Computer Library Center，联机计算机图书馆中心）的 WorldCat 是一个由 9 千多个成员馆参加的联合目录数据库。OCLC 位于美国俄亥俄州，是世界上最大的一个提供文献信息服务的机构。WorldCat 联合目录数据库就是将中心所有的成员馆目录集合在一起，包含有 400 多种语言的 5 700 多万条记录，覆盖了从公元前 1000 年至今的资料，基本上反映了世界范围内的图书馆所拥有的图书和其他资料。通过 OCLC 的 WorldCat，可以查到某一本书在世界各地图书馆的收藏情况，知道了线索，就便于借阅了（见图 2-2）。

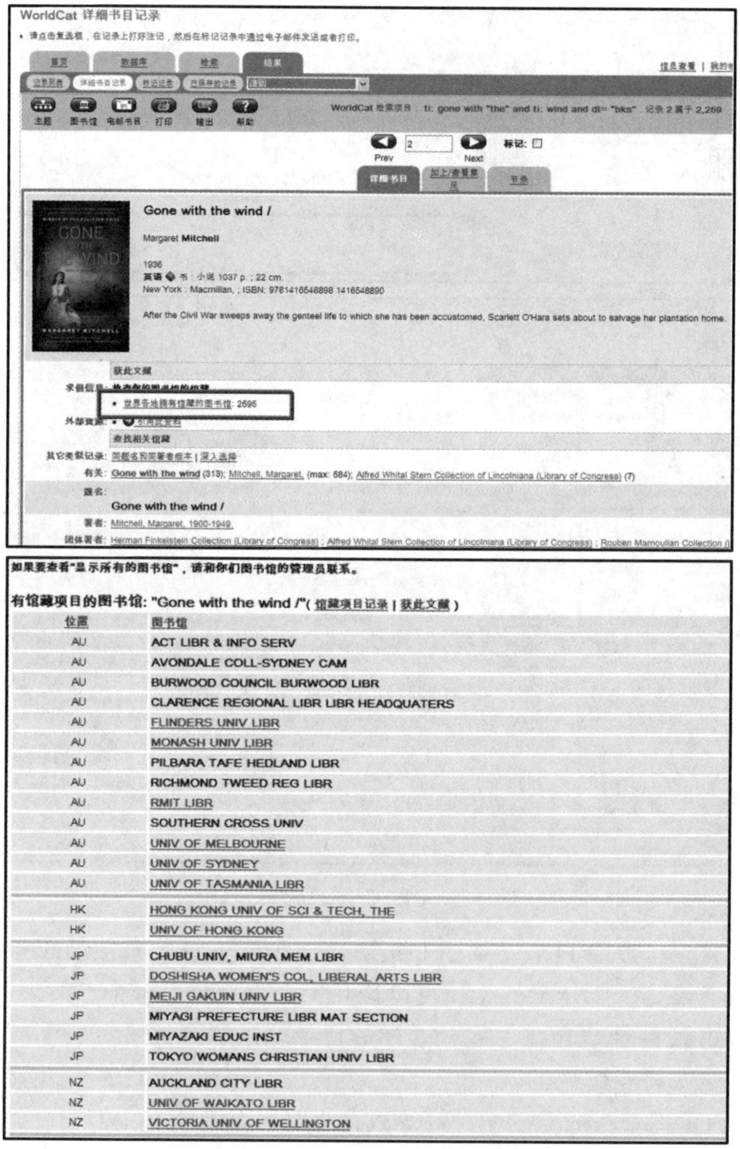

图 2-2 WorldCat 检索示例

2.2.2 了解图书排架规则，借阅书刊

当你通过馆藏目录查找到索书号，你知道这些字母和数字的组合代表什么意思？

当你走进书库，书架上整齐地排列着难以计数的各种书籍，你不禁要问：这么多图书是如何排列的呢？有什么样的规律可循呢？

在我国，国内大多数图书馆图书排架的依据是《中国图书馆分类法》，只有中国科学院系统和中国人民大学例外，它们分别采用的是《中国科学院图书馆图书分类法》和《中国人民大学图书馆图书分类法》。无论采用哪一种分类法，都是运用知识分类的原理，采用逻辑方法，将所有学科的图书按其学科内容分成几大类，每一大类下分许多小类，每一小类下再分子小类。最后，每一种书都可以分到某一个类目下，每一个类目都有一个类号。

《中国图书馆分类法》普遍应用于全国各类型的图书馆，国内主要大型书目、检索刊物、数据库等，它采用字母与阿拉伯数字相结合的混合号码，用一个字母代表一个大类，以字母顺序反映大类的次序，大类下细分的学科门类用阿拉伯数字组成。《中国图书馆分类法》包括马列主义、毛泽东思想、邓小平理论，哲学，社会科学，自然科学，综合性图书五大部类，22 个基本大类（见图 2-3）。为适应工业技术的发展，工业技术二级类目采用了双字母。如 TH 为机械、仪表工业，TP 为自动化技术、计算机技术，TU 为建筑科学。

A	马克思主义、列宁主义、毛泽东思想、邓小平理论	N	自然科学总论
B	哲学、宗教	O	数理科学和化学
C	社会科学总论	P	天文学、地球科学
D	政治、法律	Q	生物科学
E	军事	R	医药、卫生
F	经济	S	农业科学
G	文化、科学、教育、体育	T	工业技术
H	语言、文字	U	交通运输
I	文学	V	航空、航天
J	艺术	X	环境科学、安全科学
K	历史、地理	Z	综合性图书

图 2-3 《中国图书馆分类法》22 个基本大类

例如，要找高等数学的分类，首先高等数学属于数理科学和化学，在 O 类，然后 O1 是数学，O13 就是高等数学（见图 2-4）。可见它采用的是层级式的、字母顺序加阿拉伯数字混合的方式。

再举例，刚才我们在西南交通大学的馆藏目录上查到加缪的小说《鼠疫》，显示了这本书的索书号，I565.45 Z179（见图 2-5）。这代表的是什么呢？I 是文学，I5 是欧洲文学，I565 是法国文学，而 I565.45 是法国当代的小说。这就代表《鼠疫》这本书的分类号是：I565.45，在这一分类号下集中了法国的当代小说。而 Z179 是西南交通大学图书馆赋予的种次号，表示《鼠疫》这本书是西南交通大学图书馆馆藏中这个类目下的第 179 种书。这个顺序号是由各个图书馆自己来规定的，各个馆有自己的规则。所以我们

只要知道《鼠疫》的分类号是I565.45，就可以在图书馆的书架上顺利找到这本书了。一般而言，每个图书馆的书架侧边都会把图书分类号明确标示出来，以方便读者查找。

示例：高等数学的分类

查《中图法》

O数理科学和化学

→O1数学

→O13高等数学

图 2-4　高等数学分类示例

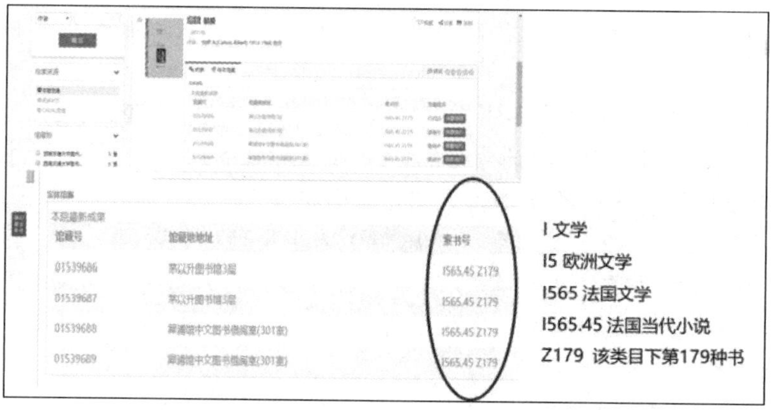

图 2-5　《鼠疫》索书号示例

2.2.3　了解图书馆拥有的数字资源，熟悉检索技巧并利用

数字时代，图书馆更多的资源是网上的数字资源，所以我们要去了解、发现图书馆拥有的数字资源，这些数字资源在每个图书馆的主页上都会公布出来。例如，西南交通大学图书馆的数字资源在主页上有专门的“数据库资源”版块（见图 2-6），打开这个版块，可以看到其拥有的数字资源有图书、期刊、学位论文、标准、会议文献、专利、多媒体资源，还有报纸、数值数据、参考工具、文摘索引等各种类型的数据库。所以我们要对自己所在区域、单位、学校的图书馆尽可能地了解并熟悉，不仅仅是常去借阅书刊，利用实体图书馆，还要经常上这些图书馆的网站，查看主页，熟悉了解图书馆所拥有的数字资源，以及这些数字资源的使用方法和技巧，这样才能顺利地发现并检索到自己所需要的信息资源。

2.2.4　文献传递服务

当你在某个图书馆没有查找到所需的文献信息，但通过联合目录了解到了线索，该如何办？首要的选择是找图书馆，因为图书馆是我们获取文献信息资源最重要的地方，图书馆有一项专门的服务就是文献传递。

文献传递服务

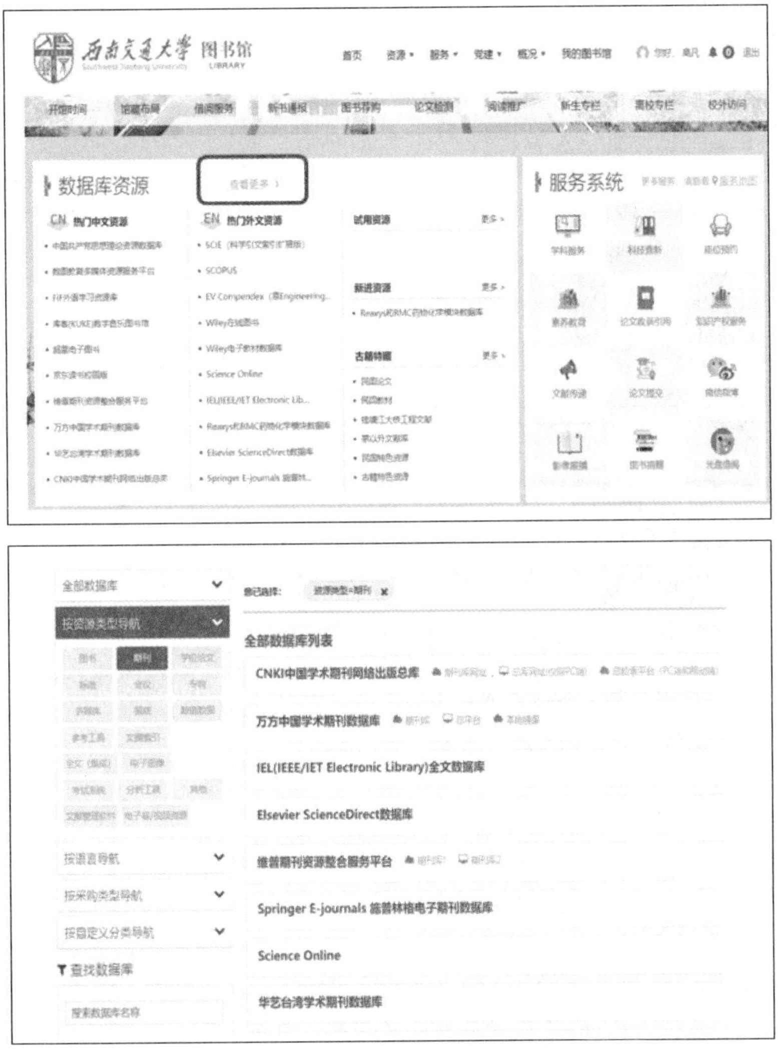

图 2-6 图书馆数字资源列表示例

什么是文献传递？文献传递就是图书馆开展的将读者所需的文献复制品，以有效的方式和合理的费用直接或者间接地传递给读者的一种非返还式的文献提供服务。它具有快速、高效、简便的特点。高等学校图书馆基本上都开展有文献传递服务。

例如，前面我们在教育部中国高等教育文献保障系统的 e 读学术搜索里，输入检索词“结构力学”，限制条件为外馆资源，检索结果中的《结构力学实验》这本书是我们需要的，可以看到，有一个文献传递标记，就可以点击这个标记，然后通过自己所在的图书馆进行文献传递，就可以获取原文了（见图 2-7）。

2.2.5 小结

（1）我国绝大多数图书馆的藏书是按照《中国图书馆分类法》组织和排列的。

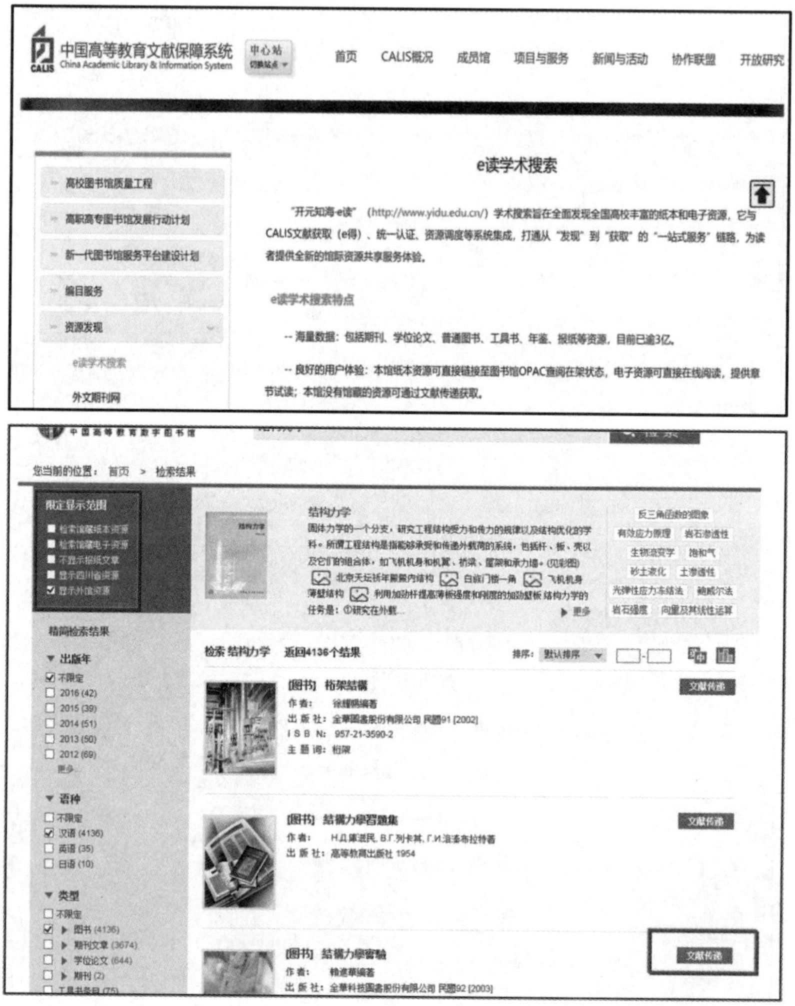

图 2-7　e 读学术搜索文献传递示例

（2）查找书刊及其线索，可以通过一个馆的馆藏目录或者许多个图书馆的联合目录。

（3）中国高等教育文献保障系统 CALIS，是全球最大的高校图书馆联盟，通过 e 读学术搜索可以查找该联盟内各个高校图书馆的馆藏情况。

（4）OCLC 的 WordCat 是一个有 9 000 多个成员馆参加的联合目录数据库，它基本上反映了世界范围内的图书馆所拥有的图书和其他资料。

（5）非本馆所藏书刊可以通过图书馆的文献传递服务获取。

2.3　图书馆与信息素养

2.3.1　图书馆与信息素养的关系

信息素养是个体能意识到信息需要并有效地定位、获取、评价和利用所需信息的一系列能力的总和。它既包括信息能力，还包括信息意识和信息道德。我们每个人的信息素养决定了自身运用知识和创造知识的能力。

在信息时代，作为一个高素质的创新人才，必须具备以下 5 个方面的能力。第一，要有敏锐的信息意识，从自身的学习、工作、生活中能够捕捉到有价值的信息。第二，能熟练地使用检索工具，要在了解信息需求的基础上构建问题，并制定检索策略。第三，能识别与评价信息和信息源，能够识别潜在的信息源，检索信息，并能对信息进行评价。第四，能有效利用信息，能依据实际应用对信息进行组织，能有效地利用信息完成特定的任务。第五，获取和使用信息要符合道德及法律规范，能够了解有关信息使用的经济、法律及社会因素，具备信息道德。

了解了图书馆及其功能，就知道图书馆是文献信息资源的一个汇集地，尤其是高校图书馆，承担着为学校教学、科研、学科建设和人才培养提供文献信息和咨询服务的重要职能。它以其丰富的馆藏文献资源，先进的检索手段，成为课堂教育的延伸和素质教育的基地。

我们在学习的过程当中，要打破原来的单纯依赖于“老师教”的这种课堂性的学习，要充分利用图书馆的馆藏文献资源，空间资源和其他的服务资源，参加图书馆组织的各种活动，主动加强资源型学习，提升自己的信息意识，培养终身学习能力。信息意识的提高仅仅靠听几次讲课和短期的学习是无法真正提高的，意识的提高需要长期的培养和实践，才能有敏锐的洞察力，能在别人习以为常的事情中发现深刻的意义，在初露端倪的事情中认识它蕴含的丰富内容。有了这种能力才能在大量繁杂的信息中发现有价值的信息，才能有所突破，有所创新。因此，图书馆与信息素养之间有着密不可分的关系。

2.3.2 小结

（1）信息素养是个体能意识到信息需要并有效地定位、获取、评价和利用所需信息的一系列能力的总和。

（2）信息素养包括信息能力、信息意识和信息道德。

（3）信息素养的提升不能仅靠听几次讲课和短期的学习，需要长期的培养和实践。

（4）图书馆是培养信息素养的最重要的场所，要多多利用图书馆。

Part 3

第3章　玩转搜索引擎

互联网是20世纪人类最重要的发明之一。搜索引擎的出现，源于互联网上的信息越来越多，信息传播加快的同时，人们找到和使用信息变得越来越困难，急切需要一种快速查询信息的工具，来对互联网上的信息进行整理和归类，以帮助人们从海量信息中快速搜寻到想要的那一部分。

3.1　搜索引擎再认识

3.1.1　搜索引擎的出现与进化

搜索引擎盈利模式

1990年，加拿大麦吉尔大学（McGill University）的三名大学生共同创建了一个能够自动索引互联网上匿名FTP网站文件的程序，并支持用户通过文件名来查找文件，这个自动索引程序后来被称为Archie（阿奇）搜索引擎。

由于当时构建Archie使用的工具为打造很多现代搜索引擎奠定了框架，因此，“阿奇”后来被誉为现代搜索引擎的祖先。

1994年4月，斯坦福大学（Stanford Unirersity）的两名博士生，美籍华人杨致远（Gerry Yang）和他的美国同学大卫·费罗（David Filo）借鉴“阿奇”（Archie）的原理，共同开发了一个可搜索网页的超级“目录索引”，即后来的雅虎（Yahoo）。雅虎是全球第一家搜索引擎公司，雅虎的发展也使搜索引擎这一事物为公众所熟知。

1998年，Google（谷歌）搜索正式上线，从此搜索引擎进入了高速发展时期。

2000年1月，百度搜索成立，起初作为搜索技术提供商向新浪等门户网站提供中文搜索服务和数据。2001年10月，百度作为搜索引擎正式上线，直接独立提供搜索服务，并逐步成为全球最大的中文搜索引擎。

目前，互联网上的各类搜索引擎有成千上万个，除了我们所熟知的百度、搜狗、必应（Bing）等搜索引擎外，还有俄罗斯著名搜索引擎 Yandex、法国著名搜索引擎Qwant，等等。此外，近年来还出现了许多专业化的搜索引擎，即垂直搜索。搜索引擎也成为我们当下最频繁使用的互联网应用之一。

搜索是我们获取新信息最主要，也是最便捷的方式之一。我们的生活、学习、工作中，都离不开信息搜索。搜索，越来越成为我们的一项基本技能，尤其是在当今的互联网时代，如果你的搜索技能领先于他人，那么很多时候你就可能快人一步，从而抢占先机。

3.1.2　搜索引擎的原理

搜索引擎的原理可以概括为三个步骤：第一步是从互联网上抓取网页；第二步是提取内容关键词，建立索引数据库；第三步是对用户搜索词进行处理并对结果排序（见图 3-1）。

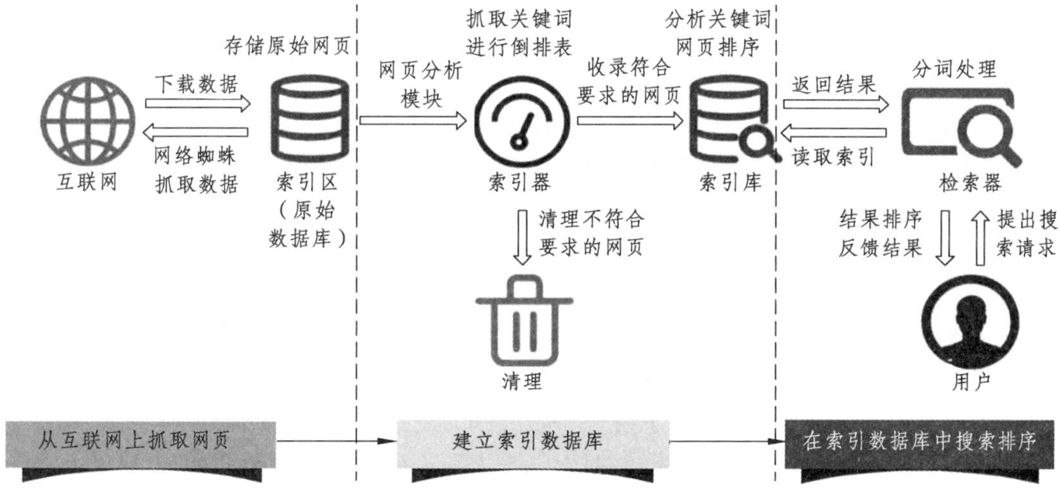

图 3-1　搜索引擎工作原理

搜索引擎的作用和价值，在于它力图为互联网建立起一张全息地图。因此，大多数搜索引擎并不真正搜索互联网，它搜索的实际上是预先整理好的网页索引数据库。

当然，搜索引擎也不能真正理解网页上的内容，它只能机械地匹配网页上的文字。

3.1.3　搜索引擎的分类

搜索引擎发展到今天，已进化出多种类型。按照工作方式，搜索引擎可分为以下几种类型。

第一类是目录型搜索引擎。目录型搜索引擎又叫分类主题目录。其实质就是一个基于超文本文件的分类目录树，早期的雅虎（Yahoo）搜索，就是目录式搜索引擎的代表。

第二类是索引型搜索引擎。索引型搜索引擎是一种能够自动搜索网页，自动对信息进行标引，并能为用户提供检索入口的信息查找工具。现在主流的搜索引擎，如百度、谷歌等都属于这一类。

第三类是元搜索引擎。这类搜索引擎没有自己的数据库，它只提供一个统一的界面，将用户检索需要转移到其他独立的搜索引擎，并将结果进行处理后返回给用户。

元搜索引擎的优点是：快捷，信息覆盖面更加广泛。但缺点也很明显，比如：高级检索功能不完善，对检索结果也无法做到很好的处理。

比较著名的元搜索引擎有 Dogpile、webcrawler 等。

Dogpile 是一个著名的元搜索引擎，是目前性能较好的统一检索入口式元搜索引擎之一。每一条搜索结果都综合了多个搜索引擎，包括谷歌、雅虎、About、FindWhat、LookSmart、Live 这些大名鼎鼎的综合性搜索引擎。

webcrawler 是一家元搜索引擎，它的功能主要是将谷歌、雅虎的搜索结果以及其他搜索引擎的搜索结果统一显示在一个页面中，帮助用户完成同一个搜索关键词在不同搜索引擎中的搜索结果对比。

3.2 搜索需要学吗？

要回答这个问题，我们需要了解当前搜索引擎发展两大趋势：

一是垂直化。垂直搜索（引擎）为 2006 年后逐步兴起的搜索引擎。不同于通用搜索引擎，垂直搜索专注于特定的细分的搜索领域，以实现在其特定领域的精准搜索和深度搜索。相应地，需要我们了解和掌握的搜索引擎的种类和数量比以往要多得多。

二是移动化。与 PC（个人电脑）端不同，移动搜索有一些独特的地方：

（1）搜索引擎不再是获取信息的唯一入口。移动搜索的方式和手段更多元化，包括浏览器搜索、搜索引擎 APP 搜索，以及应用内置搜索等。

（2）搜索方式多样化，出现了语音、二维码等新的搜索方式。

（3）搜索结果更加个性化，同一搜索每个人所得到的结果可能不同。

搜索引擎的专业化、入口的多元化、搜索方式的多样化、搜索结果的个性化，是否意味着获取信息更加容易？或者说，搜索还需要学吗？要回答这个问题，需要回到搜索引擎本身，以下三个方面的原因影响着搜索引擎的进化，也直接影响到我们信息搜索的质量。

首先，搜索引擎在信息收录时有选择性。信息无时无刻不在产生和变化，且信息的重要性不同，搜索引擎全面收录不切实际，这导致了每个搜索引擎在信息收录时都有所选择，加之每个搜索引擎的搜索算法都各有不同，信息和算法的竞争形成了搜索引擎之间的差异化。所以熟悉搜索引擎的特点和擅长的方面，是玩转搜索的前提。

其次，信息分割造成的搜索引擎“失灵”。移动互联网的一个显著特点，就是大量的信息被封闭在 APP 中，仅在中国市场，就有各类 APP 应用 450 万个。每个 APP 应用都是一个独立的入口，彼此封闭，且有意成长为独立的信息生态，APP 里的信息不易被搜索引擎发现并索引。比如，由于微信公众号内容不对百度开放，很多即时的信息百度就无法检索到。

此外，大量自媒体平台生产的低劣内容，使信息环境变得更加浑浊。在自媒体时代，以百度、微信、今日头条等为代表的内容平台为了提高广告收益，会想方设法争取更多的流量，于是丰富平台内容就成了大家一致的选择。为了鼓励更多的人来参与内容的生产，各平台竞相对内容生产进行补贴和奖励，引发了平台之间的补贴大战，有钱赚的地方就会有人想尽办法钻空子，于是就出现了专业“做号党”。

这些“做号”者大多并不生产原创内容，而是通过剪切、拼凑网络素材生产垃圾内容，并通过更换同义词等方式躲避平台的原创检测系统，即通过所谓的“洗稿”来获取可观的流量和平台分成。

“洗稿”导致了大量低劣内容的出现，而少量真正有价值的内容被淹没其中。找到有价值信息的难度越来越大，对用户信息筛选和鉴别的能力要求越来越高，这就要求我们掌握更高的信息检索技能，具备更高的信息修养！

所以，在移动互联网时代，技术的进步并没有让信息获得变得更容易，搜索，仍然需要学习！

3.3 学会与搜索引擎对话

3.3.1 像搜索引擎一样思考

虽然技术的发展让搜索引擎变得越来越智能，但它与人类的思维之间还是有很大差异的。搜索引擎自有一套理解问题的逻辑，学习搜索，要试着像搜索引擎一样思考。

首先，在搜索时，要尽量使用网页上出现的关键词，而非意思一样的词。比如想要查一些关于山顶洞人的资料，直接用“山顶洞人+资料”为关键词进行查询，结果不理想，而用“山顶洞人+历史”查询，结果就好得多。

其次，在搜索时，要避免使用长句子，更不要使用疑问句作为查询词。例如，要查询“中国的海岸线有多长？”，可用“中国+海岸线+千米”进行查询。

再次，尽量使用区分度高的特征词进行查询。如要查询手机的价格，下面三组词的区分度是不同的，第一组词的区分度最低，第三组词的区分度最高。具体如下：

“手机+价格”<“华为手机+价格”<“mate40+价格”

最后，站在搜索引擎的立场思考。不要问搜索引擎问题，请猜想一下答案会有哪些词，然后去搜这些词。

3.3.2 注意向搜索引擎提问的逻辑条理

很多时候，我们用来提问的关键词不止一个，这时就要用到逻辑运算。逻辑运算是信息检索中经常使用的一种检索技术。

逻辑运算是表达检索提问的各概念之间的逻辑关系，常用的逻辑运算有三个，分别是逻辑与、逻辑或、逻辑非。

其中，逻辑“与”表示它连着的前后两个检索词都要出现在同一条检索结果中（见图 3-2）。逻辑与相当于增加了限制条件，因而可以缩小检索范围，让检索结果更精准。在搜索引擎中常用“空格”表示。

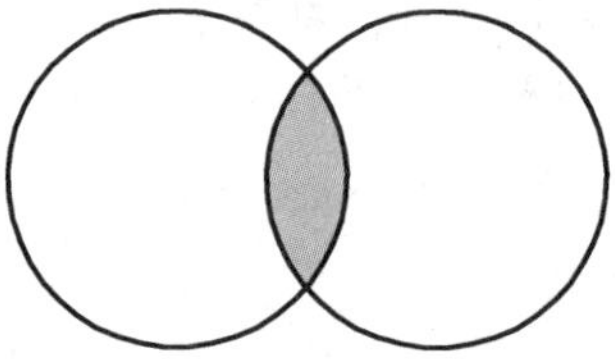

图 3-2 逻辑“与”示意图

逻辑“或”表示它连接的前后两个检索词只要有其中一个出现在检索结果中即可（见图 3-3）。相当于放宽了限制条件，可以扩大检索范围，让检索结果更全面。在搜索引擎中常用“竖线”或“OR”来表示。

逻辑“非”表示从前一个检索词的结果中排除涉及后一个词的内容（见图 3-4）。可以缩小检索范围，让结果更精准。在搜索引擎中，常用“减号”或“NOT”来表示。

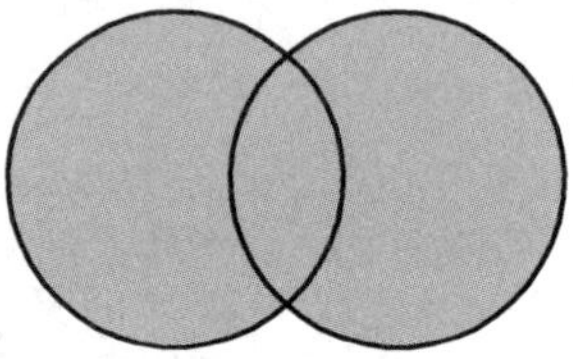

图 3-3 逻辑“或”示意图

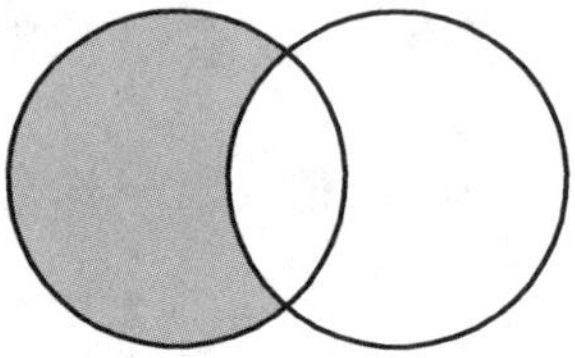

图 3-4 逻辑“非”示意图

【案例 3-1】要搜寻关于“仙剑奇侠传”，但不含“游戏”的资料，可用“仙剑奇侠传 -游戏”，这样就可以排除网页中带有“游戏”一词的内容。如图 3-5 所示。

图 3-5 百度搜索“仙剑奇侠传”检索结果（左图）和百度搜索“仙剑奇侠传-游戏”检索结果（右图）

温馨提示：在搜索引擎中，包括这里提到的以及后面将要提到的，所有的符号在英文输入法状态下使用最佳！

3.3.3 学点与搜索引擎沟通的技巧

人与人沟通需要技巧，其实与搜索引擎沟通也是需要技巧的。掌握一些常用的搜索语法，会大大提高检索结果的质量和搜索的效率。

1. site 语法

有时候，我们搜索结果的来源有特定的要求，或者明确知道想要的信息来自某个或某类站点。这个时候，用 site 语法可以直达目标。site 的作用就是将搜索结果局限于某个具体网站或者网站频道；也可用于限制网站类型，如：学术资料在包含 edu、org 的域名中会更精炼，政府相关的资料在 gov 中也许更容易找，也更权威。

site 命令语法格式有两种：一是“site:网址 关键词”，二是“关键词 site:网址”。

这两种格式在效果上没有差别，但在使用 site 语法时，我们要注意一些小细节：

（1）site 后边跟的冒号必须是英文的“:”，中文的全角冒号“：”对搜索引擎而言是陌生人，它是不认识的，也是无用的；

（2）网址前不能带“http://”，因为百度等搜索引擎不认识，后面也不能有任何带斜杠“/”的缀，因为很多搜索引擎都不认识；

（3）网址中不要用“www”，除非你有特别目的，用“www”会导致错过网站内的内容，因为很多网站的频道是没有“www”的。

【案例 3-2】比如说想通过搜索找一些与新冠肺炎相关的权威新闻，相对而言，来自人民网以及一些政府网站的信息更权威一些。因此可以用检索式：新冠肺炎（site:people.com.cn | site:gov.cn），进行搜索（见图 3-6）。

图 3-6 百度搜索“新冠肺炎（site:people.com.cn | site:gov.cn）”检索结果

这个语法也可以单独使用。

【案例 3-3】比如，西南交通大学图书馆前期进行了主页改版，我们想了解一下新网站有多少网页被百度收录，我们可以这样搜：site:lib.swjtu.edu.cn。结果发现新网站有 3 845 个网页被百度收录，说明 SEO 优化做得还不错（见图 3-7）。

图 3-7　百度搜索“site:lib.swjtu.edu.cn”检索结果

site 语法告诉我们，不同的网站搜录的内容和质量是有区别的。所以，通过网站的域名，也就是我们常说的网址，可以了解网站的类型。下面几种域名类型是我们应该了解的：

.edu　　教育学术

.gov　　官方政府单位

.net　　网络管理或服务机构

.org　　财团法人或基金会等非官方的一般机构

.int　　国际性组织：（世界卫生组织 www.emro.who.int）

.com　　代表商业企业团体与组织

2. filetype 语法

利用 filetype 语法能实现对某些二进制格式文档（pdf，ppt，xls，doc，jpg，rtf，all）的搜索，在很大程度上可以帮助我们提高搜索的效率。

【案例 3-4】例如疫情期间，你需要起草一份新冠肺炎工作方案，想找一些资料来参考。你可以用“新冠肺炎 工作方案 filetype:doc”进行搜索（中间有空格），结果如图 3-8 所示，所有结果都是 word 文档，点击链接就可以直接下载。

【案例 3-5】利用 filetype 语法还能找到许多学术性文献全文，如要找有关高速铁路的研究综述，可以用检索式“filetype:pdf 高速铁路（综述|进展）”进行搜索，结果如图 3-9 所示。

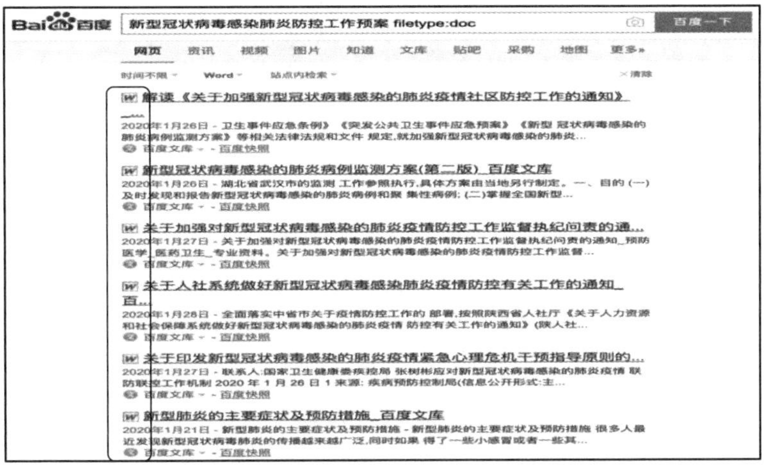

图 3-8 百度搜索“新冠肺炎 工作方案 filetype:doc”检索结果

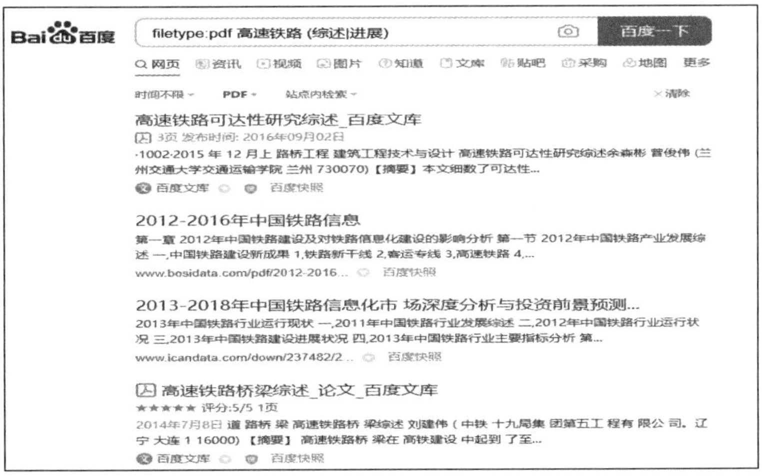

图 3-9 百度搜索“filetype:pdf 高速铁路（综述|进展）”检索结果

3. intitle 与 allintitle 语法

intitle、allintitle 的作用是将搜索的范围限定在网页的标题栏中，能使检索结果更准确。其中，intitle 只对紧邻的一个关键词起作用。Allintitle:表示它后面的所有关键词都出现在标题中。如用【钟南山 专访】、【intitle:钟南山 专访】【allintitle 钟南山 专访】得到的结果是不一样的，大家可以亲自验证一下。

intitle 也可以单独使用，如用“intitle:论坛”可以找到各种网络论坛；用“intitle:军事”可以找到军事类网站或网站频道。

4. inurl 语法

有很多网站把某一类具有相同属性的资源集中在一起，建立名字为 MP3、soft 、movie 等这样的文件夹，这些名称会反映在网页链接中。因此，用 inurl 语法可将搜索的范围限定在“网页链接”中，从而得到非常精确的专题资料。如我们要找 MP3、找人、找书、找论坛、找软件、找压缩包，可以分别用如下的检索式进行搜索。

示例：

inurl:mp3 找 MP3

inurl:wanganyi 找人

inurl:shendiaoxialv 找书

inurl:forum.php 找论坛

inurl:download 找软件

inurl:rar 找压缩包

5. intext 语法

intext 可搜索网页正文里涵括特定字词的网页。

如新冠肺炎爆发后，中国很多口罩企业都想抢占更多的国际市场，通过检索式：intext:“N95”+“importer”，或许可以帮助我们发现一些新的海外客户。

常用的检索式大致有如下三种：

（1）行业或产品关键词+importer；

（2）行业或产品关键词+buyer；

（3）行业或产品关键词+邮箱后缀。

3.3.4 精确与模糊都是艺术

搜索引擎支持精确检索和模糊检索。

其中，精确检索表示检索词在检索结果中必须遵循严格的位置关系，一般用“”（双引号）或者“-”（连字符）表示，百度搜索也支持用《》表示精确检索。如：“Home is where the heart is”、World-War-II、《计算机通信技术》等。

精确检索有很多应用场景，如通过某一句经典的、有印象的短语或句子查找原文。

【案例 3-6】比如说，我们已知下列题目是某一年国家一级建造师考试中的一道真题，但具体是哪一年不清楚。若想要找出全套真题，我们可以通过对题干中的任意一部分进行精确检索，这里我们选择搜狗搜索引擎作为工具，并选择了题干中开头的一部分，相应的检索式为：“某施工企业承揽拆除旧体育馆工程，作业过程中”（见图 3-10）。

3.某施工企业承揽拆除旧体育馆工程，作业过程中，体育馆屋顶突然坍塌，压死 2 人，重伤 11 人，根据《生产安全事故报告和调查处理条例》，该事故属于( )。

A.特别重点事故

B.重大事故

C.一般事故

D.较大事故

图 3-10 ××年国家一级建造师考试真题（局部）

检索结果如图 3-11 所示，共找到 10 条结果，其中第一条就是我们要找的全套真题。

图 3-11　搜狗精确搜索“某施工企业承揽拆除旧体育馆工程，作业过程中”检索结果

此外，用精确检索运算符，排除绝大部分广告。如我们在百度里用“笔记本电脑评测”为关键词进行搜索，得到一亿多条结果，排在第一页的几乎全是广告，当我们在关键词“笔记本电脑评测”前后加上双引号，可以看到，结果中的大部分广告已经被排除掉了。

与精确检索相对应的是模糊检索：

搜索引擎模糊检索是用通配运算符来实现的，常用的通配符有？、*两种。其中，？可代替一个任意字符，*可代替多个任意字符。

比如有一个成语比如 abcd，但是你忘记了第三位是什么了，但是又要搜索这个关键词那怎么办？使用通配符可以轻松解决这个问题。

【案例 3-7】比如搜索成语“海市蜃楼”，但是“蜃”字不会写或者太复杂不想写，这时你可以使用通配符中的？（问号）代替“蜃”字进行搜索。

相应地，检索式就变成了这样：海市？楼（见图 3-12）。

【案例 3-8】同样，我们可以用这样的检索式（“龙？凤？”）搜索第一个字是龙、第三个字是凤的全部中国成语（见图 3-13）。

我们看到，以龙字开头、第三个字是凤的中国成语共有 51 个。以后再玩成语接龙的游戏，是不是也能稳赢不输了呢？

当然，另一个通配符“*”（星号）也很能干，我们可以用*代替问句，如在搜索事实型信息时，通配符是快速找到答案的捷径。

图 3-12　百度搜索“海市?楼”检索结果

图 3-13　百度搜索“龙? 凤? ”检索结果

【案例 3-9】要解答哈雷彗星多少年出现一次？（“How often does Halley’s comet appear?”)，用这个检索式进行搜索（“Halley’s comet appears every * years”）搜索，可以轻而易举地得到答案：（哈雷彗星每 76 年出现一次）Halley's comet appears every 76 years（见图 3-14）。

图 3-14　百度搜索"Halley's comet appears every * years"检索结果

可见，通过精确和模糊检索，可以更好地与搜索引擎进行沟通，得到更有价值的结果。

3.3.5 术业有专攻，垂直搜索更高效

掌握了上述语法，你的信息搜索能力应该会有不小的提升，但要成为搜索达人，光会用百度、谷歌这些综合性搜索引擎是不够的。

在搜索引擎的发展进化中，出现了一类独特的搜索工具，这就是垂直搜索引擎。垂直搜索是相对于综合搜索引擎而言的，不同于百度、谷歌这种“全能型”选手，垂直搜索往往聚焦某一特定的行业或领域，比如图片垂直搜索只搜图片，视频垂直搜索只搜视频，字体垂直搜索只搜字体，房产垂直搜索只搜房产信息，等等。本质上讲，买火车票的 12306、购物用的淘宝、京东，这些都是垂直搜索引擎。

虽不如综合搜索引擎那般“十项全能”，但垂直搜索也有其独特的优势：

一是垂直搜索引擎数据类型单一，内容主题相近，缩小了资源搜索的范围，因而大幅度降低了不相关资源的干扰，准确性大幅度提高。此外，由于所收录的数据通常来自于特定的细分领域，在数据更新的时效性上有天然的优势，一些垂直搜索引擎的数据更新完全可以以秒为单位，相比综合性搜索引擎而言，垂直搜索的结果在质量上更有保证。

二是垂直搜索引擎的数据倾向于结构化和格式化。例如，在某个购物类的垂直搜索引擎上输入“MP3”就会出现该产品的相关属性，如内存、尺寸、价格、生产厂家等相关技术属性，有的还提供比价服务。

三是垂直搜索引擎可提供基于结构化的搜索，我们可以根据需要对检索过程进行更加灵活的控制。与百度等综合搜索相比，结果更有保证。如在某餐饮搜索引擎中，针对一家餐馆的搜索属性，设置多达上百个选项，把想到和没想到都列出来了，这就把搜索服务专业化、细致化、个性化了。

3.4 搜索改变生活

3.4.1 经验攻略，全是智慧

旅游出行想了解行程攻略，特别的日子里想给家人做一道美食，老笔记本电脑性能太差想自己 DIY 搞搞升级，考研选学校挑导师找复习资料，初入职场不知如何融入团队，这些都是不同的人在不同的阶段可能面临的问题和烦恼。别着急，你遇到的大部分技能性问题，在网络上都能找到现成的经验和攻略。

知乎经验搜索

知乎、微信公众号、微博、专业论坛、百度经验等，这些都是查找经验和攻略的推荐工具。比如，一个大四的同学准备考研，不知道如何准备。于是他打开知乎，直

接在搜索框输入关键词“考研”进行查询，第一条结果是一个关于考研的“话题”，点击进入后，可以看到这个话题下有近 110 万的关注者，并且有超过 41 万个问题被讨论。通过【索引】，可以看到这个问题被分为考研体验、备考经验、考研复试等 10 余类别，在【精华】分类下，可以看到高点赞的回答，其中前五条获得的点赞数均超过了 6 万，第一条的点赞数更是接近 9 万，这些广受肯定的回答往往值得一读。

同样，微信公众号也是一个学习经验的好工具，你可以搜索“面试礼仪”，就能轻松找到大量的相关文章，让你随时随地长见识、增学问。

这类工具国外也有很多，其中一个名叫 WiKiHow（https://zh.wikihow.com/），这是一个专注且专业做科普的网站，平台上提供了很多关于生活、工作的小技巧，有很多超赞的技能，目前收录了超过 18 万条高品质指南。大部分内容都会配有风趣幽默的插画，图片有内涵，是一个有个性的万事指南。目前，这个网站已经开通了中文版本。

我们在生活、学习和工作中，难免会碰到一些新的情况，新的问题。但通常情况下，我们不是第一个遇到同样问题的人。所以，面对问题，我们不妨上网搜一搜，看看别人是怎么处理类似问题的，很多时候，思路打开了，其实问题就解决得差不多了。

3.4.2 守护健康，明白用药

具备一些疾病用药相关搜索技巧，可以帮助自己少被忽悠，最重要的，不会耽误病情。

早在 1977 年，世卫组织就专门组织编撰了《世卫组织基本药物标准清单》，以后每两年更新一次。目前已经更新到第 20 版。此外，针对儿童用药安全问题，世卫组织还专门发布了《儿童基本药物标准清单》，目前已更新至第 6 版。

通过百度网页搜索《世界卫生组织基本药物标准清单》，可直接找到世卫组织官网上的清单中文版，通过浏览或文档搜索，就能找到有关高血压的基本药物清单（见图 3-15）。以此为依据了解基本药物信息，可方便日后跟专业医院及医生沟通，达成有效医治。

此外，互联网上有许多医学领域的垂直搜索引擎，大家可以在有需要的时候选择使用。

360 良医（https://ly.so.com）：良医是 360 搜索专门推出的医疗、医药、健康信息的垂直搜索引擎。所收录的信息主要来自两个方面，一是知名医疗健康网站和专业医疗 APP，收录了数万个疾病名称，以及近 1 万多个病症名，基本涵盖了 90%以上常见病症。二是国内各大医院官网信息，几乎涵盖了国内全部的三甲医院。

丁香园搜索（https://search.dxy.cn）：丁香园是一家专业医疗网站，内容涵盖医学内容搜索、家庭用药搜索、试剂耗材搜索等内容。

好大夫在线（https://www.haodf.com）：这是一个医生、患者相互沟通的平台，最大的作用是根据患者的疾病描述，医生做出回答和指导，可做一定的就医参考。

最后要提醒大家，在网上搜索健康用药信息一定要选择专业靠谱的搜索引擎，对通过搜索引擎获得的信息也要认真加以辨别后使用，因各类网络医药平台良莠不齐，网络搜索仅只作参考用，身体出现各类疾病一定要线下向专业的医院寻医问诊，切不可盲目相信各类平台的广告引流。关于这一点，曾经是有过沉痛的教训的，如发生在2016 年的魏则西事件就是其中一例，有兴趣的同学可以自己上网搜索了解。

12.2 抗心律失常药	
□ 比索洛尔*	片剂：1.25mg；5mg *包括作为替代品的美托洛尔和卡维地洛
地高辛	注射剂：250μg/mL/2mL安瓿 口服液：50μg/mL 片剂：62.5μg；250μg
肾上腺素	注射剂：100μg/mL/10mL安瓿(酸式酒石酸盐或盐酸盐)
利多卡因	注射剂：20mg/5 mL安瓿(盐酸盐)
维拉帕米	注射剂：2.5mg/mL/2mL安瓿(盐酸盐) 片剂：40mg；80mg(盐酸盐)
补充清单	
胺碘酮	注射剂：50mg/mL/3mL安瓿(盐酸盐) 片剂：100mg；200mg；400mg(盐酸盐)
12．3 抗高血压药	
□ 氨氯地平	片剂：5mg(马来酸盐、甲磺酸盐或苯磺酸盐)
□ 比索洛尔*	片剂：1.25mg；5mg *包括作为替代品的阿特洛尔、美托洛尔和卡维地洛 在>60岁患者中，阿特洛尔不应用作无并发症高血压的一线治疗用药。
依那普利	片剂：2.5mg；5mg(马来酸盐)
肼屈嗪	注射用粉针：20mg/安瓿(盐酸盐) 片剂：25mg；50mg(盐酸盐) *列入清单的肼屈嗪仅用于重度高血压孕妇的紧急治疗。根据其它药品具有更多的安全性和有效性证据的观点，不建议肼屈嗪用于一般高血压的治疗。

图 3-15 《世界卫生组织基本药物标准清单》（局部）

3.4.3 比价搜索，抄底有妙招

比价搜索常见的应用场景主要有两个方面：一是购物，二是买机票。

对于购物，我们常常有这样一个困惑：同一件商品，有无数的商家在卖，如何才能够快速找到市场上的最低价呢？商家搞的促销活动是真是假？显然这些信息是无法通过百度、谷歌这样的通用搜索引擎来查询的。这里分享几个专业的购物搜索引擎，供大家在购物时进行比价查询。

慢慢买（http://www.manmanbuy.com）：这是一个老牌的购物比价网站，汇集了国内主流电商平台的价格和促销信息，并可跟踪商品近 180 天内价格走势情况。

“历史价格查询”网（http://www.lsjgcx.com）：该网站支持主流的购物平台，如京东、天猫、淘宝、苏宁、当当、考拉、严选、国美、新蛋等。这个网站操作简单，易用性好，直接将商品详细页面链接，粘贴后点查询即可。

盒子比价网（http://www.boxz.com）：这是一个数码电器类的垂直搜索引擎，只收录大型自营 B2C 电商平台上数码电器类商品的历史价格信息，最长可查看商品自上市

以来的所有历史价格及变化情况。

过客网（http://www.tool168.cn）：这个网站提供淘宝、天猫、京东、苏宁、当当、网易考拉等电商平台的商品网址历史价格查询。此外，它的降价监控，可以监控淘宝、京东两个平台上商品价格的变化情况。可以按折扣率结合商品名进行搜索，如我们限定折扣低于 9 折，商品名为录音笔，就能找到降价优惠的录音笔商品，并提供历史价格趋势图查看。

此外，如果你喜欢海淘，也许你可以试试 google shopping、Shopping.com、BizRate 等，这些都是比较有影响力的比价平台。

对于购买机票的比价场景，下面几个垂直搜索引擎也许对你有用。

Skyscanner（https://www.skyscanner.com.au）：中文名“天巡”，“天巡”网是全球最大的机票比价搜索引擎之一，它的国际机票信息全面，覆盖了超过 30 种语言和 70 种货币检索的全球航班。“天巡”网还有一个比较有趣的功能，当你还没想好要去哪里旅行，你可以将目的地设为“任何地点”，网站会根据月度与年度浏览视图，给你一些选择建议，帮助你获得旅行的灵感。

Priceline（https://www.priceline.com）：Priceline 是北美最大的在线旅游平台，对北美地区和欧洲地区的国际航线，检索能力很好。Priceline 在低价票和特价票方面检索能力强大，不过，有点小遗憾的是，这个网站目前还没有推出中文界面，而且在国内城市相关航线覆盖上比较有限。

KAYAK（客涯）（https://www.cn.kayak.com）：KAYAK 也是信息非常全面的一个机票检索工具，它可以同时为你索取其他多个引擎的搜索结果，并在同一个页面上对比展示。网站提供预算总价、转机次数、旅行时长等多种筛选方式，可帮助你灵活定制行程。

StudentUniverse（https://www.studentuniverse.com）：我们知道，世界上许多航空公司都会为学生推出专门的特价票，StudentUniverse 就是专门收集这些特价票信息的搜索引擎。所以，如果你依然青春年少，购买机票建议先去 StudentUniverse 找找学生特价票。但这个网站对用户是有要求的，在注册时会要求你使用.edu 邮箱，并且提供你的学生证、录取通知书和工资单进行验证，这也就意味着你得是一名真正的学生，或是在大学里工作。

3.4.4 图片搜索，装点你的生活

图片可以帮我们更生动地进行表达，广告设计、演讲汇报、互动交流等很多场景都会用到图片作为素材，这个时候图片搜索可以帮到你。

搜索图片的方式，总结起来无非三种：

1. 搜索引擎

几乎所有的综合性搜索引擎都有图片搜索功能，使用方式也很类似。除利用关键

词进行搜索外，主流的搜索引擎都提供反向图片搜索功能，即我们熟知的以图找图这种方式，但实际体验差异较大。相比而言，可用的综合搜索引擎中，俄罗斯的 yandex 应该是识图能力较好的一个。

当然，好玩的东西当然少不了垂直搜索，比如搜明星同款的拍立淘；用一张动漫视频截图，就能轻松找到图片片段位置和来源的 WAIT；能认得所有狗狗品种的 what dog；能识别任何花木的识花君（这是一个微信小程序，不需要安装，识别效率很高），等等。

2. 开源图片网站

（1）Pixabay（https://pixabay.com/）：这个网站收录了超过 200 万张优质图片素材，被认为是世界上最大的图片库，让你轻松应对各种设计场景的需要。最重要的是，这里的所有图片都是免费的，你完全可以用于个人甚至商业目的。

（2）Pexels（https://www.pexels.com/）：这是一个提供海量共享图片素材的网站，所有的照片经过专业人员手工采集筛选，质量高，非常适合对图片使用有更高要求的人。网站收录的图片素材都采用 CC0（Creative Commons Zero）授权协议，均可免费下载和使用。

【案例 3-10】搜索"海港"，得到将近 6 000 条结果，如果觉得结果太多，还可以通过图片方向、类别、尺寸和颜色对结果进一步筛选。喜欢的图片，点击可看到详细信息，登录后可免费下载图片，系统提供多种分辨率的图像供选择下载。

（3）iconfont（https://www.iconfont.cn）：这是阿里巴巴旗下的一个知名图标库。有 70 多万个图标可供选择，有 ai、svg、png 三种矢量格式，而且可以自己添加填充色。这个平台还支持将图标转换为字体，便于前端工程师自由调整与调用。

（4）Giphy（https://giphy.com）：这是一个国外的动图网站，号称"GIF 中的 Google"。

（5）soogif（https://www.soogif.com/platform）：这是一个国内的动图网站，这个网站不仅提供动图的搜索与下载，而且提供动图相关的在线工具。

3. 图片售卖网站

如我们在淘宝中搜索"PS 素材"，得到了数万件商品，里面的素材又好又便宜。

关于图片搜索，使用时需要掌握一点技巧。推荐用英文关键词，或者中文、英文关键词一并使用，效果往往比单纯的中文关键词要好。下面这些中英文关键词对照，来自业内专业人士的一线实践，也许对你也有用。

（1）人物类

肖像 portrait，女人 woman，女性 female，女孩 girl，淑女 lady，优雅 elegant，男人 man，男性 male，男孩 boy，青少年 teenage，年长的 mature/aged/elder，儿童 child/kid，婴儿 baby/infant，婴幼儿 toddler，黄种人 Asian，白种人 Caucasian，黑人 African，拉

丁人种 Latin+前面提到的各种性别，模特儿 model，道具服装 costume，西装 suit，制服 uniform，肌肉 muscle，皮肤 skin，可爱的 cute/lovely/adorable，伴侣 couple/lover/love。

（2）拍摄手法

影棚拍摄 studio，特写 close up，面部 face，全身 full body，表情 emotion，空白背景 blank backbround，满版材质×××+texture（如纸张就是 paper texture，牛肉纹理就是 beef texture），俯视 top view，侧面 side look，悬空 float/flying，喷溅 spray/splash，烟 smoke，雾 steam/fog，粉尘 powder，阴影 shadows。

（3）图片类型

矢量图 vector，插画 illustration，素描 sketch，合成图 manipulation。

（4）特殊效果

剪影/逆光 backlight，光晕 glare，星光 sparkle，反光倒影 reflection，模糊 blur，霓虹灯 neon，聚光灯 spot light，水下 under water。

（5）画面风格

简约 simple，极简 minimal，黑白 black white，复古 vintage。

（6）画面内容

食物 food/dish，植物 plant，叶子 leaf，花 flower/flora，动物 animal，液体 liquid，车辆 vehicle，室内 interior/indoor，边框 frame，标签 lable，文字 words/font 等。

3.4.5 影音搜索，秀出你的精彩

网上搜歌，找电影，刷短视频，都属于视频影音搜索。这里给大家推荐几个小众，但有趣、好玩还实用的影音搜索工具。

（1）FREESOUND（http://www.freesound.cn）：这是一个完全免费的声音素材网站。搜索“wood knock”，就可以搜到 500 多个相关的声音效果，有文字描述和波形可以参考，也可以直接点击播放按钮试听一下音效。

（2）bensound（https://www.bensound.com）：freesound 主要是声效，而 bensound 则是背景音乐和旋律。它的优点是每段音乐都配有图片来表达主题，使用限制写得很清楚，且无需注册就可直接下载。

（3）MusOpen（https://musopen.org）：这是一个免费的古典音乐下载网站，大部分都没有版权限制。

（4）NEWCGER（https://www.newcger.com）：newcger 不仅提供大量免费的音频和视频素材，并且该网站免注册、免登陆，由于文件以压缩包形式下载，获取速度也非常快。

（5）爱给网（https://www.aigei.com）：爱给网是一个专注免费素材的网站。不管你是一名视频 Up 主、Vlog 爱好者或者手机达人，可能都会遇到需要音视频素材的场景，爱给网可提供丰富的配乐、音效以及视频素材，供大家免费下载。

最后，作为一名当代大学生，在享受互联网资源便利的同时，也应时刻注意培育自己的版权意识，注意抵制盗版，保护知识产权，在各类资源网站寻求资源时，注意版权保护，与各类盗版说不，不能因一时便利而投机取巧，应自觉支持正版。

Part 4 第 4 章　学习资源的获取

美国教育与传播学会对学习资源进行了定义：学习资源是指支持学习的资源，包括教学材料、支持系统、学习环境。从定义我们可以看出，学习资源包括能帮助个人有效学习和操作的任何因素。从定义可以看出，所有帮助学习相关的因素都是学习资源，我们较常用的学习资源主要有图书资源、课程资源、行业信息资源、考试资源和通识类资源。

4.1　图书资源的获取

4.1.1　什么是图书

1. 定义

图书，是我们最熟悉的学习资源，是我们一直以来获取知识的重要来源。联合国教科文组织对图书有个定义：凡由出版社出版的、不包括封面和封底在内 49 页以上的印刷品，具有特定的书名和著者名，编有国际标准书号，有定价并取得版权保护的出版物，均称为图书。

2. 特点

图书作为获取陌生领域知识的重要资源，主要因为它有几个优点：图书的主题突出，内容系统全面，论述全面而深入，知识成熟稳定。图书的缺点也很明显：图书的撰写、编辑、出版所需要的时间比较长，传递信息速度比较慢，内容相对陈旧。

图书不适合获取某一领域最新的知识，主要适用于对大范围问题获得一般性知识，对陌生问题进行一般了解，对熟悉问题进行历史性的全面系统的回顾，有这些需求时，查阅图书一般来说是行之有效的办法。

3. ISBN

ISBN 是国际标准书号，是国际上通用的出版物标识编码。2007 年 1 月 1 日以后的 ISBN 由 13 位数字组成，分为 5 段：

（1）前缀号：3 位 ENA（欧洲商品编号）图书产品代码“978”。

（2）组号：代表出版者的国家，地理区域，语种等。我国的组号为“7”。

（3）出版者号：代表组内所属的一个具体出版者（出版社、出版公司等）。

（4）书名号：代表某出版社所出版的一种具体出版物的书名。

（5）校验位：ISBN 号的最后一位数字，用以检查 ISBN 号转录过程中有无差错。

图书主要有纸本图书和电子图书两种形式。

4.1.2 纸本图书的获取

纸本图书的获取

1. 线上书店购买

随着互联网与电子商务的兴起，线上书店凭借价格便宜、选购多样、购买方便等优势应运而生，目前主流的网上书店有当当网、京东图书、文轩网、天猫图书、中国图书网等。除了这些大家常去的网上书店，还有一些不错但相对比较小众的书店。

（1）互动出版网（http://www.china-pub.com/）。

互动出版网是一个老牌网上书店，是国内成立最早的专业图书网站之一，主营计算机图书、经济管理图书、科技图书、人文社科图书等 49 个类别图书，在线网购图书品种 200 万余种。可以买到很多绝版书，支持货到付款，有按需印刷服务，包装好。

（2）新东方图书网（http://www.dogwood.com.cn/）。

新东方图书网是新东方培训学校旗下网上书店主营心理学书籍、励志类、英语教材、早教书籍、少儿英语培训教材、幼儿教育、文学书籍、计算机等考试学习类图书，以培训、考试、学习类图书为主。

（3）澜瑞外文网上书店（https://www.lanree.com/）。

澜瑞外文是国内专营原版进口图书的电子商务网站，目前已汇集了包含建筑、艺术、时装、时尚、旅游、餐饮、健康、体育、经济、管理、历史、文学、儿童等种类的近百万种外文原版图书。一般 2 ~ 3 个星期可以到货。

2. 旧书网购买

我们在购书的过程中一些比较特殊和小众的需求往往很难得到满足，旧书网能淘到不少网上书店买不到的好货。常用的旧书网有以下几个：

（1）孔夫子旧书网（https://www.kongfz.com/）。

孔夫子旧书网是全国最大的古旧书交易平台，书店超过一万家，书摊达 5 万家，展示图书超过 9 000 万册。还有大量极具收藏价值的古旧珍本，比如明清、民国古籍善本，珍品期刊，名人墨迹，民国珍本，绝版书等。有很多绝版、冷门书甚至古籍、字画、书信等有年份的资源（见图 4-1）。

（2）布衣书局（http://www.booyee.com.cn/）。

孔夫子旧书网，是 C to C 模式，类似于淘宝的购买方式，上面的商家鱼龙混杂。布衣书局则属于自营店，质量相对更有保障（见图 4-2）。

图 4-1　孔夫子旧书网主页

图 4-2　布衣书局主页

除了这两家，旧书网还有很多，比如拍好书、有路网、多抓鱼、缺书网。其中有路网主打教材等方面的书籍，适合淘旧教材的需求。

3. 图书馆获取

图书馆作为收集和保存国家重要出版物、地方文献的地方，为大家提供大量的免费的书籍借阅。获取图书馆的文献信息需要通过图书馆馆藏目录进行查询。

（1）OCLC。

OCLC 的 WorldCat 是世界上最大的书目记录数据库，是收录书目最全的数据库（见图 4-3）。根据 OCLC2019 年的报告，数据库共收录了超过 4.53 亿条独一无二的书目记录。这些书目信息来自全球 2 万多家大型图书馆，覆盖了从公元前 4800 年至今的资料，共涉及 491 种语言，基本上反映了世界范围内的图书馆所拥有的图书信息。OCLC 的 WorldCat 适用于查找获取较难获得的外文书目信息。

图 4-3　OCLC 主页

（2）中国国家图书馆。

中国国家图书馆是国家总书库、国家书目中心、国家古籍保护中心，是世界最大、最先进的国家图书馆之一（见图 4-4）。从 1916 年起，国家图书馆正式成为出版物交存馆。作为我国出版物样本法定收藏单位之一，国家图书馆接受交存的范围包括国内所有正式出版物，全面入藏了中文图书，选择入藏了外文图书。理论上说，国家图书馆收藏了我国境内出版的所有图书。

图 4-4　中国国家图书馆主页

（3）省图书馆。

省图书馆是由省级人民政府设立的为社会公众服务的公共图书馆，具有文献信息资源收集、整理、存储、传播、研究和服务等功能的公益性社会教育设施。从方便的角度，大家利用最多的还是读者所在地方的省图书馆、市图书馆。比如，成都市有四川省图书馆。

（4）高校图书馆。

高校图书馆是指大学图书馆和学院图书馆等，是高等学校的文献情报中心。高等学校图书馆担负着为教学和科研服务的双重任务，是培养人才和开展科学研究的重要基地之一，为高校师生提供丰富的文献资料。高校图书馆一般具有馆藏数量丰富、分布合理、特色鲜明等特点，几乎涵盖了学校的所开设的学科门类。

4. 图书馆纸本图书的利用

利用图书馆的纸本资源，需要利用馆藏目录查询获取图书信息，不管是 OCLC 的 World Cat 还是国家图书馆、省图书馆或者是高校图书馆，大多提供以下三种馆藏目录查询的途径。

（1）实地到图书馆通过图书馆的查询机查询。

（2）通过访问图书馆主页，在主页上提供的书目检索里进行检索。

（3）通过关注图书馆微信公众号，进行检索。

【案例 4-1】查询西南交通大学图书馆馆藏目录的方式：一是到西南交通大学图书馆通过图书馆提供的查询机进行馆藏目录查询；二是通过访问西南交通大学图书馆主页，在主页上提供的书目检索里进行检索；三是通过关注“西南交通大学图书馆”微信公众号，在“我的图书馆”栏目里面的“我要找书”进行检索。

馆藏目录的查询字段主要有书名、作者、ISBN 号、出版社等字段。

馆藏目录主要提供的功能主要有：

（1）查找书目信息；

（2）确定图书的馆藏位置；

（3）依照索取号借阅。

【案例 4-2】通过西南交通大学图书馆主页的馆藏目录查询系统检索书名为如何阅读一本书的图书。如图 4-5 所示。

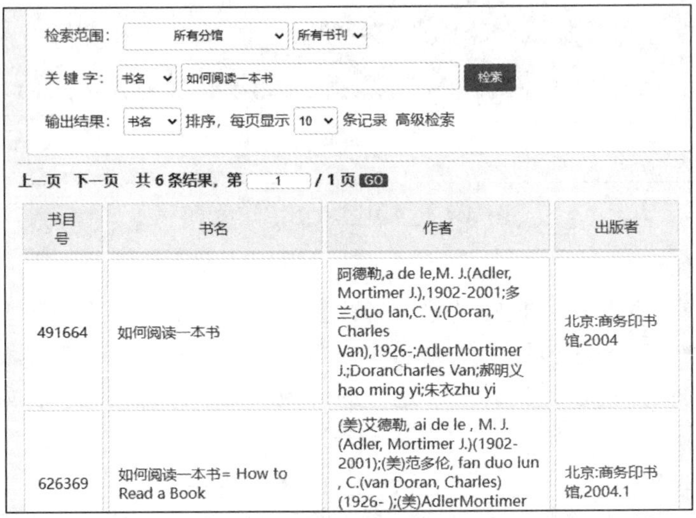

图 4-5　西南交通大学图书馆馆藏目录查询

4.1.3　电子图书的获取

电子图书是计算机技术和网络技术飞速发展的现今印刷型图书的数字化形式，是利用计算机高容量的存储介质来储存图书信息的一种新型图书记载形式。现在随着网络的发展，电子书由于其方便、环保等优点大行其道，我们越来越多的人通过电子设备，比如手机、电子阅读器、电脑等来阅读图书。电子图书的获取主要有图书馆资源和网络资源两种渠道。

1. 图书馆资源

电子图书是图书馆的重要资源之一。一般情况下，查找利用图书馆的电子图书资源有两种方式，一是通过电子图书导航，二是通过图书馆的图书检索系统。

通过图书馆主页提供的资源类型导航，在导航里面选择电子图书导航，获取图书馆所有购买的电子图书资源。通过导航可以看到图书馆购买的中外文电子图书是非常全面的，既有综合类的，也有像铁道、机械、财经等专业比较强的，还有教材和百科全书、皮书数据库等工具类电子图书资源（见图 4-6）。其中超星数字图书馆是最大的中文数字图书馆之一。

图 4-6　西南交通大学图书馆馆藏资源

温馨提示：数据库的旁边都有详细按钮，详细里面有关于数据库的收录范围、收录学科，以及数量和使用方法的介绍，有些数据库甚至还有使用指南的小册子或是培训的 PPT 可以供大家使用前学习了解。

（1）超星数字图书馆。

超星数字图书馆成立于 1993 年，是国家“863”计划中国数字图书馆示范工程项目，提供大量的电子图书资源，覆盖范围涉及哲学、宗教、社科总论、经典理论、民族学、经济学、自然科学总论、计算机等各个学科门类。

① 分类浏览和检索。

超星数字图书馆平台主要提供检索和按中国图书馆分类法分类浏览两种方式。

【案例 4-3】通过超星数字图书馆的分类浏览模式查看交通运输类目下的图书。在主页选择图书分类中你所需要的类目，就可以进入到分类浏览模式。我们点击交通运输，页面会呈现出交通运输类目下更具体的分类和类目下所有图书，我们可以继续进一步在交通运输下面选择综合运输、铁路运输、公路运输、水路运输。而铁路运输下面还有更具体的铁路线路工程、电气化铁路、特种铁路、车辆工程以及手册年鉴论文集等。这种分类浏览的优点是，只要你清楚地知道你所需要的图书的分类，你就能找到所有这个分类的图书。如图 4-7 所示。

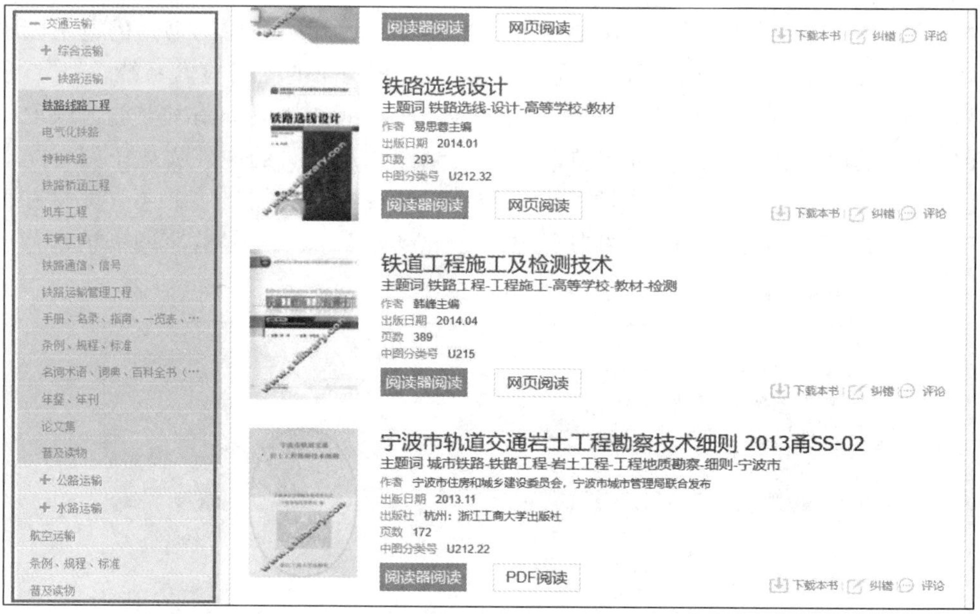

图 4-7　超星数字图书馆分类浏览

【案例 4-4】通过超星数字图书馆的检索模式检索隧道工程的图书。在主页选择高级检索，输入需要查找的书名，或者是作者，又或者是主题词，还可以对图书的年代进行限制。我们以隧道工程为例，选择书名作为检索项，输入关键词隧道工程，就可以得到书名中包含隧道工程的所有图书。检索的方式，适用于你有特定的想要查找的书名或者作者。

② 获取全文。

检索到的图书想要获取全文，超星提供阅读器阅读和网页 PDF 阅读两种模式供大家选择。这是 PDF 阅读，只需要通过网页浏览器就能打开。当然我们也可以通过超星阅读器阅读，还可以通过阅读器下载这本书到本地，脱机离线也可以阅读。

③ 数据库使用限制。

超星数据库使用限制，超星阅读器下载图书的时候，如果是匿名用户状态下载的图书只能在本机上阅读，而注册用户登录后下载的图书是可以复制或者通过邮件发送到其他电脑上阅读。关于图书的打印也是有限制的，全校用户每天限打 1 000 页。关于图书下载的限制是每天每台电脑限下 50 本。超星与读秀学术搜索是可以互联的，在读秀中搜索到的图书，点击“本馆电子全文”之后便可以链接到超星电子图书全文。

2. 互联网资源

除了图书馆的电子图书资源，互联网上还有好的电子图书资源可以通过书店购买、检索和开放数字图书馆获取。

（1）网上书店购买。

不仅实体书可以通过网上书店购买，电子书也可以通过网上书店购买，著名的网上书店有亚马逊电子书。亚马逊作为全球最大的网上书店，为 kindle 阅读器提供电子图书。从 2019 年 7 月 1 日起亚马逊中国就停止了自营纸质书的销售，7 月 18 日也正式关闭第三方卖家服务，目前我们只能在亚马逊中国网站上购买电子书，而在 2023 年 6 月 30 日，亚马逊则在中国停止 kindle 电子书店的运营。但好在国内现在相应模式运营的产品群雄并起，诸如多看阅读，是小米公司旗下在线书店，号称“中国的 kindle”，致力于面向互联网的电子阅读应用，以“多看书、看好书”为宗旨，多看阅读在 iOS 和 Android 移动端均可使用。

（2）检索获取。

我们平常使用的通用搜索引擎搜索，可以检索获取到自己想要的图书，当然我们在使用百度这样的通用搜索引擎搜索想要的图书时，我们有一点小技巧。

【案例 4-5】如何搜索 C 语言的 PDF 版文件。我们可以活用第 3 章搜索引擎学过的 filetype 这个命令。检索式为：C 语言 filetype:pdf。这能使我们搜到所有关键词为 C 语言的 PDF，能让我们更快速地找到我们需要的资源。当然你也可以用这个命令搜一些格式为 txt 格式或者其他格式的图书。如图 4-8 所示。

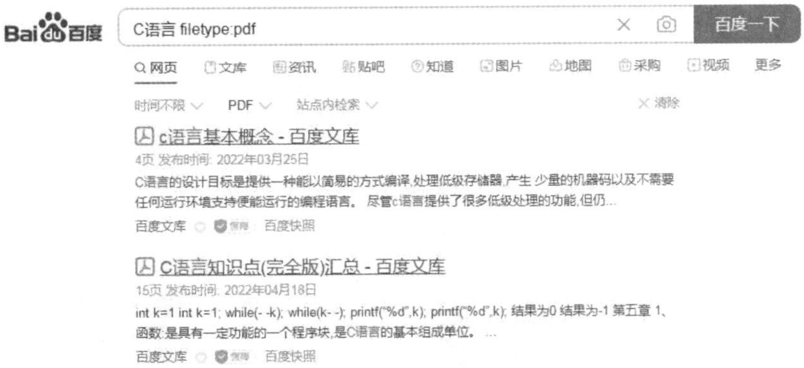

图 4-8　图书检索示例

（3）开放数字图书馆。

① 世界数字图书馆。

世界数字图书馆由联合国教科文组织及 32 个合作的公共团体共同成立，并且由全球规模最大的图书馆“美国国会图书馆”主导开发（见图 4-9）。提供全球读者免费使用珍贵的图书、地图、手抄本、影片与照片等服务。世界数字图书馆馆藏包罗万象，从图书到档案都有，还提供阿拉伯文、中文、英文、法文、葡萄牙文、俄文与西班牙文 7 种语言使用。

图 4-9　世界数字图书馆主页

② 古登堡数字图书馆。

古登堡数字化图书馆是古登堡计划的产物，该计划由志愿者参与，致力于将文化作品的数字化和归档，并鼓励创作和发行电子书（见图 4-10）。该工程肇始于 1971 年，是最早的数字图书馆。其中的大部分书籍都是公有领域书籍的原本，古登堡工程确保这些原本自由流通、自由档案格式，有利于长期保存，并可在各种计算机上阅读。古登堡数字图书馆是一个有超过 60 000 本免费电子书的图书馆。大多是比较老的文学作品。而且大多数是在 1924 年以前出版的。数字图书馆资源主要通过检索和浏览的方式获取，浏览可以使用书架按流派、年份和主题进行浏览。

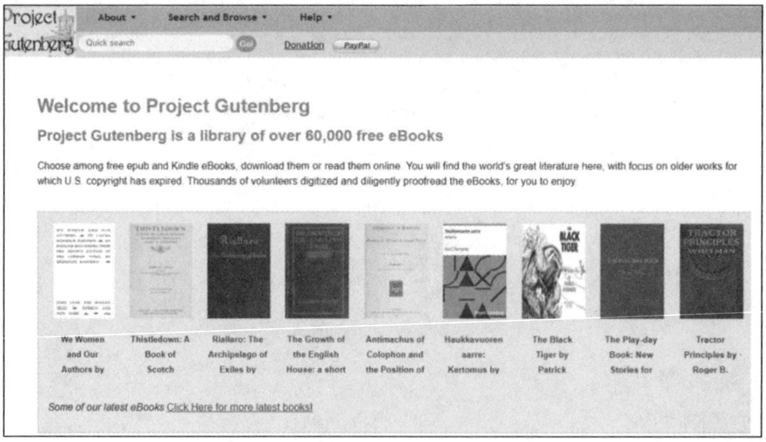

图 4-10　古登堡数字图书馆主页

③ 书格。

书格成立于 2013 年 5 月，是一个免费的开放的在线古籍图书馆（见图 4-11）。致力于开放式分享、介绍、推荐有价值的古籍善本，并鼓励将文化艺术作品数字化归档。

分享内容限定为公共版权领域的书籍在他们的网站上，读者可以分享、推荐和下载有价值古籍的数字化版本。他们的理念是让每个人都能自由地看到我们的文明。

图 4-11　书格主页

4.2　课程资源的获取

课程资源，就是课程与教学信息的来源，或者指一切对课程和教学有用的物质和人力。我们这里介绍的课程资源，主要是指互联网上帮助我们学习的课程。有很多优质的帮助我们学习的课程资源可以获取，目前利用最多的课程资源有公开课、MOOC、TED 等。

4.2.1　公开课资源

公开课出现的时间比较早，也是大家熟悉的一种课程资源。公开课大多数是把大学里课堂的视频录像上传到网络上给大家免费看。现在有很多国内外的名校都开设了这样的课程，比如美国哈佛大学知名的公开课“公正”，美国耶鲁大学哲学教授谢利的“死亡”就属于这一类。

国内外的公开课资源非常多。公开课的原产地是各个名校，名校生产出公开课视频后，通常会发布在自己学校的网站上，比如耶鲁公开课、哈佛公开课（见图 4-12、图 4-13）。不过这些国外的公开课网站有两个缺点：一是视频网站打开慢，二是没有中文字幕。

国内的网易公开课是目前收录公开课比较全、字幕翻译进度比较快的网站，知名度也是最高，如图 4-14 所示。

网易公开课是一个公开的课程平台，不仅可以在线观看来自于哈佛大学等世界级名校的公开课课程，也可以观看清华、北大等国内知名大学的公开课课程，使用也非常方便，可以通过大学导航的方式选择你想看的这些大学的课程，或者通过学科导航，选择你想学习的学科门类。也可以通过检索你需要的某一门课程的名称来查找，最右边还提供了观看数前 10 的热门排行课程。

图 4-12　哈佛公开课主页

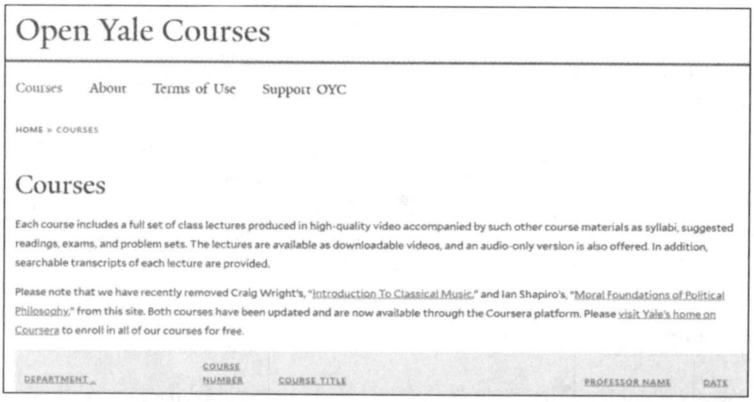

图 4-13　耶鲁公开课主页

图 4-14　网易公开课主页

公开课当然很多都是非常经典的课程，不过也存在着缺陷。如果你只是想在业余时间感受一下名校课堂，拓展视野，提升一下内在素养，这些公开课的确是不错的选择。但它的缺点也很多，如课程中师生缺乏互动，课后缺乏作业和考核要求，也缺乏配套学习资源参考阅读书目、实验指导教材、讲义文档等配套的学习资源等。

4.2.2 MOOC

MOOC（Massive Open Online Courses，即大型开放式网络课程）是一种任何人都能免费注册使用的在线教育模式。MOOC 最早可追溯到 2001 年麻省理工学院的开放课件运动，这些年间席卷全球，意义深远。相较于公开课，MOOC 的学习可以让你跟着名校的老师好好上课，像正式学生一样写作业，做考试题，拿到成绩，获得证明，作为你的一个资历，一项技能。

MOOC 课程不是传统课堂的录像上传，而是专门为网络学习者设计的在线视频课程。MOOC 通常有作业，有期末考试，有课程结业证书。而且上同一课程的同学们可以在课程论坛上互相帮助和交流。另外，MOOC 大多数课程是定期开课，且课程视频通常比较短，几分钟到几十分钟不等。大多数 MOOC 课程的视频可以免费观看，但是如果要做作业、考试、拿证书，则可能需要交一定金额的学费，价格通常也是几十元到几百元不等。MOOC 近年发展非常迅猛，课程数量急剧上升。现在互联网上 MOOC 的资源非常多，Coursera、Udacity、EdX 是全球最具影响力的“MOOC 三巨头”。

（1）Coursera（https://www.coursera.org/）。

Coursera 由美国斯坦福大学两名计算机科学教授创办，旨在同世界顶尖大学合作，在线提供网络公开课程。作为最大的巨头，Coursera 是一座真正的在线大学，到现在是目前全球用户最多的课程平台，知名度也最高。汇集了包括耶鲁、斯坦福在内 100 多所名校的 MOOC 课程，国内有北京大学、上海交通大学、复旦大学等都跟 Coursera 合作。

（2）Udacity（https://www.udacity.com/）。

Udacity 是硅谷的前沿科技教育平台，由 Google 的 Sebastian Thrun 创立，是一个以计算机课程为主和培养软件开发人员为目的的平台，课程内容主要包括人工智能、数据科学、自动驾驶、自然语言处理、计算机视觉、AI 量化投资、区块链、云计算等。并且与谷歌、亚马逊、Facebook、百度、腾讯等全球领先科技企业合作推出了一系列无人驾驶、人工智能、数据科学、云计算等前沿技术课程。

（3）EdX（https://www.edx.org/）。

EdX 是麻省理工和哈佛大学于 2012 年 4 月联手创建的大规模开放在线课堂平台，给大众提供大学教育水平的在线课堂。

国内较知名的 MOOC 平台有学堂在线、中国大学 MOOC、好大学在线。三个平台不仅都可以用电脑通过网址使用，而且学堂在线和中国大学 MOOC 都可以通过移动端 APP 使用。而好大学在线也可以微信小程序使用。

（1）学堂在线，是清华大学推出的第一个中文 MOOC 平台。它运营了来自清华大学、北京大学、复旦大学、中国科技大学，以及麻省理工学院、斯坦福大学、加州大学伯克利分校等国内外一流大学的超过 3 000 门优质课程。

（2）中国大学 MOOC 是由网易与高教社携手推出的在线教育平台，承接教育部国家精品开放课程任务，向大众提供中国知名高校的 MOOC 课程。中国大学 MOOC 平台应该也是课程数最多的一个平台，运行课程 8 000 余门，其中国家精品在线开放课程 916 门，合作高校 695 所。

（3）“好大学在线”是由上海交通大学自主研发的中文慕课平台，是中国高水平大学慕课联盟的官方网站，课程数接近 1 800 门。

除此之外还有一个公开课和 MOOC 资源都非常丰富的 bilibili（哔哩哔哩视频网站）。bilibili 被大家亲切地称为 B 站，其学习资源非常丰富。2019 年，泛知识学习类内容的观看用户数突破 5 000 万，相当于 2019 年高考人数的 5 倍。而且大批专业科研机构、高校官方账号入驻 bilibili，比如中科院物理所的账号“二次元的中科院物理所”给大家分享趣味科学。

4.2.3 TED

TED（指 Technology，Entertainment，Design 在英语中的缩写，即技术、娱乐、设计）是美国的一家私有非营利机构。该机构以它组织的 TED 大会著称，这个会议的宗旨是“传播一切值得传播的创意”。TED 和公开课及 MOOC 不同，公开课和 MOOC 可以称为“教育课堂”，而 TED 则是美国一家私有非营利机构组织的一系列“牛人演讲”，这些演讲的视频也可以随时免费观看。TED 有专门的网站（见图 4-15）。国内网易公开课也有专门的 TED 课程，有中文字幕翻译。大家可以通过选择自己感兴趣的主题进行观看。

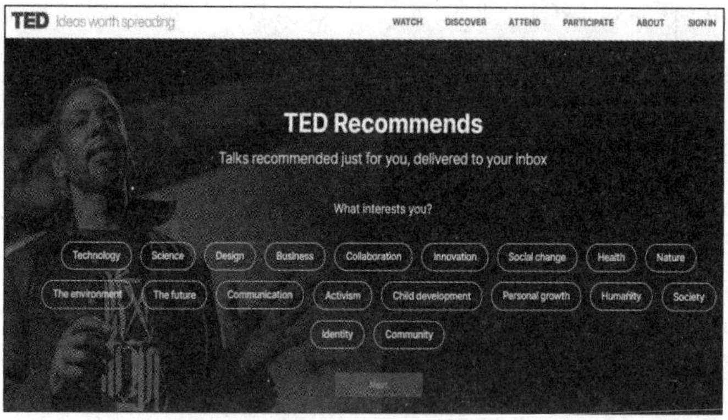

图 4-15　TED 主页

4.3　行业信息的获取

了解所在专业的行业发展，聚焦行业前沿，可以更好地对行业情况进行定位。获取行业信息的渠道非常多，互联网上的信息也鱼龙混杂，而与专业相关的部门、机构、企业和协会是获取行业信息专业的、靠谱的渠道。

行业信息的获取

行业信息可查询渠道主要有：

（1）行业上级主管部门网站；

（2）行业内专业科研机构网站；

（3）行业内专业协会网站；

（4）行业内相关生产企业网站。

以查找“铁道运输”行业信息为例，获取行业信息。

一是访问主管部门的网站，铁道运输的主管部门是交通运输部。交通运输部的网站上给我们提供了政策、新闻、数据、专题等非常有用的信息（见图 4-16）。通过政策可以获取国家对于交通运输的相关政策和导向、通过新闻可以获取行业最新的动态，通过数据可以获取交通运输的统计公报，具体指标的数据、了解行业的发展现状，通过专题，可以聚焦更细小的感兴趣的领域。

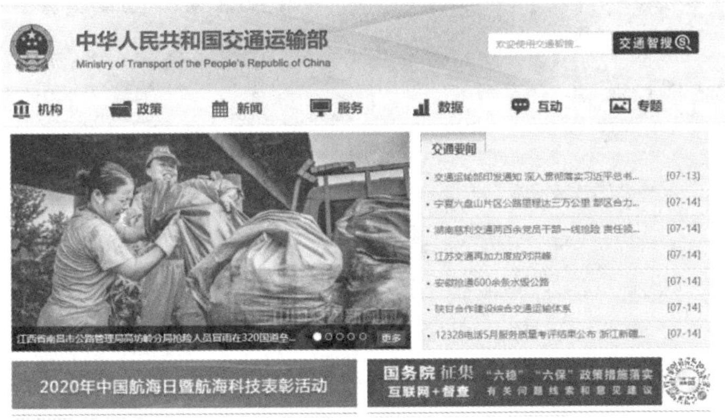

图 4-16　中华人民共和国交通运输部主页

国家铁路局也是铁道运输的主管部门，国家铁路局的网站除了提供新闻、信息公开、专题外，还有更具体详细的法规制度、标准规范、监管信息、执法公告等行业守则以及权力清单、许可公告和行业统计等（见图 4-17）。

图 4-17　国家铁路局主页

二是专业科研机构网站，中国铁道科学研究院是交通运输行业重要的科研机构。通过中国铁道科学研究院网站，可以了解相应专业科研机构科技创新、技术服务、成果转化、国家实验室和重大项目等的相关状况，可以获取国家的重点研究领域（见图4-18），行业内最前沿的、最重要的科技信息及其相关应用，是了解铁路运输前沿信息非常重要的途径。

图 4-18　中国铁道科学研究院主页

三是专业协会网站，中国铁道学会是交通运输行业内重要的协会。通过铁道学会网站可以获取非常重要的行业内学术交流的信息、行业的一些基础的科学普及，以及行业内的科学技术奖励信息、专业的学术期刊和相关的铁道知识（见图4-19）。

图 4-19　中国铁道学会主页

四是专业生产企业网站，通过行业领域内比较靠前的企业可以获得行业的市场行情。国家铁路集团有限公司是铁路运输方面重要企业之一。在国家铁路集团有限公司的网站上通过新闻资讯栏目可以获取最新的资讯，以及社会媒体关注的热点，聚焦重要的专题（见图4-20）。通过“运输经营”栏目，可以获取旅客运输、货物运输以及铁路建设、多元经营这些铁路运输的经营状况。通过国际合作我们可以获取境外的铁路建设和运营情况，以及世界铁路的情况。通过科技创新可以获取企业内的重点实验室，甚至还有一些国家级的实验室情况，还有相关专利的情况以及相关的科技成果和技术标准。通过“为您服务”这个栏目，可以获取相关的指标统计数据，铁路的相关法规，以及人才招聘。了解人才招聘，有利于知道行业内领头企业他们所需要的人才应具有的能力，帮助大家进行职业规划。

图 4-20　国家铁路局集团有限公司主页

最后，除了网络上的获取方式，向相关领域的专家、自己的老师、有经验的学长学姐们请教以及与同行交流也是获取行业信息重要的途径。

4.4　考试资源的获取

高效地获取考试资源，是考试的助力“神器”。常用的获取考试资源的途径主要有数据库资源和一些开放的网络资源。

4.4.1　数据库资源

1. 新东方多媒体学习库

获取新东方的英语考试课程，可以通过学校图书馆。很多学校图书馆购买了新东方多媒体学习库，在校园网 IP（互联网协议）范围内，可以随时随地免费通过访问图书馆网站获取相关资源。

英语考试和学习资源的获取

新东方多媒体学习库是集在线测评、网络课堂、在线考试、多媒体互动平台为一体的“一站式”综合学习平台。该平台也是依托于新东方教育科技集团的师资力量和教学资源，网络课堂也是对新东方传统教学的课程内容进行了有机整合，授课内容和用户的学习效果等同于新东方面授课堂。

新东方英语多媒体学习库平台的左边提供了不同网络课堂学习的分类导航（见图 4-21）。网络课堂也是新东方多媒体学习库的核心资源，包括国内考试、出国留学、应用外语和小语种，等等。其中国内考试，提供了国内不同英语考试名称的导航，供我们选择和学习，需要注意的是选择的资源，必须是所在 IP 范围已经购买的视频，国内考试资源里面主要有大学英语四级、大学英语六级、考研英语的相关培训资源。选择需要的资源进行学习，资源页面的课程表有详细的章节目录，名师介绍里面也可以看看老师的情况。通过“开始学习”按钮，就可以观看网课视频，视频有老师讲解，还有课件展示，没听清楚的地方，随时可以暂停回放。除了课程资源，新东方还提供了考试资源，有四六级题库、四六级实训、互动口语以及直播课等非常丰富的资源。

图 4-21　新东方多媒体学习库主页

2. FiF 外语学习资源库

FiF 外语学习资源库是由外研讯飞打造的新一代富媒体、多语种外语学习平台，平台基于科大讯飞的语音技术，整合国内外海量优质外语学习资源，为广大外语学习者提供一站式在线学习体验（见图 4-22）。

图 4-22　FiF 外语学习资源库主页

FiF 外语学习资源库主要包括以下模块：

（1）口语训练营；

（2）阅享电子书；

（3）视听练兵场：国际媒体精品（BBC、VOA、ITN、ECL、TED）、演讲辩论集萃、影视共赏、其他；

（4）在线课程库：综合英语课程、通识英语课程、职业英语课程、经典课程、雅思考试课程；

（5）玩转多语种：日语、德语、法语、西班牙语、意大利语、俄语、韩语、越南语；

（6）课件资源站；

（7）考试竞技场：英语四级、英语六级、专业四级、专业八级、PETS、PRETCO 等。

平台的在线课程库，有很多非常好的国内外英语考试的课程资源和考试竞技场。作为一个多语种外语学习平台，FiF 外语学习资源库整合国内外海量优质的外语学习资源，包括口语训练营、阅享电子书、视听练兵场、玩转多语种等模块。

3. 高教网考研互动精品课程

高教网考研互动精品课程是考研的考试资源，主要由考研名师公共课和名校学霸专业课两个部分组成（见图 4-23）。

图 4-23　高教网考研互动精品课程主页

考研名师公共课包含政治，英语一、英语二，数学一、数学二和数学三 6 个公共科目，覆盖全年基础、强化、冲刺阶段的所有阶段课程；有原国家命题组组长及成员教师主讲，并通过视频互动的方式介绍解题方法和复习方法，实现了足不出校就可以轻松学习，大大提高了考研的复习效率。

名校学霸专业课由各院校各专业学霸提供，涵盖了国内多数院校和专业，覆盖全国统考专业课共 13 门，总时长超过 400 小时；由已经成功录取进入研究生学习的学生提供课程讲授、练习、答疑等服务；国内名校，重点专业覆盖率达 80%，如北京大学、清华大学、中国人民大学、中国政法大学、中央财经大学、北京师范大学、中国地质大学、北京航空航天大学等。

4. 正保远程教育多媒体资源库

正保远程教育多媒体资源库，提供外语考试、研究生入学考试、会计考试、公务员考试、司法考试、医学考试、各类从业资格考试等 2 000 多门网络课程，均由国内顶级名师讲授，帮助高校师生顺利通过各种考试、提升专业能力、增强就业实力。正保多媒体资源库除了辅导课程，还提供了互联网全程互动服务平台，包括考试资讯中心、名师导学中心、全程咨询中心、国际领先呼叫中心、精品答疑中心、学员互动中心、测试模拟中心等多种服务。

正保远程教育多媒体库课程内容主要分为四大部分：

（1）基础能力类：大学外语考试（包括英语四六级、口语、雅思、小语种、法律英语、医学英语、财务英语）、研究生入学考试（数学、政治、英语）、国家计算机考试等。

（2）专业能力类：针对大学生起点的专业类考试、注册会计师（CPA）、国家司法考试，国家公务员、地方公务员、报关员，建造师、造价师、监理工程师等。

（3）从业能力类：证券从业资格、会计从业资格、银行从业资格、新会计法则准则等各类从业资格证书。

（4）医学考试类：执业医师、助理医师、药学、临床检验、主治医师、护士资格等。

4.4.2 开放的网络资源

除了数据库，互联网上还有非常多优质的考试资源可以供大家使用。

考试酷是一个免费的电子作业与在线考试系统云平台，上面各种各样的题库以及测试，不仅有学历类的，还有职业资格类、公务员考试类，甚至还有一些企事业单位内部考试的（见图 4-24）。

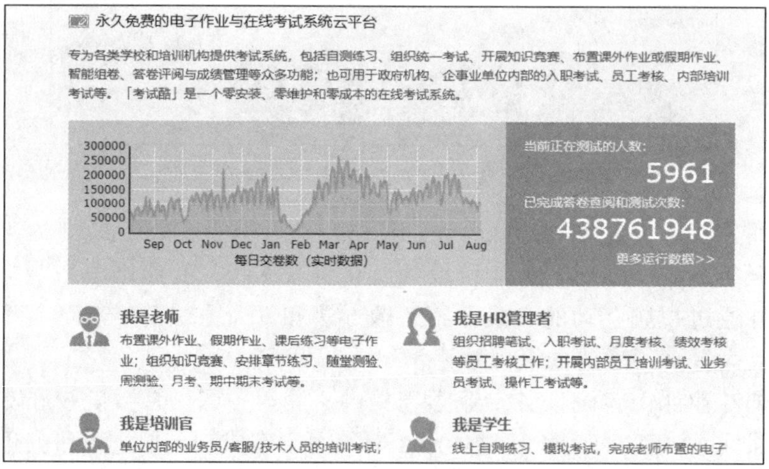

图 4-24　考试酷主页

大学资源网是一个功能强大的免费在线学习网站，提供了各种资格考试视频，像工程建筑的考试认证、财会考试、公务员考试、司法考试。除此之外，还提供丰富的考研课程、大学课程、外语课程、电脑网络、讲座系列等（见图 4-25）。

图 4-25　大学资源网主页

4.5　通识类资源的获取

学习资源除了传统的学业，通识艺术类资源也是学习资源的一种，通识类艺术资源可以提高艺术修养。获取方式主要有三种：一是数据库资源，二是官方艺术殿堂，三是网络资源。

4.5.1　数据库资源

1. 库克艺术中心

库克艺术中心（简称 KUKE）是一个专注于非流行音乐的数字音乐图书馆，让大家在家听音乐会、听古典音乐。目前 KUKE 已经收藏了世界上 98%的古典音乐，还有中国、美国、西班牙、日本、瑞士、南非、伊朗等多个国家独具特色的民族风情音乐，同时还包含爵士音乐、电影音乐等多种音乐类型；并且汇聚了从中世纪到现代 30 000 多位艺术家、100 多种乐器的音乐作品，总共的曲目有 150 万首（见图 4-26）。

图 4-26　KUKE 数字音乐图书馆主页

KUKE 除了海量的这些唱片之外，还有丰富的文字资料介绍，配备了详细的唱片介绍，提供歌剧故事大纲、作曲家及演奏家生平介绍等，满足不同乐器、不同层次的音乐学习者和欣赏者的需求。KUKE 数字音乐图书馆的使用方法有两种：一是根据数据库提供的资源类型导航选择资源，导航有按音乐分类导航和根据作曲家或者艺术家名字进行导航；二是直接输入关键字比如歌名、乐队、乐器、作曲家、改编者等字段进行检索获取资源。

2. Artlib 世界艺术鉴赏库

目前收录 40 000 多幅高清图片并处于实时更新状态，涵盖油画、素描、版画、水彩、国画、书法、建筑艺术等；包含六大模块：故事、艺术品、艺术家、艺术机构、资讯、百科；具有知识组织系统、内容全面完整、数据深度标引、大图超清展示、知识点关联密、艺术辞典规范等特点（见图 4-27）。

图 4-27　Artlib 世界艺术鉴赏库

4.5.2　艺术殿堂

除了数据库。我们的艺术品收藏单位都有自己的官网，给大家提供艺术品的高清图片，相关介绍和教育学习视频，资源非常丰富。比如博物馆和美术馆。

1. 博物馆

故宫博物院是一座综合性博物馆，也是中国最大的古代文化艺术博物馆。故宫的官网提供了非常丰富的在线资源（见图 4-28），可以 360°全景看故宫；其数字多宝阁利用高精度的三维数据展示文物的细节和全貌，可以零距离 360°观看文物。故宫的数字文物库在公开 186 万余件藏品基本信息的基础上，首批精选了 5 万件高清文物影像进行公开。故宫名画记中珍贵绘画藏品有 345 幅，数十亿级像素的超高清影像，流畅的缩放体验，让观众用更大、更精、更细的方式一览故宫藏画，还能通过标注、收藏，建立自己的“私人藏画馆”。

图 4-28　故宫博物院主页

除了展品，故宫还有很多教育资源，已经有一百六十多期的故宫讲堂，部分的资源提供视频回放，带领大家了解和认识故宫；还有“我要去故宫”这样的免费公益视频课，带你探索紫禁城 600 年的奥秘。

国内国家级的博物馆除了故宫博物院还有中国国家博物馆。国家博物馆也有网上展厅这样的云服务。每个地区都有自己的博物馆，比如成都有成都市博物馆。成都市博物馆现在已经收藏各类文物两万余件，形成了上至远古石器时代，下迄民国时期的较为完整的藏品系列。

国外比较著名的博物馆有：法国卢浮宫、英国大英博物馆、俄罗斯艾尔米塔什博物馆和美国大都会博物馆。

2. 美术馆

中国美术馆是以收藏、研究、展示中国近现代艺术作品为重点的国家造型艺术博物馆。中国美术馆集展览、收藏、研究、公共教育、国际交流、艺术品修复、文创产业于一体，是中国美术最高殿堂，也是公共文化服务平台。中国美术馆现收藏各类美术作品 11 万余件，从古代到当代，各时期的中国艺术名家代表作品，构成中国美术发展序列，兼有外国艺术作品，同时也包括丰富的民间美术作品。中国国家美术馆提供非常丰富的在线资源，有在线展览、精品特展、馆藏作品这样的在线资源和在线学习这样的教育资源（见图 4-29）。

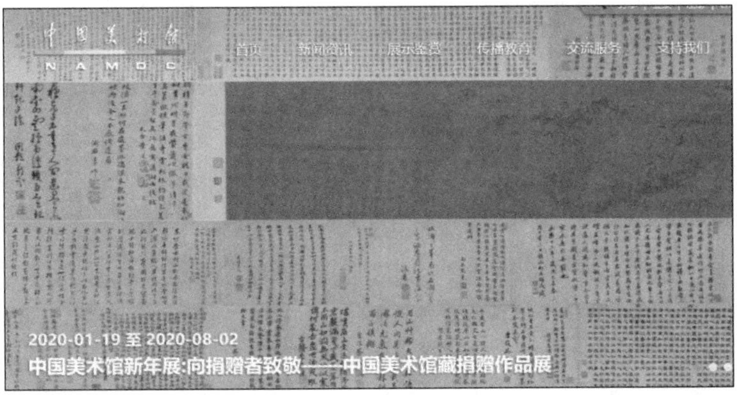

图 4-29　中国美术馆主页

4.5.3 其他网络资源

互联网上还有非常丰富的艺术类资源。艺术百科全书 ArtCyclOpedia 是一个在线的美术百科全书搜索引擎，是一个收集了超过 10 万幅艺术作品的在线黄页式网站，提供超过 2 900 个艺术网站，大约 9 000 个不同的艺术家作品资料查找和欣赏。网站的文字较少，主要以图片为主，包括摄影、装饰艺术、装置艺术、录像艺术、数字艺术、网络艺术、建筑等主题（见图 4-30）。

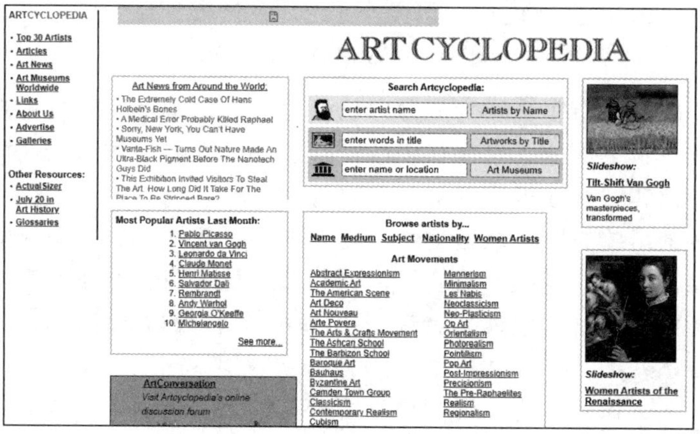

图 4-30　ArtCyclOpedia 主页

Part 5

第 5 章　事实与数据搜索

在我们的学习和生活中，绝大部分时候需要搜索的问题都比较简单。这些问题的答案往往只是一个数据，一个知识点，或某个背景资料。比如：有关一个名词的定义，某个事件发生的时间和地点，一位名人的生平事迹，一项法律条文或对某个问题的具体规定等等这些带有“事实”属性的问题；又或者是，类似中国 2019 年的国内生产总值是多少？中国的人均粮食占有量是多少？这些带有“数据”属性的问题。本章要讨论的事实与数据搜索，主要是指对带有“事实”属性或“数据”属性的问题的搜索。

5.1　事实搜索

5.1.1　字典、辞典

字典、辞典是典型的词语性工具书，其作用有两个方面：一是提供字词和成语的形、音、义，以及具体的使用方法；二是提供有关学科名词术语的含义、演变及其发展的事实材料。同类工具有很多，在此重点推荐一些在线字典、辞典工具。

1.《CNKI 工具书库》

《CNKI 工具书库》集成了近 200 家知名出版社的 11 000 多部工具书，其中就包括了多种类型的语文词典、双语词典、专科辞典。

【案例 5-1】鲁迅的短篇小说集《呐喊》中这么一句：“我晓得他们的方法，直捷杀了，是不肯的，而且也不敢，怕有祸祟”。这里的“祸祟”一词是个方言词汇，如果想查证其含义，可以这样做：

打开 CNKI 工具书库，选择“汉语词典”，输入关键词“祸祟”，得到 3 条结果。其中第一条来自《鲁讯著作中的江浙方言》这本工具书，第二条来自《当代汉语词典》，第三条来自《汉语方言大词典》。通过阅读检索结果，很容易知道“祸祟”其实就是“灾祸”的意思（见图 5-1）。

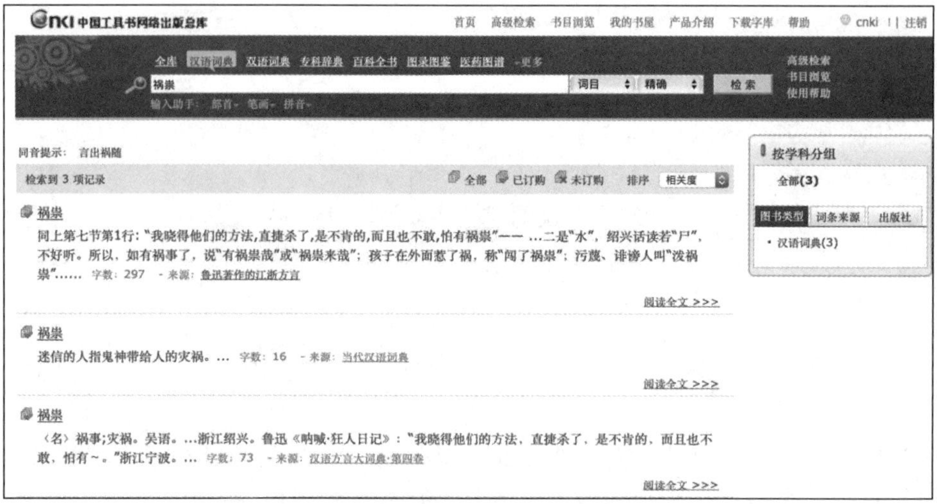

图 5-1　CNKI 工具书库汉语词典检索界面

【案例 5-2】我们选择“专科辞典”，用关键词“轨距”进行搜索，可以看到：《交通大辞典》不仅对轨距进行了解释，还详细说明了铁路轨距，存在标准轨距、宽轨距和窄轨距等不同规格。包含我国在内的世界大多数国家，铁路普遍采用的是标准轨距，即两根钢轨内侧的相互距离为 1 435 mm（见图 5-2）。

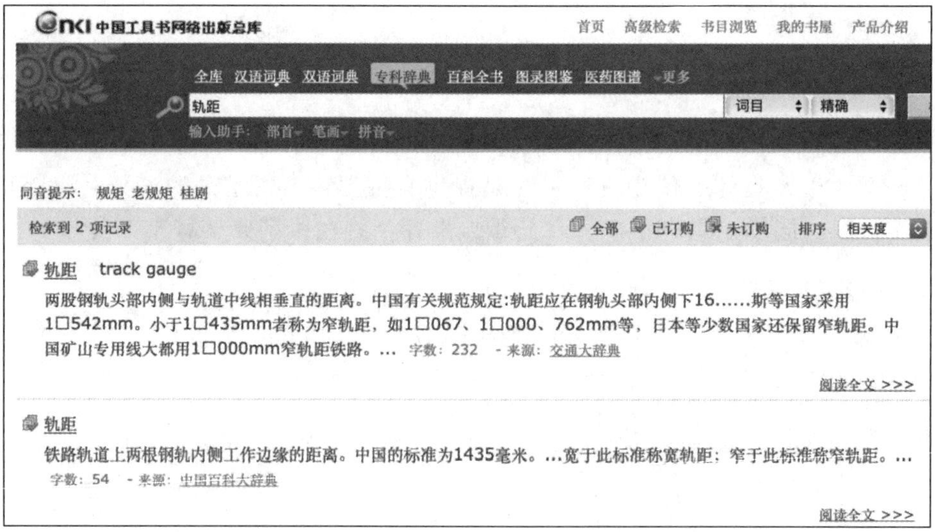

图 5-2　CNKI 工具书库专科辞典检索界面

2. 免费在线字词典工具

互联网上还有许多特色词典工具，各有特色且大多可免费使用。

（1）Visuwords（https://visuwords.com）：这是一个好玩有趣的在线虚拟化视觉词库，当我们输入要查的单词，它会把和这个单词有关的全部家族词都帮你分解出来，还会按远近亲疏用不同的距离表现出来。可以一次性获得关于它的近义词、反义词，鼠标移到单词上就会有英文释义。

（2）Thesaurus（https://www.thesaurus.com）：这是一个专查同义词的在线词典，当想写英文邮件，但脑中只能浮现出几个最简单的单词？别担心，这个词典就是为了解决这一问题而存在的。当你输入一个简单的单词后，它会为你列举几十个近义词，帮你用更高级的口吻说出你想说的话。

（3）Dictionary.com（https://www.dictionary.com）：这是一个超过一亿用户的在线词典查询搜索引擎，整合全互联网词典内容，收录超 200 万词条词组。

（4）OneLook（https://onelook.com），这是一个词典元搜索引擎，系统收录的单词超过 1 900 万个。一次就可以查询到包含牛津、剑桥、韦氏、柯林斯、美国传统、维基等知名词典在内的多个在线词典的释义。

【案例 5-3】如输入 bird，系统给出了 54 个不同词典的检索结果（见图 5-3）。

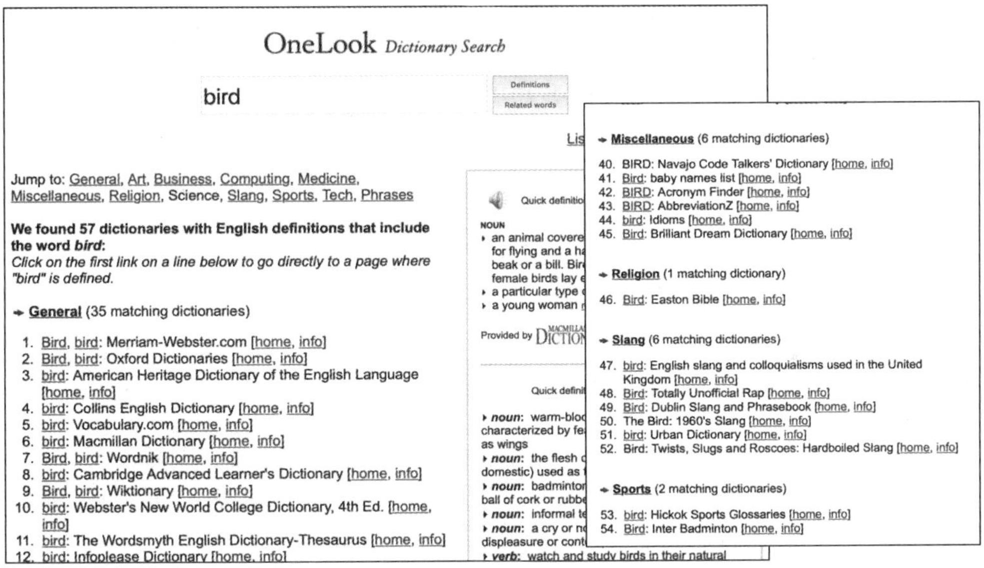

图 5-3　OneLook 检索 bird 结果

此外，网上还有一些比较有意思的词典工具，如：Forvo 是一个发音词典，正宗的全球真人发音。输入一个单词，你想听哪个国家口音的人读给你听都可以。对英音美音分不清的朋友可以体验看看。

Vidtionary 是一个视频词典，每一个单词配有一个生动的视频。如输入“roar”，系统就给你一只咆哮着的老虎，输入“crinkle”，系统就会揉纸团给你看，且声音相当逼真。

5.1.2　百科全书

百科全书是概要记录人类一切知识门类，或某一知识领域的工具书。它是百科知识的汇总，是一种理想的参考工具书。百科全书的价值体现在几个方面：一为解惑释疑，二为收集基本资料，三为扩大知识视野。看过百科全书的人对其内容无动于衷是不可能的，最起码的影响是使读者感到自己对周围世界所知甚少。

百科全书的条目主要由三部分组成，分别是条头、释文、参考书目。其中“条头”就是知识主题的名称，在高级检索界面中对应为“中文名称”字段。而“释文”就是知识主题的全部说明性文字，在高级检索界面中对应为“全文”字段。较长的释文，比如超过 500 字的条目会增列内容目录，便于读者掌握条目的宏观结构，快速阅读。释文中会包含必要的图表、照片。而最后的参考书目也可以为我们提供进一步学习的线索。

1.《中国大百科全书》

《中国大百科全书》是我国第一部大型综合性百科全书。迄今已有两个版本，其中，第一版从 1978 年开始编撰，历时 15 年，1993 年发行；第二版是对第一版的修订重编版，于 1995 年立项，历时 12 年，于 2009 年发行；第三版编撰工作于 2014 年正式启动，尚在进行当中。

而“中国大百科全书数据库”是以《中国大百科全书》第一版和第二版为基础，并扩充了一些其他相关资料而形成的，一个集成型资源数据库。数据库收录共计逾 16 万条目，涉及 80 余个学科，有近 100 万知识点，2 亿文字量，并配有近 10 万张高清图片、地图。

如果你所在的图书馆未订购“中国大百科全书数据库”，你可以通过两种方式进行使用：一是注册成为“中国大百科全书数据库”的会员，最长可获得一个短期的免费使用权限；二是用支付宝登录浙江省图书馆，即可免费使用该图书馆的众多数字资源，其中就包括了“中国大百科全书数据库”。

“中国大百科全书数据库”提供了灵活的检索方式，可按条目名称、作者、正文进行检索，也可单独检索图片，并可按国家、人物、大事记等方式进行浏览。

【案例 5-4】如我们用“中文名称=三峡水利枢纽”进行检索，共得到两条结果，分别是第一版的“三峡水利枢纽规划”和第二版中“三峡水利枢纽”，从两版中词条名称的变化，也可以看出三峡工程从规划到建设不同阶段的情况（见图 5-4）。

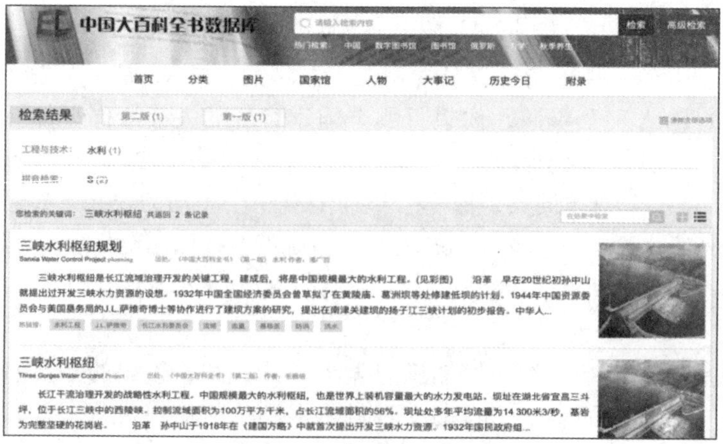

图 5-4 中国大百科全书数据库检索界面

最后要特别说明的是，“中国大百科全书数据库”不是一个动态数据库，不具备内容实时更新的功能，不能添加新条目，也不能对原有内容进行修订。因此，一些学科发展较快的条目，内容已经略显陈旧。大家在学习时需要通过其他工具和途径进行补充和更新。

2.《大英百科全书》

另一个久负盛名的百科全书已经有 250 多年的历史，它就是《大英百科全书》，又称《不列颠百科全书》，它是当今世界最知名也是最权威的百科全书，其条目均由世界各国著名学者、各个领域的专家撰写，包括众多诺贝尔奖得主都为该书撰写过条目。《大英百科全书》对主要学科、重要人物和事件都有详尽叙述，其学术性和权威性被世人所公认。

1994 年，《大英百科全书》推出网络版，简称 EB Online。EB Online 是第一部因特网上的百科全书，除包括完整的印本内容外，还增加了大量印本百科全书中没有的内容，可检索的词条达到了 20 万个之多。

EB Online 案例演示

EB Online 是世界是使用最广泛的电子参考工具书之一，国内很多图书馆都购买了其使用权，并且有中文版本，但不支持中文关键词检索。这意味着你需要将检索词翻译成英文并用英文关键词进行检索，检索结果可切换成中文，方便查看。

【案例 5-5】假如想了解一些欧洲的历史，EB Online 无疑是个非常好的工具。打开数据库，输入关键词 history of Europe，由于关键词是一个词组，希望它作为一个整体在结果中出现，因而关键词前后加上双引号，即进行精确检索（注意，这里的双引号是英文状态下的半角双引号）。

通过检索，共找到 12 条检索结果，其中第一条就是有关欧洲历史的词条，点击标题可以查看内容（见图 5-5）。

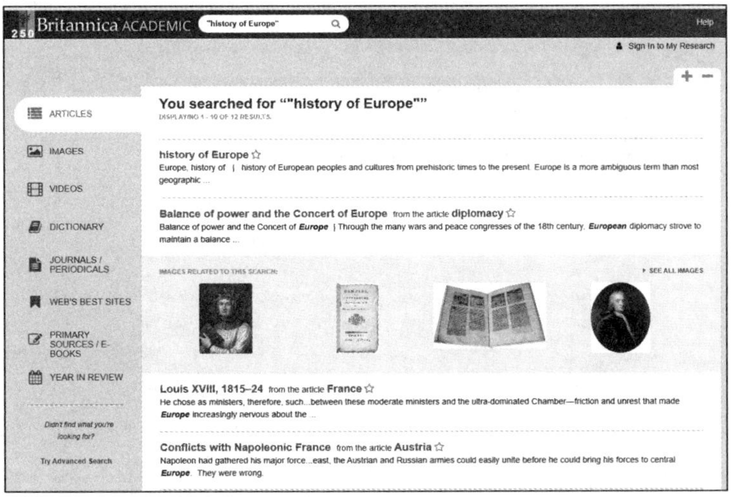

图 5-5　EB Online 检索结果界面

以上介绍的两部百科全书都是综合性的百科全书，综合性百科全书的条目大多比较精炼简短，适合查阅一般性概念，而要查阅较为专业的问题，则应使用专业性百科全书，如化学领域的《应用化学百科全书》、哲学领域的《哲学百科全书》、医学领域的《中国医学百科全书》等等。

CNKI 工具书库对专业性百科全书收录较多，可作为优先使用的渠道。此外，互联网上许多百科全书的 PDF 格式版本，分散于网盘、专业论坛，需要的话可以使用搜索引擎进行查找。

此外，若查阅某国或某地特有的，或源于某国或某地的知识，应首先考虑使用本国或当地出版的百科全书。如查阅中国传统知识可用《简明中华百科全书》；查阅与日本和亚洲相关问题，最好选《世界大百科事典》或《讲谈社百科事典》；希望了解德国和奥地利两国的历史和人物，可选用《布鲁克豪斯百科全书》；希望了解法国的历史、人物和地名信息可查阅《大拉鲁斯百科词典》；而要了解北京或四川的相关知识，则可查阅《北京百科全书》或《四川大百科全书》。

5.1.3　名录

名录是指提供有关专名的简要工具书，按收集信息的内容的不同，可分为机构名录、名人录和地名录几大类。

1. 机构名录

机构名录是一种收录政府部门、学术团体、学术机构以及工厂企业相关信息的工具书。

（1）中国机构数据库

中国机构数据库是万方数据平台下的子库，里面包括了 19 万多家中国企业、教育机构、科研机构和信息机构的信息，可通过机构名称和负责人进行查询。信息较为全面，不足的地方是信息更新得比较慢（见图 5-6）。

图 5-6　中国机构数据库界面

（2）国际组织年鉴在线

要查国际非营利组织和协会的信息，国际组织年鉴数据库是当前最权威和全面的指南。该库共收录有超过 67 000 个国际组织，包含 300 个国家和地区的政府间组织（IGOs）和国际非政府组织的信息（INGOs）。内容主要包括组织的详细描述，组织主要官员的信息，与其他国际组织的交叉关系，以及该组织主要出版物信息和统计数据等。

【案例 5-6】比如，新冠病毒肺炎疫情发生以来，世卫组织多次称赞中国应对新冠病毒肺炎疫情的努力。若我们想了解查询世卫组织的历史，可用世卫组织英文全称“world health organization”或缩写 WHO 作为关键词进行检索（见图 5-7）。

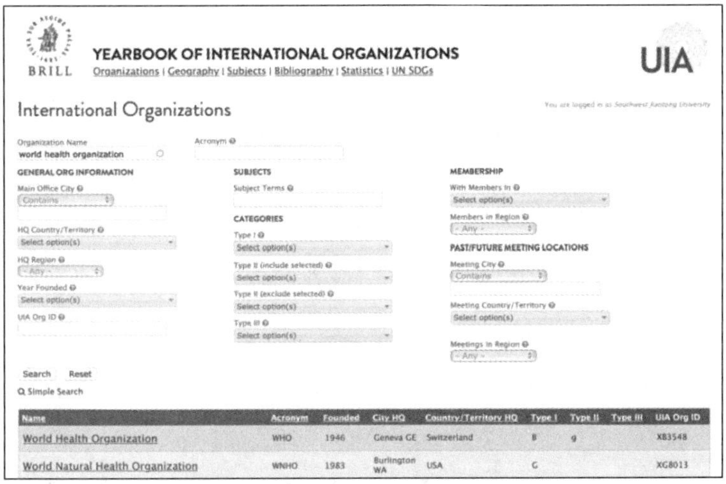

图 5-7　国际组织年鉴在线界面

（3）国内社会组织公共服务平台

若要查询国内某个社会组织的基本情况，或者想知道某个社会组织是否合法，可使用全国社会组织公共服务平台，目前，平台收录了经合法注册的社会组织 88 万多个。平台支持组织名称、统一信用代码、主管单位等多种查询方式。该平台还提供慈善组织名录信息，完整收录全国 8 315 个合法慈善组织信息，其中具有公开募捐资格的慈善组织 3 050 个。

（4）商业信息查询工具

若要查询的是企事业机构的工商信息，则可选择天眼查、企查查等专业商查平台。

【案例 5-7】以天眼查为例，该平台的企业名录中收录了 2 亿家以上的社会实体，且支持多种查询方式。比如我们想了解 2020 年度全国新成立的口罩企业有多少个，可以输入关键词“口罩”，并将注册时间限定于 2020 年，系统共为我们找到 81 000 多家公司，从中可以了解到企业的基本情况（见图 5-8）。

此外，各级政府和组织的官方网站，也会提供一些名录性查询工具，如国家卫健委近期推出了核酸检测机构名录查询，国家药监局提供医疗器械生产企业名录、医疗器械经营企业名录信息，教育部网站提供了全国高等学校名单信息等。

图 5-8 天眼查检索界面

2. 名人录和名人传记

（1）CNKI 工具书库

该平台收录有各类人物传记 360 余种，是查询人物传记资料的重要渠道。

【案例 5-8】想了解隋朝太子杨勇的生平事迹，打开 CNKI 工具书库，输入关键词“杨勇”，检索字段选择“条头”，共得到 59 条记录，按字数排序后，第一条就是我们要找的结果，来自《中华人物史鉴》一书（见图 5-9）。

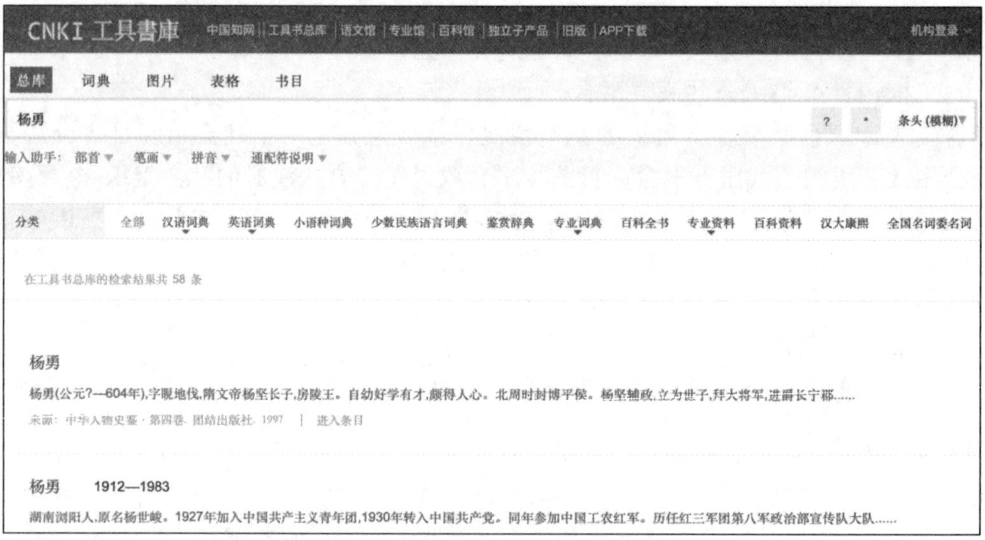

图 5-9 CNKI 工具书库总库检索界面

（2）中国历史人物传记资源数据库

该库资源内容涵盖古代至 1949 年前的正史、别史、地方志、总传、别传、家谱、名录等，部分文献全文化开发，对人物类别、人物关系进行深度关联。该库包含人物数量88万余名，是目前全球范围内资源最全面、历史人物数量最多、人物分布最广的中国历史人物传记库。

【案例5-9】想了解三国名臣诸葛亮这个人在哪些书里有提到过，直接用关键词“诸葛亮”检索，发现有30部文献里都有关于他的记载，分散于正史、别史、总传、别传、年谱以及方志等文献中（见图5-10）。

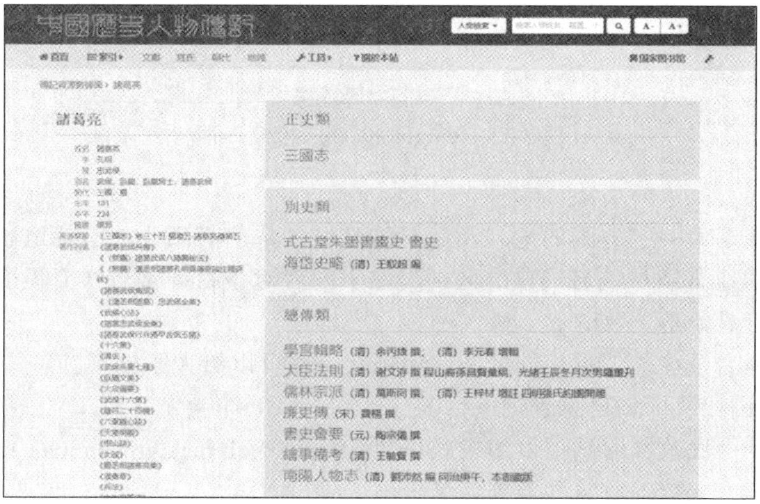

图5-10　中国历史人物传记资源数据库检索界面

（3）传记网

传记网（https://www.biography.com）收录从古到今的25 000位世界杰出人物传记，所有资源来自于《剑桥百科全书》数据库、《美国传记剑桥词典》等权威工具书，同时还有视频、图片、书籍等，让我们有机会全方面地了解世界知名人物的前世今生。可按姓名和关键词检索，也可按姓名字顺浏览查找。

传记网案例演示

【案例5-10】如我们想查找有关英国科学家史蒂芬·霍金的生平，用他的英文名字Stephen Hawking进行搜索即可得到结果。

内容页除了有关霍金的介绍外，还配有照片，设有要闻速览，并收录了霍金生前说过的13条名言，文后还注明了该条目的作者以及撰写时间和更新时间等信息（见图5-11）。

这方面可用的工具也比较多，如前面提到的中国大百科全书，其中就包含了大量的人物词条，还将中国科学院院士、中国工程院院士、诺贝尔奖获得者进行了汇总，本质上也算是名录查询工具。

图 5-11　biography.com 检索界面

3. 地名录

地名录是汇集一定范围的地名及简况的名录，从广义来说，包括地名词典和地名录，狭义上的地名录与地名词典的区别，在于两者对条目的著录详简程度不同，但其所阐述的条目对象是一致的。

专门的地名录在线工具比较少，但还是有一些可以给大家分享。

（1）“全国行政区划信息查询平台”。

这是一个由民政部网站提供的权威平台（http://xzqh.mca.gov.cn/map），在这个平台上可查到面积、人口、政府驻地等信息。

（2）中国地名网。

中国地名网（http://www.cn56.net.cn/diming/）包含全国各省、市、县（区）、乡镇的概况信息，包括所属地区的人口数量、区域面积、地理位置、概括地图、历史沿革等内容，是中国最全的地名查询网站。

另外，各地方政府的官方网站是查询和了解一个地方基本信息最直接也是最权威的渠道。

5.2　数据搜索

大数据时代下，数据正在改变着人们的生活方式与思维方式。无论是市场调研、科学研究，甚至辨别事实，很多场景中我们都离不开数据的支持！

比如一段时间以来，随着新冠病毒肺炎疫情在全球快速蔓延，一些国家开始限制或者禁止粮食出口，造成国际粮价上涨。受此影响，国内有人也开始囤粮。那中国粮食到底够吃吗?

要回答，或者说反驳诸如此类的问题，最直接也最有效的方式，就是用数据说话。

5.2.1　数据搜索工具

获取数据有多种途径，但数据的质量必须权威可靠，官方统计数据是首选。

1. 国家数据平台

国家数据平台（https://data.stats.gov.cn）是一个由国家统计局提供的公共查询平台。该平台提供翔实的月度、季度、年度数据以及普查、地区、部门、国际数据。并支持多种文件输出、制表、绘图、指标解释、表格转置、可视化图表、数据地理信息系统等多种功能。

国家数据平台案例演示

【案例 5-11】若要回答“中国粮食到底够吃吗?”这样的问题，可在国家数据平台的数据查询页面中输入“粮食产量”进行搜索，结果中的第一条即为 2019 年粮食产量数据（见图 5-12）。

指标	地区	数据时间	数值	所属栏目	相关报表
粮食产量(万吨)	全国	2019年	66384.34	年度数据	相关报表
粮食产量(万吨)	全国	2018年	65789.22	年度数据	相关报表
劳均粮食产量(公斤/人)	全国	2019年		年度数据	相关报表
劳均粮食产量(公斤/人)	全国	2018年		年度数据	相关报表
秋粮产量(万吨)	全国	2019年	49597.00	年度数据	相关报表
秋粮产量(万吨)	全国	2018年	49049.18	年度数据	相关报表
粮食单位面积产量(公斤/公顷)	全国	2019年		年度数据	相关报表

图 5-12　国家数据平台搜索界面

点击记录中的“相关报表”，则可以看到更详细的数据，默认显示最近一年的数据，你可以在右上角的时间列表框中，选择或设置时间区间，如最近 10 年（见图 5-13）。单纯的数据可能不是太直观，试试统计图如何？点击数据左上角的图标，切换为柱状图显示，结果一目了然。可以看到，近 10 年以来，我们的粮食产量有了较大幅度的增长，从 2015 年起维持在 66 000 万吨左右。

同样的方法，还可以进一步查询，近 10 年间，我国的人均粮食产量数据。如图 5-14 所示。

不难发现，我国人均粮食产量，近些年都保持在 470 公斤左右，远高于人均 400 公斤的国际粮食安全标准线。同时，人均蔬菜产量和人均水果产量，也在逐年增长。这些权威的数据从多个角度证明，我国的粮食安全是有保障的，大家完全不用担心。

指标	2019年	2018年	2017年	2016年	2015年	2014年	2013年	2012年	2011年
粮食产量(万吨)	66384.00	65789.22	66160.72	66043.51	66060.27	63964.83	63048.20	61222.62	58849.3
夏收粮食产量(万吨)	14160.00	13881.02	14174.46	14050.16	14074.94	13587.52	13112.33	12939.98	12529.4
秋粮产量(万吨)	49597.00	49049.18	48999.10	48890.78	48778.09	47134.25	46660.07	45052.75	43130.1
谷物产量(万吨)	61368.00	61003.58	61520.54	61666.53	61818.41	59601.54	58650.35	56659.03	54061.7
稻谷产量(万吨)	20961.00	21212.90	21267.59	21109.42	21214.19	20960.91	20628.56	20653.23	20288.2
早稻产量(万吨)	2627.00	2859.02	2987.16	3102.57	3207.25	3243.05	3275.81	3229.89	3189.7
中稻和一季晚稻产量(万吨)		15212.37	14957.28	14638.86	14475.73	14142.34	13879.09	13828.23	13612.6
双季晚稻产量(万吨)		3141.52	3323.15	3367.99	3531.22	3575.52	3473.67	3595.11	3485.8
小麦产量(万吨)	13359.00	13144.05	13433.39	13327.05	13263.93	12832.09	12371.03	12253.98	11862.5
冬小麦产量(万吨)		12500.52	12794.09	12660.84	12624.80	12230.99	11763.68	11629.10	11230.4
春小麦产量(万吨)		643.53	639.30	666.21	639.12	601.11	607.36	624.88	632.0
玉米产量(万吨)	26077.00	25717.39	25907.07	26361.31	26499.22	24976.44	24845.32	22955.90	21131.6
谷子产量(万吨)		234.18	254.79	233.02	211.95	197.24	177.64	177.47	173.7
高粱产量(万吨)		290.94	246.49	223.45	220.25	249.98	242.95	198.96	189.1
其他谷物产量(万吨)		404.11	411.21	412.28	408.87	384.86	384.85	419.48	416.4

图 5-13　国家数据平台主要农作物年度产量数据

指标	2018年	2017年	2016年	2015年	2014年	2013年	2012年
人均粮食产量(公斤)	472.38	477.21	479.04	481.76	468.86	464.48	453.2…
人均棉花产量(公斤)	4.38	4.08	3.88	4.31	4.62	4.63	4.8…
人均油料产量(公斤)	24.65	25.07	24.66	24.73	24.72	24.67	24.3…
人均糖料产量(公斤/人)	85.71	82.08	81.06	81.79	88.61	92.49	92.1…
人均水果产量(公斤)	184.45	182.07	177.02	178.85	170.81	167.59	163.5…
人均园林水果产量(公斤/人)	126.12	122.25	117.53	118.15	111.20	108.11	105.1
人均瓜果类产量(公斤/人)	58.32	59.81	59.49	60.70	59.60	59.47	58.4…
人均蔬菜产量(公斤)	505.10	499.08	489.13	484.42	476.07	465.59	456.2…

图 5-14　国家数据平台人均粮食产量数据

事实上，如果你稍加留意就不难发现，每个国家都有类似的统计机构，在这些机构的网站上一般都能找到本国的统计数据或者数据查询的链接。（扫右方二维码查看各国统计网站列表）

各国统计网站列表

此外，一些全球性的统计数据，可以从世界银行、国际货币基金组织、联合国、经合组织等一些国际性组织的网站上查找。特别推荐世界银行，这个网站提供世界发展指数，包括全球大多数国家的统计数据，每个国家有几千个指标，每个指标有几十年的数据。不仅可以在线查，而且还提供图表化的对比分析。

2. 商业平台

除国家统计局的官方平台外，商业化的数据平台，也是集中获得统计数据的重要来源。

（1）EPS 全球数据平台

EPS（Economy Prediction System）全球数据平台上既有国内各行业统计数据，也有部分国际统计数据。国内数据涉及 700 多个国民经济行业，具体到各个省、市、县。国际数据涉及 200 多个国家和地区，涉及经济、贸易和能源等多个领域；数据量超过 45 亿条。

此外，EPS 数据平台还自带有强大的数据分析预测功能，通过内嵌的数据分析预测软件，在平台内只需点击相关按钮，即可完成对数据的分析和预测。

【案例 5-12】如我们要查询全国各省市的“国内生产总值”数据，首先在页面左边找到“中国宏观经济数据库”，由于我们查找的是省级数据，所以我们选择“年度数据（分省市）”这个子库，然后在“指标”维度下拉框内，进行库内模糊搜索，在搜索框内输入“国内生产总值”关键词，点击放大镜搜索图标或按回车键，“指标”维度下拉框内就会显示含有该关键词的所有指标。选中“国内生产总值/增加值（当年价）”指标，确定后，再在地区维度下选择 31 个省（自治区、直辖市）的名称，时间维度选择 2014 年至 2018 年，点击“查询”，界面右边就会出现该指标的数据表格和柱状图。可直观看到，每个省份的 GDP（国内生产总值）数据，其中，GDP 总量排在前三的省份分别是广东、江苏和山东（见图 5-15）。

（2）BvD 财经数据平台

BvD 是财经专业实证数据库解决方案提供商，隶属于全球三大评级公司之一的美国穆迪公司（Moody's）。BvD 数据库包含多个子库，其中，《国家数据》子库包含有全球 201 个国家与地区的宏观经济历史与预测数据，每个国家有 320 个指标系列；《全球上市公司库》涵盖了全球超过 80 000 家上市公司的数据；《亚太企业分析库》提供亚太和中东地区 5 000 多万家公司的信息，包括企业财务、经营信息、贸易投资等方面的情况；《银行库》则收录了全球 44 000 多家银行的历史数据和标准化报告。

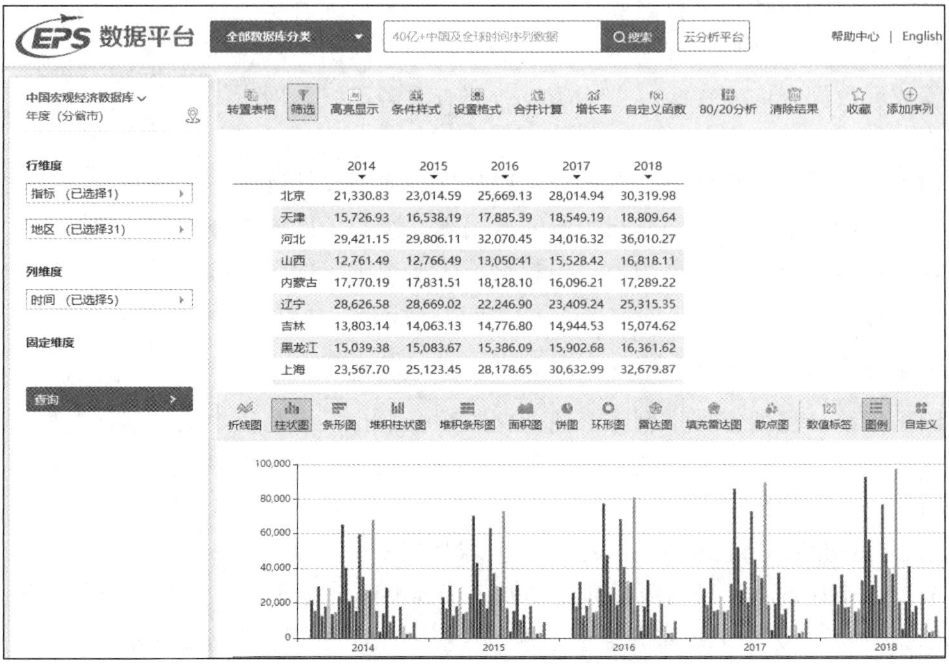

图 5-15　EPS 数据平台结果界面

类似的商业数据平台有很多，除了上面提到的两个，其他如《锐思金融研究数据库》《中国经济社会大数据研究平台》等都是使用较为广泛的数据平台。

3. 开放数据平台或开放数据集

获取数据的第三个主要渠道是开放数据平台或开放数据集。互联网上这类平台很多，这里仅选择几个作为代表性平台进行分享。

（1）中国统计信息网（http://www.tjcn.org）：这里汇集了全国各级政府，各个年度的统计信息，涉及国民经济和社会发展的各个方面。除统计公报外，还包括统计年鉴、阶段发展数据等信息，是一个多元化的统计信息资料库，目前在线资料已有上万份。

（2）全球科研项目数据库（ProjectGate）（http://project.llas.ac.cn）：这个数据库汇聚了全球主要国家、重要基金组织自 2006 年以来的科研项目数据，数量达到了 180 多万条，涵盖中、美、英、加、日、澳以及欧盟等 10 多个重点国家和组织，提供项目名称、主持机构、主持人、项目成果的关联检索与浏览，并支持检索或浏览结果的批量下载。

（3）Data Portals（http://dataportals.org）：Data Portals 是世界上最全面的开放数据门户网站列表。目前共收录了世界各地的数据仓储平台、数据仓储注册站点以及其他数据门户网站的资源共 590 余个。

此外，国内一些城市也先后建立了自己的城市开放数据平台，从中可以查到多个方面的公开数据，如北京市通过政务资源网，向外发布交通、医疗、教育、就业等 20 多个主题的数据，数据量共计 16.9 亿余条。

类似的开放数据平台或数据集还有很多，但提供的数据在类别、质量以及数据量上的差异很大，同学们在学习的过程中要善于发现和积累，找到对自己有价值的数据集和数据来源。这里有一些不错的导航网站，如大数据导航网（http://hao.199it.com），这个网站上汇集了大量的数据网站和数据平台，可以帮助我们更快发现更多的数据源。

5.2.2 数据可视化

绝大多数时候，获取数据只是第一步，运用数据解决科学或现实问题才是最终目的，而将研究结果进行直观、漂亮地呈现，对于传达研究结果至关重要。说到数据呈现，必然少不了可视化。数据可视化工具有很多，如：

1. 图表秀

图表秀（https://www.tubiaoxiu.com）是一个像 PPT 一样简单的在线图表编辑器。提供数十种传统图表和高级可视化图表，涵盖地图、词云、弦图、散点图等。

同时，它还支持图表、文字、图片混排和任意拖拽布局及定制个性化数据分析报告。并可对分析结果进行动态播放，展示图表间数据关系。最关键的是，它简单易用还免费。

2. 图之典

图之典（http://www.tuzhidian.com）是各大互联网公司的程序员利用业余时间攒起来的一个网站。它包含的图表非常丰富：每个图表都有一个详情页面对其进行深入讲解，方便我们更深入了解和正确进行选择。

3. 百度图说

虽然百度图说（https://tushuo.baidu.com）只有 9 种图表类型，但相比 PPT 和 Excel 依然要强大不少，很多功能都是 PPT 和 Excel 不具备的。重要的是操作简单，填入数据即可自动生成图表。也可自行修改参数进行个性化的图表制作。

4. ECharts

ECharts（https://echarts.apache.org/zh/index.html）支持丰富的可视化类型，功能强大，能够同时展现千万级的数据量，提供直观，可交互，可高度个性化定制的，数据可视化图表，是商业级数据图表可视化工具。

ECharts 需要下载配置后使用，不过官网上也提供了很多“官方实例”供我们练习使用。

要彻底掌握 Echarts，你需要掌握一点前端开发的知识，如 html、css、javascript 等，但门槛不高，相信稍花一点时间就能轻松掌握。

5. 图悦

有时候，我们的研究可能涉及对一些长文本进行分析，比如想统计政府报告中出现的高频词，显然，人工的统计耗时费力还达不到目的，这个时候我们借助词云可视化工具，让报告中的高频词主动凸显出来。

图悦（http://www.picdata.cn）就是这样一款词云可视化工具，它在长文本自动分词和制作词云方面都很出众，关键是使用起来还超级简单，只需把待分析的文字粘贴进去，点击右上角的“分析出图”按键，词云就生成了。

图悦生成的词云比较简单，如果你想要更酷更炫的词云，可以付费使用易词云、微词云、wordart 等更高级的词云可视化工具。

Part 6

第 6 章　学术信息源

有研究表明，在学术研究过程中检索和阅读相关文献的时间占到整个科研时间的60%以上。因此，对于大学生和科研人员而言，了解专业领域或研究领域的学术信息源，获取权威的学术信息，借助已有的知识成果来启发思路，是进行专业学习和学术研究的关键。

6.1　什么是学术信息源

要了解学术信息源，我们首先需要了解什么是信息源？

对于什么是信息源，联合国教科文组织出版的《文献术语》给出的定义是：个人为满足其信息需要而获得信息的来源，称为“信息源”。一切产生、生产、储存、加工、传播信息的源泉都可以看作是信息源。因此，信息源内涵丰富，它不仅包括各种信息载体，也包括各种信息机构；不仅包括传统印刷型文献资料，也包括现代数字资源；不仅包括各种信息储存和传递机构，也包括各种信息生产机构。

对于信息源，我们可以通俗地理解为信息的来源，而学术信息源我们可以理解为进行学术研究的过程中可以利用的一切信息源。

6.2　学术信息源的分类

文献信息源的类型

学术信息源的分类应当与信息源的分类一致。

信息源依据不同的划分方法可以分为不同的类型。比如，根据载体材料、存储技术和传递方式划分可划分为：印刷型、缩微型、试听型（声像型）和机读型文献信息源；根据加工程度的不同划分可分为：一次文献信息源、二次文献信息源和三次文献信息；根据所依附的载体划分又可以分为：文献信息源和非文献信息源。本书将采用所依附的载体对信息源的分类进行展开。

文献信息源是指通过一定的记录手段（这个记录手段包括文字、图形、图像、符号、声频、视频等）将系统化的信息内容记录在各种载体上而形成的一类信息源。这里的各种载体范围很宽泛，包括运用声波、光波、电波传递信息的无形载体和以实物形态记录为特征的有形载体，可以是我们常见的网络、纸张、光盘，也可以是不常见的 3 000 多年前用于记载的甲骨、战国至魏晋时代的竹简/木简、夏商周秦时代的青铜器、公元 3 到 13 世纪欧洲各国普遍使用的羊皮纸，还可以是壁画/崖画（比如敦煌壁画）以及缩微胶片，等等。

温馨提示：缩微胶片大家可能比较陌生，它是利用摄影的方法将原件上的信息记录在感光材质缩微胶片上的信息载体。具有存储密度大、记录效果好、寿命长、易于还原拷贝、便于查阅等特点，大量应用于图书馆、档案馆、博物馆等机构中，特别是用于古籍等大量珍贵的历史文献保护。扫描下面这个二维码可以了解更多的关于缩微技术和缩微胶片的信息。

一拍 500 年，数字时代为什么还需要缩微胶片

文献信息源按出版形式划分，可以细分为图书、期刊、报纸以及介于图书与期刊之间的特种文献，包括科技报告、学位论文、会议文献、专利文献、技术标准、档案文献、政府出版物、产品资料及其他零散资料如舆图、图片、乐谱等。

非文献信息源是指除了文献之外的其他形式信息源，这些信息源发出的信息大多数呈非记录形式。比如，作为信息源的实物本身、作为信息源的社会组织、作为信息源的动植物本身、作为信息源的市场等；另外进行谈话、讨论、开会、讲演、调查、访问和表演等的人也可以看做非文献信息源。非文献信息源具有直接、简便、新颖和生动形象的特点。

因此，根据信息源的分类，按所依附的载体划分，学术信息源我们也可以分为文献学术信息源和非文献学术信息源；其中文献学术信息源是最主要的学术信息来源。

6.3 主要的网络学术信息源

随着网络的普及，越来越多的信息通过网络传播，学术信息也不例外。本节将介绍常用的网络学术信息源。网络学术信息源顾名思义是指通过互联网可以获取的学术信息源。

网络学术信息源非常丰富，为了便于了解和利用，通常可以从以下 3 个角度进行梳理。

（1）按资源类型梳理：包括通过网络获取的电子图书、电子期刊、电子报纸、专利、学位论文、会议文献、技术标准、研究报告、统计信息等等。

（2）按来源渠道梳理：政府机构/国际组织网站、出版发行机构网站、图书馆/数字图书馆网站、行业学会及协会网站、各类教育科研机构网站、文献数据库、学者个人

主页/博客、学术性论坛、社交平台（比如说我们的微博、微信、知乎）等，都可能是网络学术信息的来源。

（3）按获取方式梳理：包括需要付费获取的网络学术信息源和免费获取的网络学术信息源。

下面从获取方式角度对网络学术信息源进行详细介绍。

6.3.1 需要付费获取的网络学术信息源

需要付费获取的网络学术信息源具有代表性的是文献数据库。文献数据库，也称为学术数据库，是指计算机可读的、有组织的相关文献信息的集合。学术科研中说的文献数据库，往往是以网站的形式存在，这个网站存储了大量文献数据，可以简单地理解为一个存储数字资源的网络图书馆。

获取文献数据库提供的文献

由于数据库中的文献往往都是耗费了大量的时间和精力整理的，还有许多是需要购买版权才可以放在互联网上的，再加上维护这个网站本身就要耗费资金，因此这些数据库通常不是免费的，用户可以在上面免费检索文献，浏览摘要等简介内容，但是如果要下载文献全文，就要付费。文献数据库的资源多为正式出版物，具有学术性和权威性，而且拥有独立的检索平台，具有较强的检索功能和检索限定选项，有些还具有分析功能和增值服务，是进行学术研究的首选信息源。

文献数据库按数据库存储的文献类型不同，可以分为：图书数据库、期刊数据库、报纸数据库、会议论文数据库、学位论文数据库、专利数据库、标准数据库、产品数据库、科技报告数据库等等。

按照数据库存储的内容形式不同，文献数据库又可以分为5种类型。

（1）书目数据库：书目数据库是二次文献数据库，收录了大量一次文献、三次文献的书目信息，记录中包括篇名、著者、文献出处、摘要、关键词等文献的特征信息。书目数据库仅提供文献的获取线索，一般具有收录文献范围较大、标识规范、检索功能强大等特点，比如常用的中国生物医学文献数据库、MEDLINE、PubMed、EMBASE等。

（2）事实数据库：又称指南数据库，收录有关人物、机构、事物、过程、现象等方面事实性的描述信息。人物传记数据库、机构名录数据库、药典数据库、行业标准数据库等都属于事实数据库范畴。此外电子版的词典、年鉴、指南、百科全书等也属于该类数据库。

（3）数值数据库：该类数据库主要收录各类统计、测量以及科学实验中产生的数据，如人口统计、发病率、死亡率、动物的生理参数、药物的理化参数等。比如WHOSIS（世界卫生组织统计信息系统），PubMed 网站中提供的 Protein、Gemome 数据库，RESSET金融研究数据库、EPS全球统计数据/分析平台等。

（4）全文数据库：全文数据库收录文献的原文，检索后即可获得文献全文，方便快捷，也是目前最受欢迎的数据库类型。国内的全文数据库主要由数据集成商制作，如 CNKI 中国期刊全文数据库、维普中国科技期刊全文数据库、万方数字化期刊全文数据库等。国外的全文数据库多由出版商或代理商开发并发行，如 Elsevier 公司的 ScienceDirect、Springer 公司的 SpringLink、OVID 公司的期刊全文数据库等。

（5）多媒体数据库：多媒体数据库收录了图像、声频、视频、动画和文字等多种媒体信息。国内如超星学术视频、数图教育多媒体资源服务平台、软件通、库客数字音乐图书馆、新东方多媒体学习库等；国外如美国国立医学图书馆的人体结构图像库、蛋白质结构数据库等都是比较常用的多媒体数据库。

提示 1：图书馆作为重要的文献收藏和服务机构，通常会根据自己服务对象的需求，购买一些数据库的使用权限，以方便其用户使用，因此，图书馆是获取文献数据库中的信息资源的重要渠道。比如大学图书馆会根据学校教学科研的需求购买一些数据库的使用权限，这些数据库对其校内用户是免费开放使用的，但校外用户的访问权限则受到限制。公共图书馆也购买了丰富的文献数据库资源，并根据读者类型开放不同的使用权限。如国家图书馆，不仅对持有其读者卡的读者免费开放所有自建特色资源库和 100 多个商业数据库的访问权限，对其网上实名认证的读者也开放了所有自建特色资源库和 20 多个商业数据库的访问权限。注册读者登录后，即可通过国家图书馆门户网站获得其提供的中外文数字资源服务。网上虚拟读者(也就是没有注册登录的读者)，也享有自建特色资源库的检索和浏览详细信息的权限以及 3 个商业数据库的访问权限。国家图书馆门户网站读者资源使用权限请以中国国家图书馆实际提供为主。

除了国家图书馆，现在很多省市级公共图书馆（比如上海图书馆、浙江图书馆、广西壮族自治区图书馆、成都市图书馆等）也根据读者类型提供网站部分数字资源的访问权限，而对于常用的 CNKI、万方和维普这三个中文数据库，基本都可以通过这些公共图书馆网站免费下载部分全文。

提示 2：关于数据库大家一定有疑问，这么多的数据库，怎么可以一一清楚地知道它们分别属于什么类型，是不是跟自己的专业或者学科相关呢？

其实基本上每个文献服务机构都会对其数据库资源列表按学科、类型、语种等进行归类整理。大家可以根据需要分类查看，另外文献服务机构购买的各个数据库通常也都提供详细介绍页面，有些数据库还提供了使用指南或者培训 PPT、操作视频以便大家使用前了解学习。

6.3.2 免费获取的网络学术信息源

除了文献数据库这类需要付费获取的学术信息源，网络上还有许多能够免费获取的学术信息源，对于学术研究也非常有帮助。

根据来源渠道，免费网络学术信息源可以分为以下几类：开放存取资源、学术搜索引擎、学科信息门户、学会协会网站、科研社交平台、网络学术论坛等。

1. 开放存取资源

开放存取（Open Access，简称 OA），是国际学术界、出版界、图书情报界为了推动科研成果利用互联网自由传播而采取的行动，是不同于传统学术传播的一种全新机制，其核心特征是在尊重作者权益的前提下，利用互联网为用户免费提供学术信息和研究成果的全文服务。开放存取的优点在于学术传播的成本大大下降，交流速度大大提高。只要具有互联网的接入条件，科研人员不需要付费订阅就能访问学术论文全文。

开放存取资源简介

开放存取资源分为开放存取期刊和开放存取仓储两类。

开放存取期刊（即 OA 期刊），是一种免费的网络期刊，旨在使所有用户都可以通过因特网无限制地访问期刊论文全文。此种期刊一般采用作者付费出版、读者免费获得、无限制使用的运作模式，论文版权由作者保留。在论文质量控制方面，OA 期刊与传统期刊类似，都采用严格的同行评审制度。

开放存取仓储也称为 OA 仓储或者 OA 知识库，是基于网络的免费在线资源库，是由某一个或多个机构或个人搭建的收集、存放知识资源和学术信息资源平台，供用户免费访问和使用。包括学科 OA 仓储和机构 OA 仓储。

学科 OA 存储又称学科知识库（Disciplinary Repositories，DR），是以某一学科或多学科为主题来搜集整理数字化的学术成果，并提供这些数字资料在全球范围内的开放共享。

机构 OA 仓储又称机构知识库（Institutional Repositories，IR）、机构典藏库或直接简称机构库，其主体一般为高校图书馆、科研院所或学术组织，存储对象为组织或机构的内部成员在学术研究过程中产生的各种有价值资源，如项目研究成果（包括开题报告、中期报告、结题报告等）、调查研究报告、硕/博士学位论文、会议论文，甚至包括课程讲义、多媒体资料等。

电子印本文档库（E-print Archive）是开放存取仓储的主要形式之一，包括作者论文的电子预印本和后印本。预印本（Preprint）是指科研工作者的研究成果还未在正式出版物上发表，而出于和同行交流目的自愿先在学术会议上或通过互联网发布的科研论文、科技报告等文章。后印本与预印本的主要区别在于是否经过了同行评议制度的考验。作者提交给期刊的预印本，经过同行评议和期刊的编辑后发表，就成为后印本。

下面介绍一些国内外著名的开放存取资源：

（1）国外开放存取资源的主要代表性机构和项目。

① DOAJ（Directory of Open Access Journal）开放存取期刊目录（https://doaj.org/），是由瑞典隆德大学图书馆 2003 年推出的开放存取期刊的检索系统，现在包含大约 10 000 种开放存取期刊。提供的开放获取期刊涵盖所有学科领域，收录期刊全部有同行评审或编辑质量控制（见图 6-1）。

② OpenDOAR（Directory of Open Access Repositories）开放存取知识库名录（http://v2.sherpa.ac.uk/opendoar/），是一个学术开放存取知识库的全球目录，可以根据一系列特征（比如位置，软件或所拥有资源的类型）对知识库进行识别，浏览和搜索（见图 6-2）。

图 6-1　DOAJ 主页

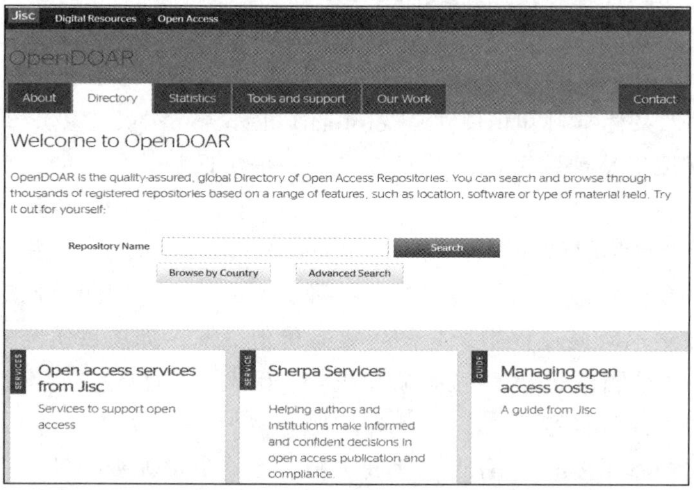

图 6-2　OpenDOAR 主页

③ Open Science Directory 开放科学目录（http://www.opensciencedirectory.net/），收录期刊涵盖了著名的四大开放存取期刊目录（DOAJ、J-STAGE、Open J-Gate、Sci-ELO），以及专门的免费期刊项目：全球农业研究文献在线获取（Access to Global Online Re-search in Agriculture，AGORA）、健康科学研究计划跨网络存取（Health Internetwork Access to Research Initiative，HINARI）、环境科学成果在线存取（Online Access to Research in the Environment，ARE）和电子期刊文献传递服务（The eJournals Delivery Service，eJDS）等收录的期刊。Open Science Directory 是专门面向发展中国家的项目中收录期刊的工具。其中，AGOPA、HINARI 这两个目录中的文献对于中国用户不是可以免费获取的（见图 6-3）。

④ Open Access Directory（OAD）（http://oad.simmons.edu/oadwiki/Main_Page），是个 OA 期刊查询的入口，包括了大部分开放存取的期刊，现可查到 13 000 个 OA 期刊。其中包含了一些著名的 OA 期刊目录，例如 DOAJ、Open J-Gate、BioMed Central、HighWire Press、PubMed Central 等（见图 6-4）。

图 6-3　Open Science Directory 主页

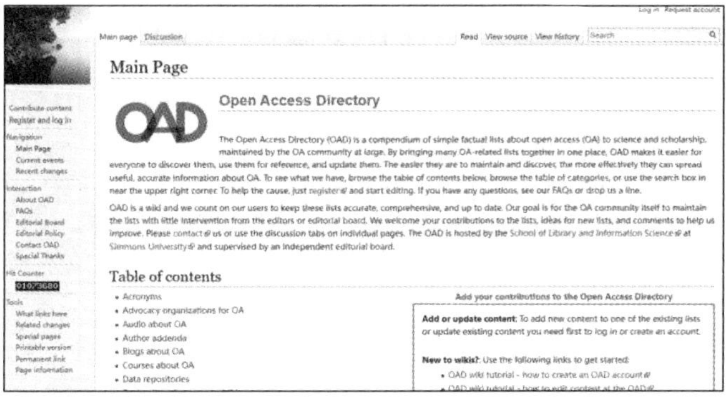

图 6-4　Open Access Directory 主页

⑤ 国外重要的开放存取期刊网站举例，见表 6-1。

表 6-1　国外重要的开放存取期刊网站

开放存取期刊	资源范围	资源链接	组织机构
HighWire Press	生命科学、医学、物理学、社会科学	http://highwire.stanford.edu/	1995 年由美国斯坦福大学图书馆创立
PLoSJournals（科学公共图书馆期刊）	科技和生物医学	http://www.plos.org/	美国科学公共图书馆（The Public Library of Science）
Open J-Gate	综合性期刊	http://www.openj-gate.com	由印度 Informatics 公司于 2006 年创建
SciELO（科技电子在线图书馆）	综合性期刊；拉丁美洲、葡萄牙、西班牙及南非等国公开访问的期刊	http://www.scielo.org/	1997 年创立于巴西

续表

开放存取期刊	资源范围	资源链接	组织机构
BioMed Central（BMC 生物医学中心）	生命科学和医学	http://www.biomedcentral.com/	英国伦敦生物医学中心
PubMed Central（PMC 公共医学中心）	生命科学和医学	http://www.ncbi.nlm.nih.gov/pmc/	由美国国家生物技术信息中心（NCBI）于2000建立
J-STAGE（日本科学技术信息集成系统）	综合性期刊；文献多为英文，少数为日文	http://www.jstage.jst.go.jp/browse/	由日本科学技术振兴机构（JST）开发
Open Access Library（OALib，开放存取资源图书馆）	综合性期刊	http://www.oalib.com/	由 Open Access Library 公司创建
Scientific Research Publishing（SCIRP，美国科研出版社）	综合性期刊	https://www.scirp.org/journal/	美国科研出版社
Free Medical Journals 免费医学期刊网	医学、药学	http://www.freemedicaljournals.com/	由 Flying Publisher 创建
Research Papers in Economics（RePEc）经济学论文库	经济、管理	http://repec.org/	
Social Science Research Network 社会科学研究网（SSRN）	社会科学	http://www.ssrn.com/	
The SAO/NASA Astrophysics Data System（ADS）天体物理学数据系统	天文和物理学	http://adswww.harvard.edu/	由 NASA 资助，史密森天体物理观测站（SAO）运营

⑥ 国外代表性开放存取仓储网站举例，见表 6-2，包括预印本库和机构知识库。

表 6-2　国外代表性开放存取仓储网站

国家	知识库名称	知识库链接	组织机构
美国	ArXiv.org	http://arxiv.org/	由康奈尔大学进行维护和管理
美国	bioRxiv 生物学家专有的预印本文献库	http://biorxiv.org/	由非营利的研究和教育机构冷泉港实验室运维

续表

国家	知识库名称	知识库链接	组织机构
英国	电子和计算机科学预印本数据库	http://eprints.ecs.soton.ac.uk/	
丹麦/德国	有机农业预印本数据库	http://www.orgprints.org/	
美国	Digital Access to Scholarship at Harvard	https://dash.harvard.edu/	哈佛大学机构库
美国	MIT Dspace	http://dspace.mit.edu/	麻省理工学院机构收藏库
美国	eScholarship Repository of California University	https://escholarship.org/	加利福尼亚大学机构收藏库
英国	Cambridge Dspace	https://www.repository.cam.ac.uk/	剑桥大学机构收藏库
英国	University of Southampton Institutional Repository	http://eprints.soton.ac.uk/	南安普顿大学机构库
加拿大	University of Toronto Tspace	https://tspace.library.utoronto.ca/	多伦多大学图书馆建立的本校开放存取仓储

（2）国内开放存取的主要代表性机构和项目。

① 中国预印本服务系统（https://preprint.nstl.gov.cn/preprint/browse），中国预印本服务系统是由中国科学技术信息研究所与国家科技图书文献中心联合建设的以提供预印本文献资源服务为主要目的的实时学术交流系统。主要收藏的是国内科技工作者自由提交的预印本文章（见图 6-5）。

图 6-5　中国预印本服务系统主页

② 中国科技论文在线（http://www.paper.edu.cn/），中国科技论文在线是经教育部批准，由教育部科技发展中心主办，给科研人员提供了一个方便、快捷的交流平台，从而使新成果得到及时推广，科研创新思想得到及时交流（见图 6-6）。

图 6-6　中国科技论文在线主页

③ 国内重要的开放存取期刊网站举例，见表 6-3。

表 6-3　国内重要的开放存取期刊网站

开放存取期刊	资源范围	资源链接	组织机构
汉斯开源国际学术期刊（Hans Publishers）	综合性期刊；聚焦于国际开源中文期刊的出版发行	http://www.hanspub.org/	由汉斯出版社创建
Socolar	综合性期刊；收录来自世界各地、各种语种的重要 OA 资源	http://www.socolar.com/	中国教育图书进出口公司开发
cnpLINKer 中图链接服务	综合性期刊	http://cnplinker.cnpeak.com/	由中国图书进出口(集团)总公司开发提供的国外期刊网络检索平台
国家哲学社会科学学术期刊数据库（NSSD）	哲学、社会科学	http://www.nssd.cn/	由全国哲学社会科学规划领导小组批准建设，中国社会科学院承建
GoOA	综合性期刊	http://gooa.las.ac.cn	中国科学院文献情报中心实施建设的 OA 期刊服务平台

④ 国内代表性的开放存取仓储网站，如：

中国科学院科技论文预发布平台（ChinaXiv）（http://www.chinaxiv.org/home.htm）；

中国科学院机构知识库网格系统（http://www.irgrid.ac.cn/）；

中国科学院文献情报中心机构知识库（http://ir.las.ac.cn/）；

香港大学机构仓储（http://hub.hku.hk/）；

香港科技大学机构库（https://repository.ust.hk/ir/）；

厦门大学学术典藏库（https://dspace.xmu.edu.cn/）。

提示：以上资源通过搜索引擎搜索即可找到其网站链接。

2. 学术搜索引擎

学术搜索引擎顾名思义是专门搜索学术资源的搜索引擎。与普通搜索引擎相比，学术搜索引擎不提供任何广告链接，具有信息涵盖广、重复率低、相关性好、学术性强等特点。

作为专门检索学术信息的工具，学术搜索引擎只提供网站链接，并不储存和提供资源。它的内容主要来源于付费电子资源提供商、网络图书馆链接、免费机构/个人网站、开放获取网站等。因此，学术搜索引擎资源的可获得性，依赖机构/个人购买与否；是否为开放获取资源；免费机构/个人网站是否提供；以及机构/个人是否互相分享等因素。

按检索资源类型，学术搜索引擎可以分为综合性学术搜索引擎和专业性学术搜索引擎。

（1）综合性学术搜索引擎。

① Google Scholar（谷歌学术搜索），是谷歌公司于 2004 年推出的专门搜索网上学术信息资源的搜索引擎，可以通过互联网上提供的一些镜像进行访问。

② 必应学术，是由微软公司创建的学术检索网站，具有全球多种语言的检索服务，学术文献丰富，分为国内版（https://cn.bing.com/?FORM=BEHPTB）和国际版（https://cn.bing.com/）。国内版界面更符合中国用户习惯，国际版的检索结果更为精确。

③ 德国Base学术搜索（https://www.base-search.net/），是德国比勒费尔德（Bielefeld）大学图书馆开发的一个多学科的学术搜索引擎，整合了德国比勒费尔德大学图书馆的图书馆目录和 1 万多个内容提供商的数据。

④ 百度学术（https://xueshu.baidu.com/），偏重中文学术信息搜索，提供学者主页、高被引论文、热门论文，融合文献互助、单篇订购和论文查重服务等。

⑤ CNKI Scholar，是 CNKI 提供的学术搜索，将各类国际学术资源整合在一起，为读者提供免费的题录检索服务，目前已收录 Elsevier\Springer\Wiley\ProQuest 等上百家国际知名数据库、涵盖 6 万多种国际学术期刊，3 亿多篇中外文文献。其特点是中文输入可自动翻译，同时检索中外文文献。

⑥ 读秀学术搜索，通常是由图书馆订购的资源，它集文献搜索、试读、传递为一体，是一个可以对文献资源及其全文内容进行深度检索，并且提供文献传递服务的这样的一个平台，采用电子邮件方式即可进行自助文献传递。

另外还有搜狗学术（https://scholar.sogou.com/），等等。

（2）专业性学术搜索引擎，用于搜索某个学科或某类型学术信息。

① PubMed 医学/生科搜索引擎（https://pubmed.ncbi.nlm.nih.gov/）；

② Vadlo 生命科学搜索引擎（http://www.vadlo.com/）;

③ SooPat 专利搜索引擎（http://www.soopat.com/），等等。

提示：不同学术搜索引擎的文献来源不同，在使用学术搜索引擎时，大家要注意，可以根据需要综合使用多个搜索引擎。

3. 学科信息门户

学科信息门户又称学科门户、主题网关，是针对特定学科或主题领域，按照一定的资源选择和评价标准、规范的资源描述和组织体系，对学科领域的文献资源、网络资源、工具和图书馆服务进行搜集和组织，并提供浏览、检索、导航等服务的专门信息网站。一般由大学图书馆、大学院系、专业学会/协会等承建，与学术搜索引擎相比具有专业性、集成性、可靠性等特点。

下面给大家推荐一些知名的学科信息门户，比如：

（1）SciCentral（https://www.scicentral.com/），属于国外的免费学科信息门户，该门户提供的资源覆盖生物科学、健康科学、工程技术、物理与化学、地球与空间科学 8 大学科主题与专题领域。

（2）生物谷（http://www.bioon.com/），是中国专业的生物医药学网站，提供生物医药领域的资讯信息，以及与生物产业，新药开发，生物医药行业报告，生物医药人才招聘等综合服务。

（3）丁香园（http://www.dxy.cn/），是一个面向医生、医疗机构、医药从业者以及生命科学领域人士的专业性社会化网络，提供医学、医疗、药学、生命科学等相关领域的交流平台、专业知识、最新科研进展等内容。丁香园拥有用药助手、丁香医生、PubMed 中文网等产品。

（4）法律方面的如：Findlaw 和 PublicLegal。Findlaw 分为国际版（http://www.findlaw.com）和中文版（http://china.findlaw.cn/），是一个大型法律门户网站，并且提供免费法律咨询服务；PublicLegal 因特网法律资源指南（http://www.ilrg.com）由互联网法律研究小组（Internet Legal Research Group （ILRG））运营。

提示：找学科信息门户的一个重要思路是到其承建机构的网站上找。比如四川大学图书馆整理的学科信息门户列表（http://lib.scu.edu.cn/node/94628），清华大学图书馆整理的学科导航列表（https://tsinghua.cn.libguides.com/?b=g&d=a）都非常好。

4. 学会/协会网站

每个专业领域的和研究领域基本都有自己的学会和协会，因此学会/协会的网站也是我们获取学术信息的来源。

比如中国人工智能学会（http://www.caai.cn/）；中国自动化学会（http://www.caa.org.cn/）；中国图书馆学会（http://www.lsc.org.cn/cns/index.html）；中国教育学会（http://www.cse.edu.cn/）等，这些网站基本都会提供相关的学者、刊物、学术活动、国际合作和行业相关动态等内容。

提示：在搜索引擎中，用检索词“***学会”或“***协会”即可查询到相关学会/协会网站。

5. 科研社交网站

随着社交网络的兴起，在网络上也形成了学术社群，来自全球的科研人员，在网站上注册并留下自己的联络地址后，就可以对自己研究的领域发表观点或需求，与兴趣相投的人建立论坛，讨论各种感兴趣的题目。通过学术社群科研人员不仅可以发现最新科研动态、交流学术成果、实现文献共享，还可以协作科学研究。

科研社交网站简介

在这些网站中，比较热门的有德国的 ResearchGate、美国的 Academia 和英国的 Mendeley。

其中 ResearchGate（http://www.researchgate.com）（研究之门）最为火爆，很多科学家、研究员、技术人员、高校学生以及编辑都在 ResearchGate 上有自己的账号。现今已有来自 193 个国家的超过 1 600 万注册用户，1/2PubMed 作者入驻，用户中有 79 个诺贝尔奖得主，可见他的影响力是比较大的。在 ResearchGate 上科研人员可以通过关注领域内极具影响力的人物及其学术网络，获取更多有用的信息，编辑也可以通过 ResearchGate 寻找潜在的审稿人。ResearchGate 还提供研究成果的开放存取，用户可以在网站上公开上传自己的预印本、会议论文、学术报告、研究数据、研究方法等。目前，网站上发布的出版物、问答、研究项目和方法等已超过 1.3 亿。

另外，平常使用的社交平台如微信、微博、知乎、QQ 等，也有一些小型的学术社群，可以通过师长、朋友、同学的推荐有选择性的加入。

6. 网络学术论坛

网络学术论坛也是我们获取免费学术信息的一个渠道，使用比较多的有：

（1）综合性多学科的论坛：小木虫（http://muchong.com/）、科研速递论坛（http://www.expaper.cn）、极客学术（http://geeksci.cn/portal.php）等。

（2）专业性论坛：丁香园论坛（https://www.dxy.cn/bbs/newweb/pc/home），是专业的医生社区，提供医学、药学、生命科学领域的科研学术交流；经管之家（原人大经济论坛）（http://bbs.pinggu.org/），是国内最活跃的经管人士的网络社区平台。

7. 其他途径

还有其他一些获取免费学术信息的途径，比如免费获取图书的网站，外文的如美国国家学术出版社（National Academies Press，NAP）电子图书（https://www.nap.edu/topic/?browse=1）、古登堡计划（Project Gutenberg）（https://www.gutenberg.org/）等；中文的如鸠摩搜索（https://www.jiumodiary.com/），各大门户网站的读书频道，如新浪读书（https://book.sina.com.cn/）、白鹿书院（http://www.cnblsy.com/）等。

总结一下以上几种网络免费学术信息源选择的思路：当我们需要对学科动态，或者对学科进行整体概览时，可以优先选择学术搜索引擎、学会协会网站和学科信息门户这三种途径；当我们需要开放获取资源全文，或者进行文献互助、查找经验分享时，可以优先选择开放存取资源、网络学术论坛和科研社交平台。

6.4 信息源选择的经验与技巧

信息时代，可获得的信息源众多，在选择信息源的过程掌握一定的经验和技巧，会对我们的学习和从事学术研究产生事半功倍的效果。

经验一：在检索信息选择信息源的时候，首先应该考虑以下两个问题。一是哪种资源会跟我的研究主题相关？二是这种资源应该在哪里找？也就是要把信息源与实际需求结合起来，并且要了解信息源可能的产生途径。一个问题的解决可能需查寻多种不同的信息源。

经验二：由于网络免费资源的发布较为自由，缺乏严格的质量保障机制，特别是科研社交网络和网络论坛，发布信息随意性更强，学术价值良莠不齐。因此，寻找免费学术信息源，首先应该利用身边的图书馆（包括图书馆的纸质资源和数字资源），其次才是利用其他来源的网络免费资源作为补充。

经验三：各种类型的学术信息，由于产生的背景不同，解决的问题也不一样，比如期刊是研究人员对最新研究成果的探讨，它主要来源于科研机构，适用于学术研究；而专利主要是企业为了占领市场而进行的发明创新，主体是企业，新产品开发用得很多；而学位论文是学生为了达到一个学术标准做的研究论文，就不太可能有重大学术发现和创新，但适合同类学生写作时参考。

经验四：不同出版形式的文献，信息内容不同，所使用的检索工具和检索方法也不同。在获取文献时一定要注意选择合适的检索工具、运用恰当的检索方法。

思考：找一找自己专业领域内的常用学术信息源。

Part 7 第 7 章　学术信息的获取与利用

7.1　检索技能进阶

7.1.1　布尔逻辑检索

布尔逻辑检索是最基本、最常用的检索方法。绝大多数的检索工具，如搜索引擎和数据库都支持布尔逻辑检索。

布尔逻辑检索的使用

布尔逻辑检索涉及到的最常用运算符有三个，一是“逻辑与”（AND、*、并且、并含），二是“逻辑或”（OR、+、“或含”），三是“逻辑非”（NOT、-、不含）。他们都是用来连接检索词、表达检索词之间逻辑关系的符号。

有关布尔逻辑检索的具体使用，可通过扫描二维码，进行详细了解。

与数学运算一样，布尔逻辑算符也有自己的优先顺序。当 not 其他算符一起出现的时候，通常是 not 最先运算，其次是 and，最后是 or。如果想要先运算 and 或 or，可以采用括号的形式，比如：（蔬菜 or 水果）not 生长。

7.1.2　截词检索

在英文单词中，会常常遇到名词的单复数形式、词的不同拼写法、词的前缀或者后缀变化，为了减少检索词的输入量，使得到的信息更加全面，我们通常会采用截词检索的方法。

常见的截词符号有星号*、问号?、百分号%、$等。通常，星号*表示截断 0 至多个字符，问号?表示截断 1 个字符。

截词的方式有多种，常见的有以下四种：

（1）前截断

如果想检索出同时含有 microcomputer、minicomputer 等词的信息内容，可以在相同的词根 computer 前面加上星号*，即*computer，称为前截断。

（2）后截断

如果想检索出含有 pollute，pollution，polluted，polluting，pollutant 等词的记录，可以使用 pollut*进行检索，称为后截断。

（3）前后截断

同样，如果想要检索出含有 chemical、chemistry、biochemical 等词的记录，那么，可以采用前后加星号的方法，*chemi*，此为前后截断。

（4）中截断

若想要检索出含有 internet、intranet 等词的记录，通常在中间有变化的部分输入问号，如："int??net"，此为中截断。

不同的检索系统所用的截词符不一定相同。使用前，最好在系统的帮助或检索提示（或 tips）中先查一下，加以确认。

7.1.3 位置检索

布尔逻辑检索中的"逻辑与"表达的意义为：它前后的两个检索词必须同时出现在检索结果中。至于这两个检索词是否可以颠倒，中间可以加入多少个词，这些问题并没有涉及到。这里，我们要给大家介绍另外一种检索方法，即位置检索。

位置检索符号有很多，常用的有以下四种。

第一种位置算符是 near，有些系统用的是 near 的缩写 N，表示其两侧的检索词位置可以颠倒，但在两词之间不能插入其他词。near/n 或者 nN，为其扩展，表示其两侧的检索词之间最多可插入 n 个词。

例如："information（N）retrieval"，其检索结果可包含"information retrieval"或"retrieval information"。再比如"information（3N）retrieval"，在 N 前加上 3 以后，表示 information 与 retrieval 之间最多可插入 3 个词，并且先后顺序可以颠倒。

第二种是 with，其缩写为 W，有些系统用的是 pre/0 或者 p/0，表示其两侧的检索词顺序不能颠倒，且两词之间不允许插入其他词，只能有空格或一个标点符号。它可以扩展为 nW，或者是 pre/n，这里，n 为自然数，表示其两侧的检索词之间最多可插入 n 个词。

例如："information（2W）management"表示 information 与 management 之间最多可插入 2 个词，information 与 management 的位置不能颠倒。其检索结果可以包括 information management，information technologies and management 等。但不可以包含 management information，management technologies and information 等。

第三种算符用（S）表示，大写的 S 为 subfield 或 sentence 的缩写，表示其两侧的检索词必须出现在同一个句子或一个短语中。

例如："computer（S）design"，表示 computer 与 design 在同一子字段或一个句子中。

第四种位置符号用（F）表示，大写的 F，为 field 的缩写，例如："metal (F) stents"，表示 metal 与 stents 必须在同一个字段中出现。

7.1.4　字段检索

限制检索字段通常有两种方式：

其一，通过下拉菜单选择检索字段。此时，字段名一般用全称表示，如：主题、篇名、摘要，关键词等，如图 7-1 所示。英文使用 Title、Abstract 等。

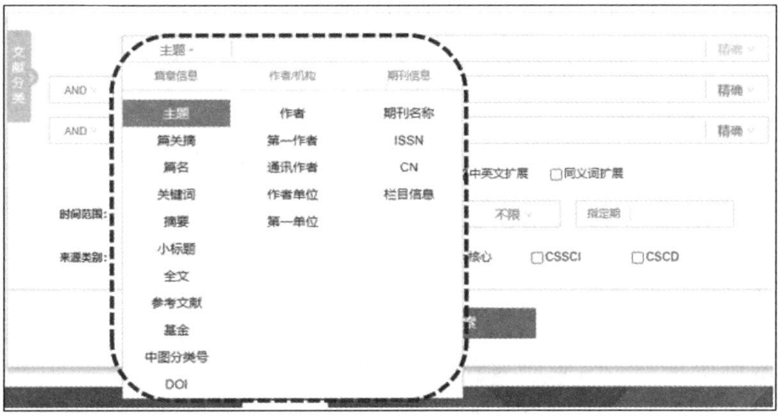

图 7-1　下拉菜单中的限制检索字段

其二，输入检索字段符限定检索字段。常用的检索字段有：① 作者，英文是 AU，大小写都可以（下文同），即 Author；② 篇名，英文是 TI，即 Title；③ 文摘，英文是 AB，即 Abstract；④ 关键词，英文是 KY，即 Keyword；⑤ 机构，AF，即 Affiliation；⑥ 主题，TS/SU 等。比如要查询高波教授发表的文章，可表示为：作者=高波，英文则可以是 AU=Gao Bo，也有用冒号、括号代替等号的。

【案例 7-1】如果要检索关于研究老舍的论文，输入“老舍”时，选择什么字段比较合适？

分析：可以选择“标题”“关键词”“主题”等字段，但不能选择“作者”途径。这是因为“老舍”在这里是被研究的对象而不是论文的作者。

温馨提示：选择的字段不同，得到的检索结果也会不相同。如果选择全文字段，得到的检索结果的数量最多，但相关度最低，要慎用；选择篇名和关键词字段，得到的检索结果的数量最少，但相关度最高；选择文摘或篇/关/摘、或主题字段，得到的检索结果则介于前两者之间。通常核心概念、前提概念限定在篇名、关键词字段，次要概念、集合概念限定在主题、篇/关/摘或者文摘字段。需查找密切相关文献时，可选用篇名字段检索；多个检索词一般情况首选主题字段进行组合，或者使用篇/关/摘字段进行检索，大多数外文数据库直接在字段选项中以 title/keyword/abstract 呈现。当检索命中文献过少时，可考虑选择主题或者篇/关/摘字段与全文等其他多种途径的组合方式。

7.1.5　检索词的选择

在检索过程中，最基本同时也是最有效的检索技巧，就是选择合适的检索词。

检索词的选取通常有以下三种基本方法：

（1）切分法，是指将用户的信息需求语句分割为一个一个的词。例如要检索“人工智能技术在智能化建筑中的应用研究”相关文献，可先将课题名称切分为：“人工智能技术”“在.....中”“智能化建筑”“的”“应用”“研究”。还要注意：当词切分后会失去原来的意思时，就不应再切分，如“中国科学院”“电子邮件”。

（2）删除法。通过切分所得到的关键词，并非都可以纳入检索词，尤其是对于一些不具有检索意义的虚词，包括介词、连词、助词、副词等，以及意义过分宽泛的词，一般都应该删除，如“在”“的”“研究”“作用”“意义”“device”“process”和“system”等；对于或存在蕴含关系可以合并的词，应该根据具体情况予以选择性删除。

如针对上面提到的“人工智能技术在智能化建筑中的应用研究”，通过切分和删除后，得到“人工智能”“建筑”作为核心词。其他的实词“智能化”“应用”可根据具体检索情况进行选择性删除。

（3）替补法。通过切分和删除后所得到的关键词也许偏于模糊、宽泛、狭窄或不可行，不能取得所希望的结果，或者是不能较为全面地找到检索结果，这时可以引入更明确、更具体、更本质、更可行的概念词来替换。比如同义词、近义词、上位词、下位词、反义词等相关词作为检索词，如“人工智能”可考虑“AI”，“建筑”可考虑“智能建筑”“IB”等检索词。针对一词多义导致误检的问题，也需要增加限定词作为检索词。如检索词“线路”应考虑增加“道路”“车辆”或增加“电子”“无线电”作为检索词。

英文检索词的选择，可以借助一些工具来实现，如可以使用知网的翻译助手（其入口如图 7-2 所示），查找到相关的检索词，尤其是一些学术用语，如要查找“寒冷地区隧道防冻抗冻研究”方面的英文检索词，使用知网的“翻译助手”功能，可得到相关的结果，其中“寒冷地区”的英文检索词如图 7-3 所示。从中可依据括号内的数据（在知网的文献中出现的频次），由高到低，去选取合适的检索词。

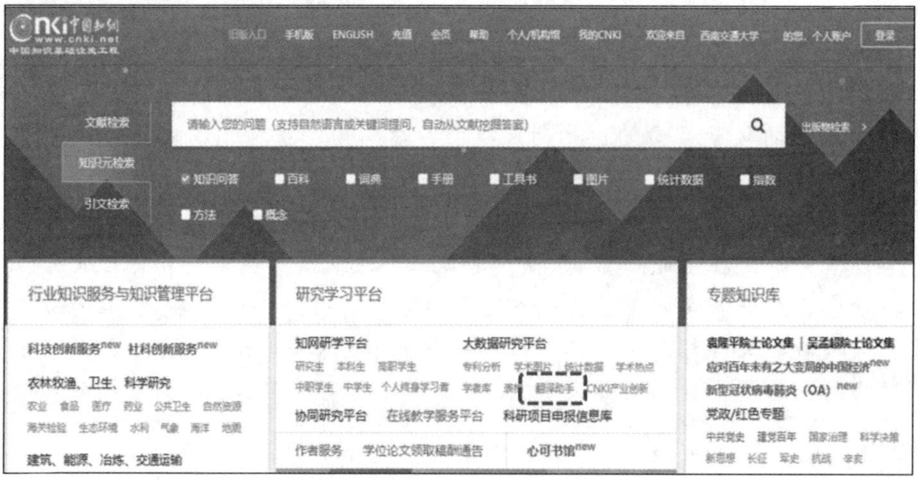

图 7-2　知网的“翻译助手”入口

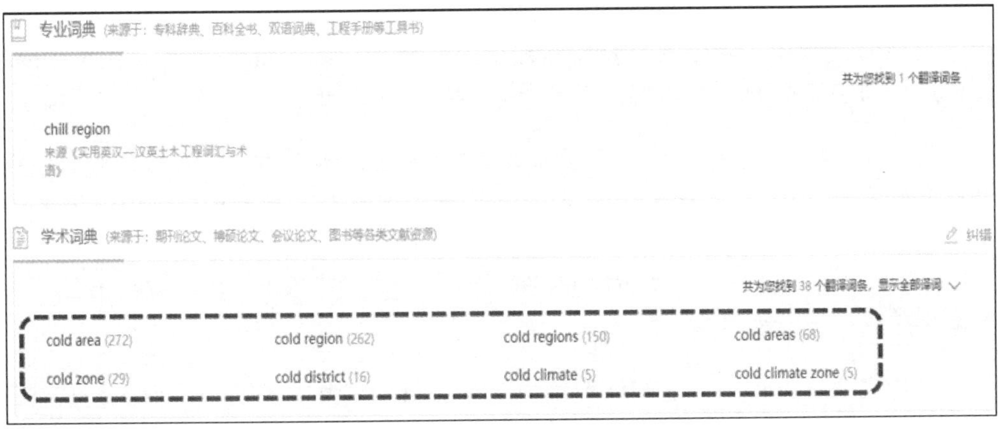

图 7-3　知网“翻译助手”查找功能实例

此外，为使检索更加方便快捷，中国知网、万方数据、ProQuest 等系统或检索结果中都提供相关检索词做参考，或者提供检索词的扩展词、同义词、修正与提示功能等智能检索，如图 7-4 所示。但也不一定能满足实际的需求。因此在检索中，大家应该把上面所学到的知识与数据库的功能结合起来，顺藤摸瓜地扩展、变更检索词。

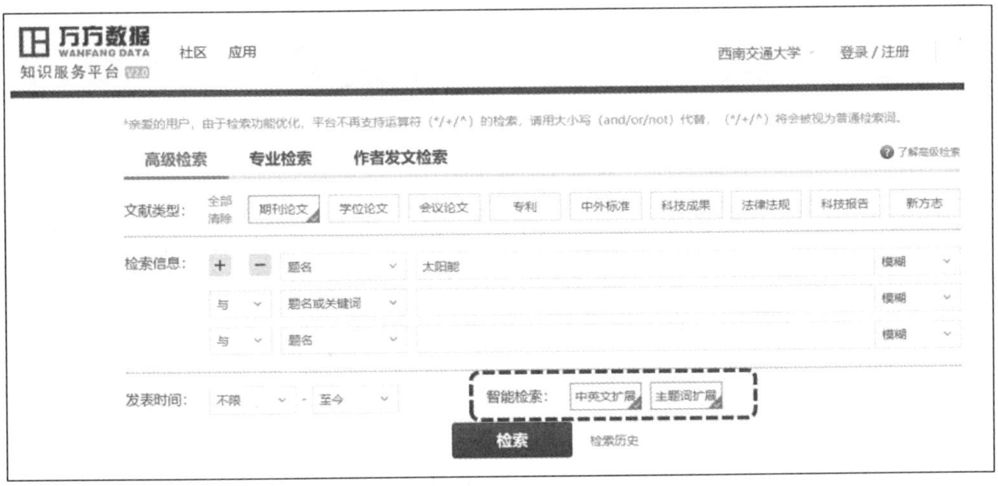

图 7-4　万方数据库的检索词扩展示例

检索词除了可以从课题名称中提取外，还可以从所采用的具体技术或方法以及涉及的新颖点中提取。

7.1.6　检索式/检索策略的构建

以上是检索的五种基本方法。在实际的检索中，常常不会只用单一的一种检索方法，而是要将多种检索方法综合运用，才得到最佳的检索效果。当我们遇到研究问题时，就要对它进行分析，包括使用切分、删除、替补等方法，看看能找出几个检索词，并分析这些词之间是什么样的逻辑关系，然后用布尔逻辑算符把它们组合起来，就形成了检索式。这只是较为简单的检索式，有时候我们还要在检索词前面加上字段，形成较为复杂的检索式。检索式是检索策略的具体体现。编写检索式时，最重要的是注意检索途径与检索词的正确匹配，以及检索词之间的逻辑组配。

【案例 7-2】要在标题中检索"'互联网+'对人们生活方式与健康的影响"的课题，需要检索的信息是："互联网+"对人们生活方式的影响，或者"互联网+"对人们健康的影响，因此"生活方式"与"健康"的关系是逻辑"或"，不是逻辑"与"，那么，检索式 "题名=互联网*（生活方式+健康）"比"题名=互联网*生活方式*健康"检索的范围大得多，也准确得多。

在检索式编写过程中，还要注意细节。如用机构名称、地名、专业术语或惯用表达等短语检索时，一定要加引号，否则会得到过多的检索结果。

【案例 7-3】当以人力资源管理"human resource management"作为检索词时，数据库会自动将其拆分成"human AND resource AND management"进行检索，其结果是只要同时含有"human""resource"和"management"三个词的文献，就会作为满足条件的检索结果返回。但这些结果中有很大一部分可能都不是关于人力资源管理的。因此，当词组能准确代表某一概念时，尽量选用词组作为检索词，可大大提高查准率；数据库中词组的表示方法一般为：英文状态的双引号（有些数据库支持破折号）把短语引在中间，如：""human resource management""或"human - resource-management"。

通常，我们的检索思路是：在进行检索之前，需根据具体研究问题，采用切分、删除和替补等方法对检索词进行分析、提炼，不仅要根据检索需求找到检索的核心词，还应该想到它可能有不同的表述，用同义词、近义词、相关词等来扩大我们的检索。当检索词不止一个的时候，还应该选用恰当的逻辑符号，把它们连接起来，并且放在恰当的位置，也就是选用适合的字段进行检索。

7.2 精通知网的小技巧

虽然百度、必应等搜索引擎已经广泛地应用到大众的生活中，使用也很方便，但搜索引擎也有它的局限。当人们开展科研创新活动时，就需要借助质量相对较高、学术性更强的检索工具，即数据库来实现。

不同的数据库，其检索系统的界面和功能会有差异，但总的目标是一致的，都是揭示资源内容为用户服务，因此需要找到规律，举一反三。下面以知网为例，介绍中文数据库的使用，帮助大家了解中文学术信息的获取与利用。

7.2.1 知网的检索技巧

知网又称 CNKI（China National Knowledge Infrastructure），即"中国国家知识基础设施"，它是目前世界上最大的、持续动态更新的中文学术期刊全文数据库。

知网收录了国内 8 000 多种重要期刊，内容覆盖自然科学、工程技术、农业、哲学、医学、人文社会科学等各个领域。

知网不仅包含连续出版的期刊论文，还有反映专业领域最新动向的会议论文，以及硕博士学位论文、专利、标准等。

1. 知网的数据检索——跨库检索、高级检索

知网系统允许实施多种文献类型的跨库检索，也可以点击“期刊”或者“硕博士”等，实现仅期刊论文或学位论文等单一的文献类型的单库检索。如图 7-5 所示。

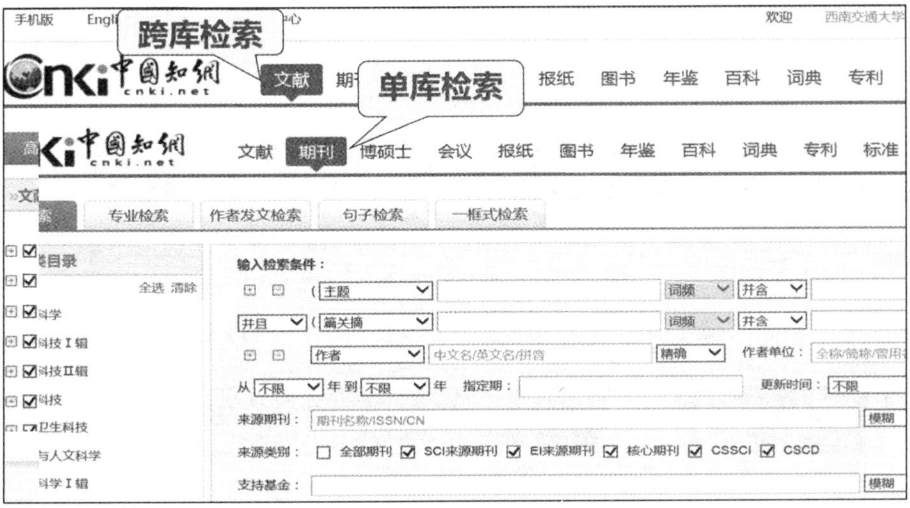

图 7-5　知网的跨库检索与单库检索

通常，使用单个检索词时用简单检索。由于简单检索出来的结果往往很多，不够精确，因此，建议多使用高级检索。进入知网高级检索界面后，可以看到，系统提供多个检索框，点击“+”，还可以再增加检索框，输入更多的检索词。而且还可以增加时间范围等，予以更多的条件限定，帮助我们较为全面、准确地获取相关信息。因此，当检索词较多或有多个检索限定时，尽量使用高级检索。如图 7-6 所示。

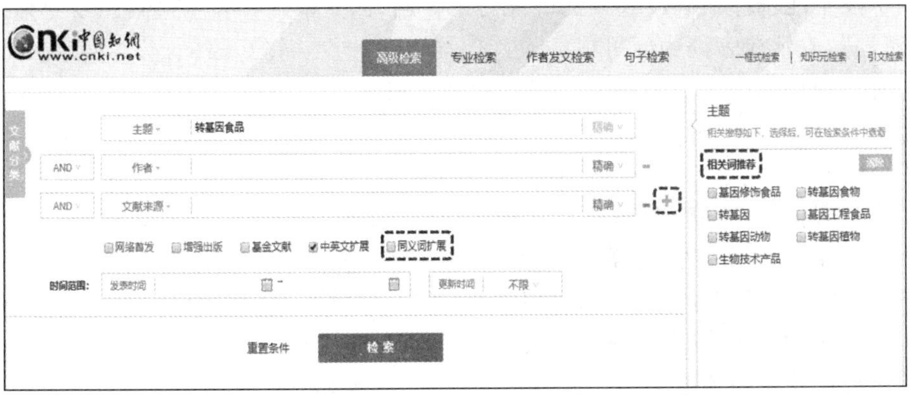

图 7-6　知网高级检索的同义词扩展等功能

知网的高级检索有一个智能功能，即在检索框的下方可以勾选“同义词扩展”，或者通过“相关词推荐”来扩大检索，如图 7-6 所示。但不一定能扩展到位，可以结合我们前面讲到过的知识，通过自己增加同义词、近义词、相关词等，来扩大检索。

除了检索词等的调整外，使用不同的字段或匹配方式，也可以扩大检索或精确检索结果。

例如，要查找“转基因工程”并含有“植物”的文献，如果选用主题字段，得到 566 条结果；选用篇名字段，即标题字段，得到 85 条结果，如图 7-7 所示。

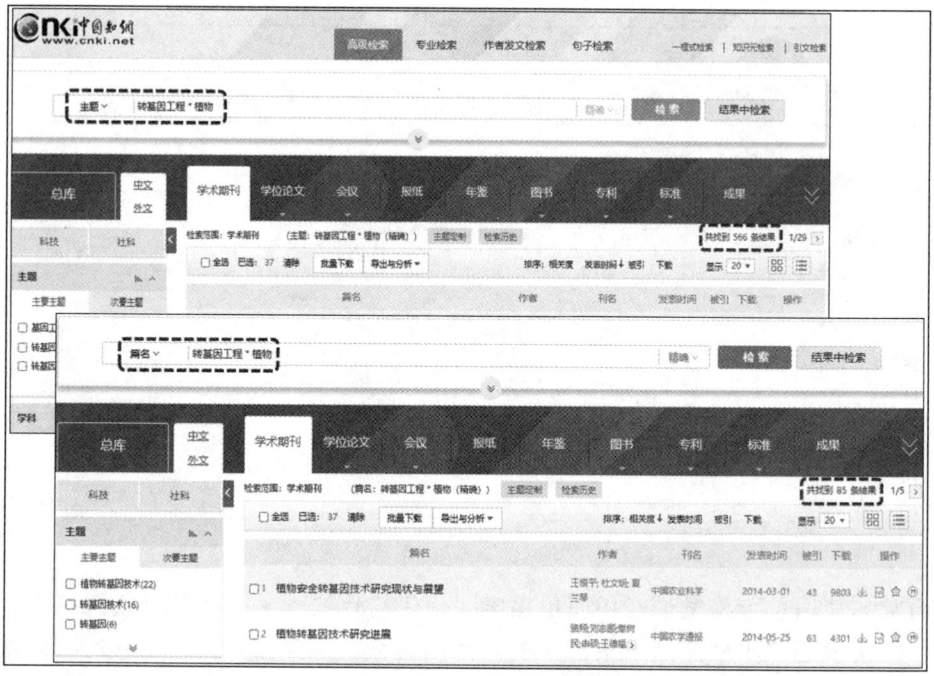

图 7-7　知网高级检索中不同字段的检索结果示例

此外，不同匹配方式（精确/模糊）对检索结果也有影响，但需要注意的是，知网中主题字段不能选择精确或模糊的匹配方式。通常，“精确”表示检索词以完整形式出现，“模糊”表示检索词中间可以插入其他词。在查找“转基因工程”并含有“植物”的文献时，使用同样的篇名字段，但分别选取精确或模糊的匹配方式，得到的结果有较大差异。因此，在实际的检索中，要针对不同的课题需求，选用不一样的字段和匹配方式。

如果仅需检索高品质期刊上的论文，首先，需将文献类型选定为期刊，其次，要在检索框的下方勾选“核心期刊”（即“中文核心期刊要目总览”，简称北大核心）、“CSSCI”（即“中文社会科学引文索引”，简称南大核心）、“CSCD”（即“中国科学引文索引”，由中国科学院文献情报中心建设的核心期刊）等，点击检索即可将检索结果限定在质量较高的期刊论文中。具体操作如图 7-8 所示。

图 7-8　知网高级搜索中期刊论文检索限定示例

此外，还可通过网络首发、发表时间、基金文献等条件细化检索结果，也可以通过左侧的学科分类导航，缩小检索的范围，使检索更为精确。

除了高级检索，知网还提供专业检索（主要用于图书情报专业人员查新和信息分析等工作，检索时需要在检索框输入布尔逻辑检索式）、作者发文检索（主要用于追踪某一专家学者最新的学术成果）、科研基金检索（主要用于检索受项目基金资助的学术论文）、句子检索（主要用于查找全文中某一句话或几句话在“同一句”或“同一段”的论文）和来源期刊检索（主要用于查找来源于“全部期刊”或者是“核心期刊”等不同等级的学术论文）。

2. 数据导航——专辑导航、整刊导航

（1）专辑导航，也即分类检索。它是通过分类目录，来查找某一类的信息。比如要检索有关“计算机机器辅助技术”的论文，依次点击：“信息科技”“计算机软件及计算机应用”“计算机的应用”等，便可以找到“机器辅助技术”相关的文献，如图 7-9 所示。

（2）整刊导航，也即期刊检索。首先点击“学术期刊”，进入学术期刊的简单检索界面，再者，通过“期刊导航”进入后，点击“核心期刊导航”，选择学科领域内的某一专业相关类别，可以了解和把握该专业类别的相关重要期刊，以及他们各自的影响因子等，如图 7-10 所示。选定其中的某一种期刊，点击封面后，可以查看该期刊的全部文献。

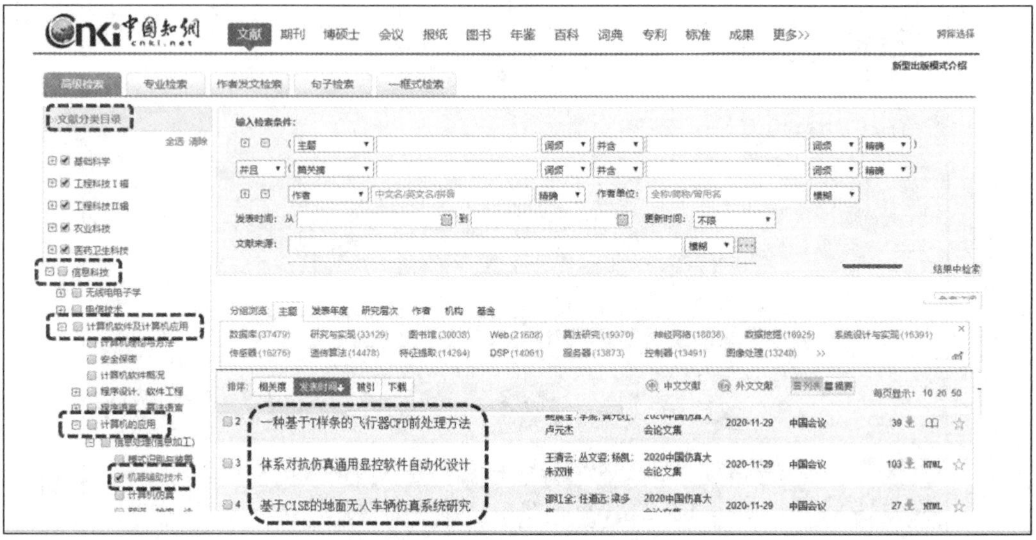

图 7-9　知网的专辑导航/分类检索示例

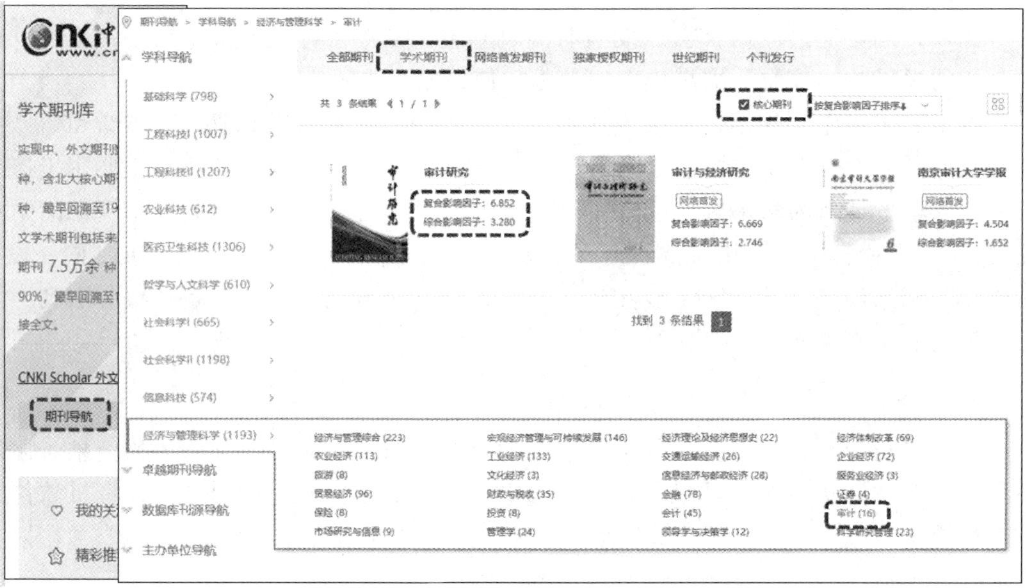

图 7-10　知网的整刊导航/期刊检索示例

3. 数据增值——指数搜索

指数搜索是 CNKI 的特色搜索之一。通过指数搜索，可以快速了解某一个主题。指数搜索需从“知识元检索”的链接进入，如图 7-11 所示。指数搜索的结果中，从“关注度”，可以初步了解研究主题的发展进程和课题概况；还可以通过关键词比较，了解不同主题的关注度，如图 7-12 所示。从下拉的“研究进展”，可以了解最早研究、最新研究和经典文献等，如图 7-13 所示。从“学科分布”，可以了解学科类别分组，寻找学科交叉点等，如图 7-14 所示。指数搜索对科研选题等都有一定帮助。

图 7-11　指数搜索的登录途径

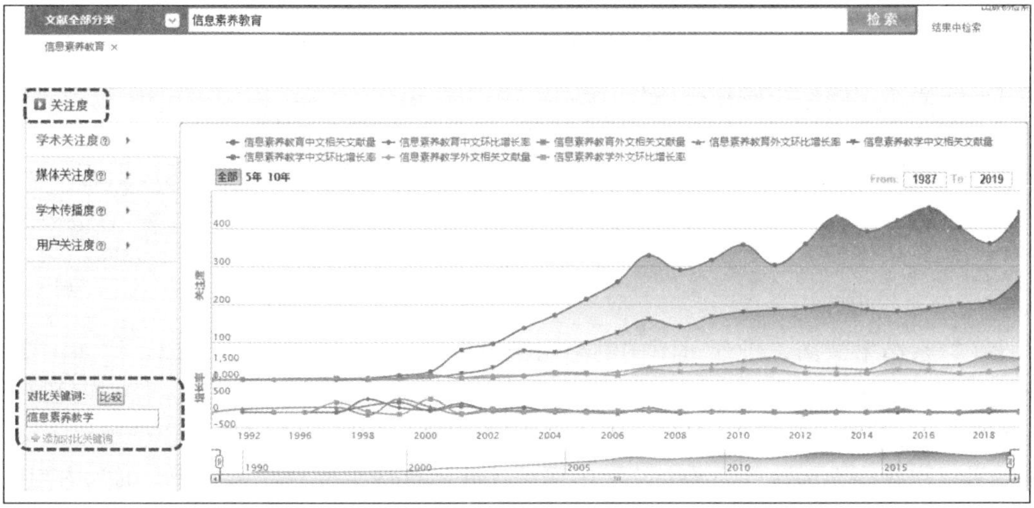

图 7-12　知网指数搜索结果中的“关注度”和“关键词对比”示例

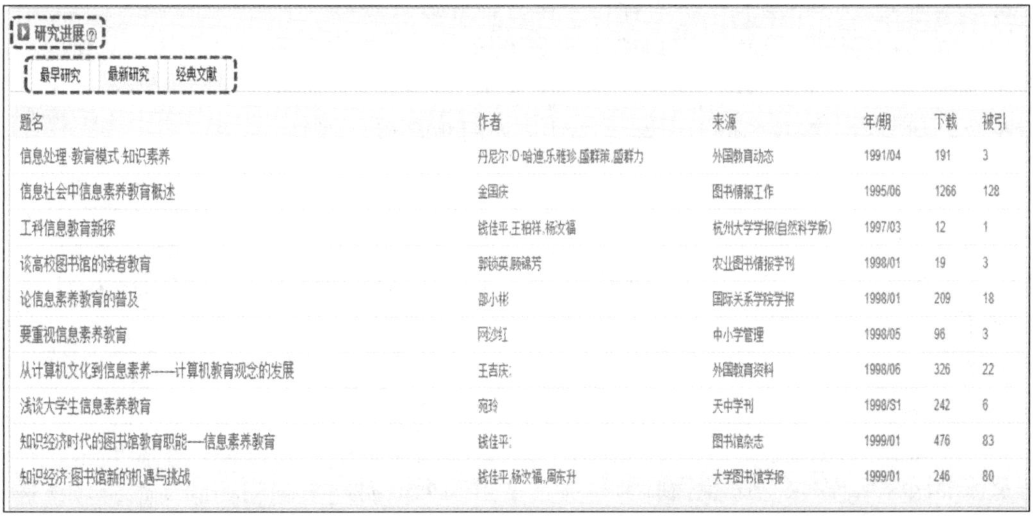

题名	作者	来源	年/期	下载	被引
信息处理 教育模式 知识素养	丹尼尔·D·哈迪,乐雅珍,盛群力	外国教育动态	1991/04	191	3
信息社会中信息素养教育概述	金国庆	图书情报工作	1995/06	1266	128
工科信息教育新探	钱佳平,王柏祥,杨文福	杭州大学学报(自然科学版)	1997/03	12	1
谈高校图书馆的读者教育	郭锁英,顾端芳	农业图书情报学刊	1998/01	19	3
论信息素养教育的普及	邵小彬	国际关系学院学报	1998/01	209	18
要重视信息素养教育	冈沙红	中小学管理	1998/05	96	3
从计算机文化到信息素养——计算机教育观念的发展	王吉庆;	外国教育资料	1998/06	326	22
浅谈大学生信息素养教育	宛玲	天中学刊	1998/S1	242	6
知识经济时代的图书馆教育职能——信息素养教育	钱佳平;	图书馆杂志	1999/01	476	83
知识经济·图书馆新的机遇与挑战	钱佳平,杨文福,周东升	大学图书馆学报	1999/01	246	80

图 7-13　知网指数搜索结果中“研究进展”示例

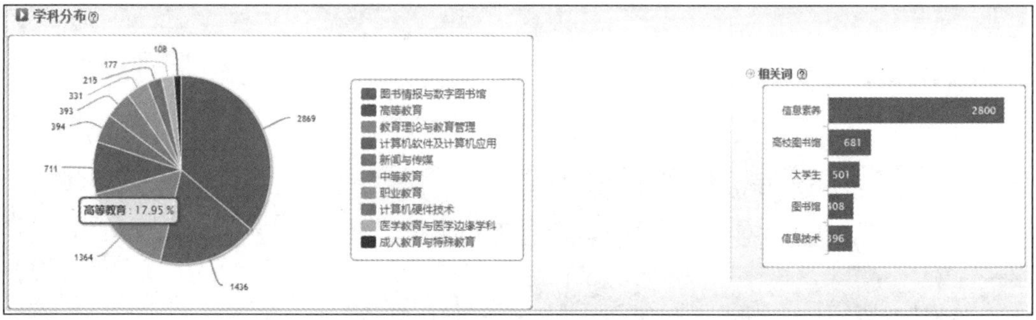

图 7-14　知网指数搜索结果中“学科分布”示例

总之，要较为全面和准确地获取信息，可以从以下几个方面加以考量：

一是检索词的扩展（同义词、近义词等）。除了刚才的“同义词扩展”之外还有前面我们讲到过的，通过近义词、相关词等，来扩大检索。

二是检索字段、匹配方式的选择。

三是用“核心期刊”“CSSCI”“CSCD”等予以限定。

最后，利用专辑导航、指数搜索中的最早研究、最新研究文献等进行扩展。

7.2.2　检索结果分析与利用秘籍

1. 关键的机构和学者

在检索结果页面，可通过不同的分组浏览方法进行精确分析和挖掘。比如，要了解“鼻炎”这种疾病的权威治疗机构，首先，检索时最好将期刊限定在核心期刊等高品质的期刊类型中。其次，在检索结果中按“机构”进行分类，系统会呈现按论文发表数量依次排列的医院等机构，从一个侧面反映出这些机构对此疾病研究的深入程度。再次，在检索结果中按“作者”进行分类，可以看到发文量最多的国内外作者，有助于发现本研究方向的学术专家或者高产作者，并进行跟踪。关键的机构和作者分析结果，如图 7-15 所示。从中，可以确定对鼻炎治疗研究比较多的专家，结合前面的机构信息，可以就近选择其中的一位专家挂号就医。可见，知网系统不只是用在学术信息的获取和利用中，在我们的日常生活当中，有时也可以用得到。

2. 相关度高的文献和经典文章

品质文献的筛选

知网的检索结果可通过 4 种不同的方法进行排序。检索结果中，系统默认按“发表时间”排序，即发表时间最近的排在最前面，依次往后排列。通过发表时间排序，可以了解目前的新观点、新方法，甚至此领域的新兴研究方向，但也可能出现一些不太相关的文献。以“信息素养教育”的检索结果为例，其时间排序结果，出现了一些不太相关的信息。点击“相关度”以后，与“信息素养教育”相关的文献明显增多，如图 7-16 所示。因此，要想快速地了解与你的研究主题相关的文章，应该选择“相关度”，先查看密切相关文献；此外，点击“被引”排序，被引用次数最多的文献排在最前面，如图 7-17 所示。换言之，通过这种方法可以很快获得影响力较高的经典文献。而且点击被引次数（数字），可以直接查看所有引用文献甚至这些文献的全文。还可以点击结果中的期刊名称，了解该期刊的质量，即是否属于“核心期刊”“CSSCI”“CSCD”等收录，以及查看该期刊自创刊以来的所有文献。具体详情可通过二维码，查看相关视频。

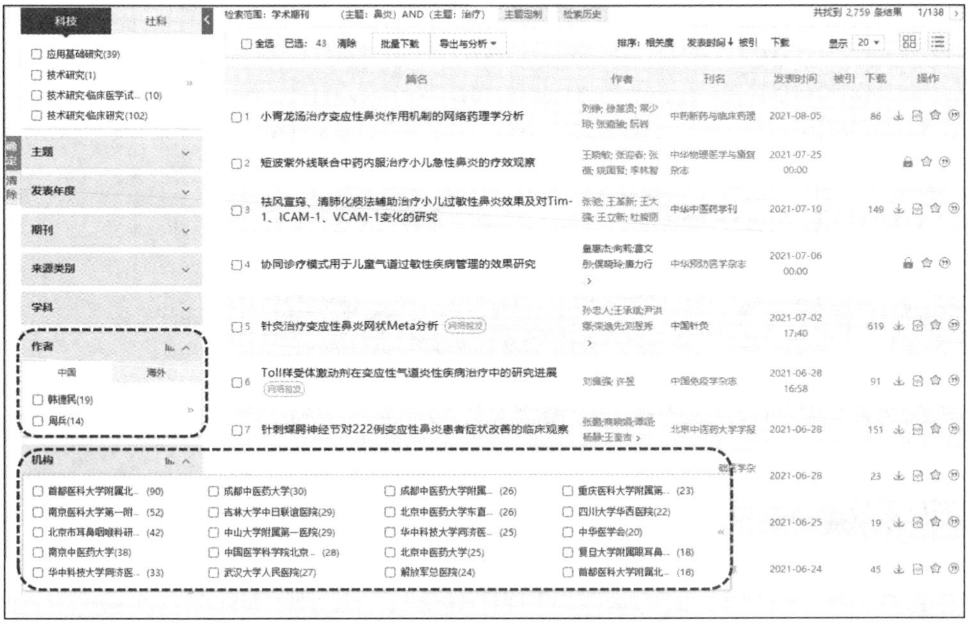

图 7-15　知网检索结果中关键的机构和学者分析示例

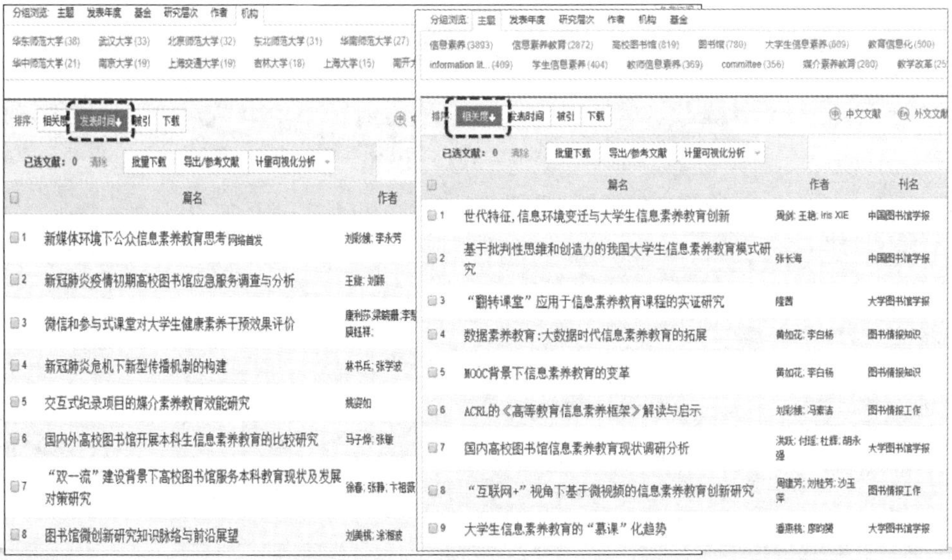

图 7-16　知网检索结果的“发表时间”与“相关度”排序结果对比

图 7-17　知网检索结果的“被引”排序结果示例

在检索结果页面，通过不同的分组浏览下的“基金”，还可查看相关基金及其文献。

3. 研究热点、趋势的把握

知网数据库的检索结果中，在页面左侧分组浏览下的“主题”里，系统提供“主要主题”和“次要主题”的对比分析，具体如图 7-18 所示。点击可视化图标“ ”，系统会针对“主要主题分布”进行“共现矩阵分析”和“年度交叉分析”。“共现矩阵分析”将各主要主题词频进行了共现定量分析，揭示了主要主题的关联及特性，有助于了解当前主题的研究热点和空白所在，从而进行选题，具体如图 7-19 所示。

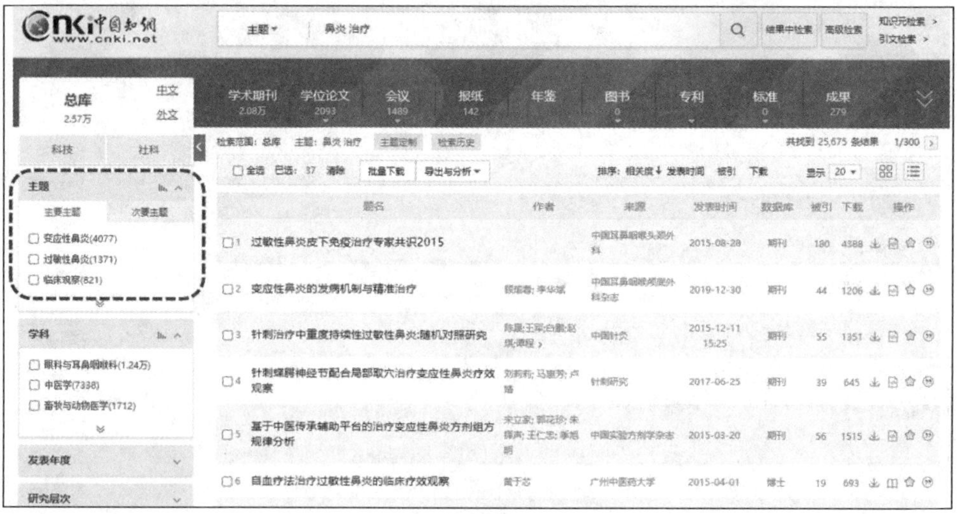

图 7-18　知网检索结果

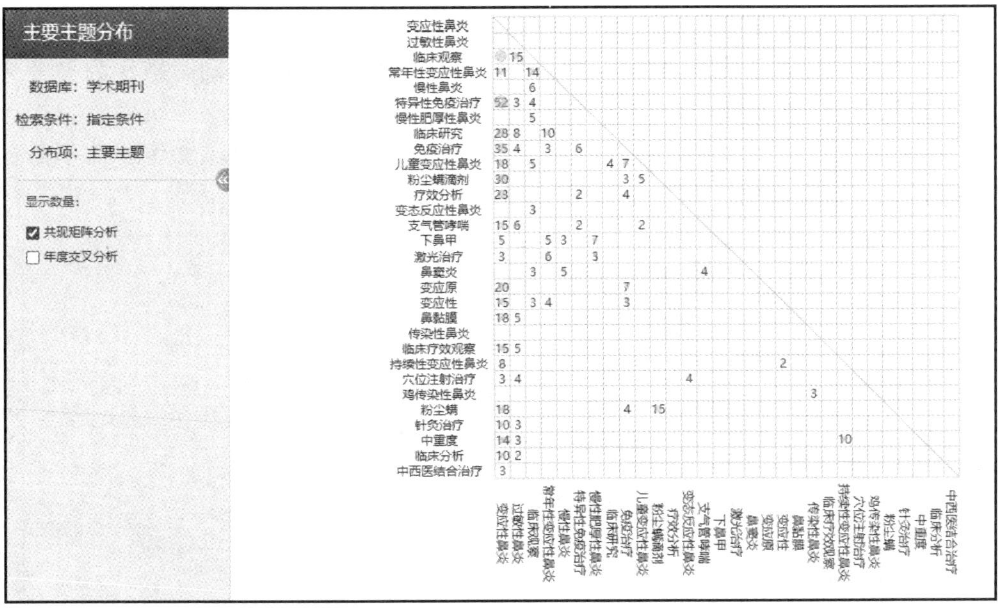

图 7-19　知网检索结果中“主要主题”的“共现矩阵分析”示例

此外，在检索结果页面，还可以导出文献和对其进行可视化分析。点击进入以后，可以对检索到的部分文献或者所有文献进行分析，包括对发表年度的总体趋势分析以及主题分布的分析，便于发现当前该研究主题的发展阶段与趋势，同时还有助于收集一些相关的规范词、同义词、相关词。比如“信息素养教育”的例子中，发现了“信息素质”“数据素养”“媒介素养”“元素养”等词，或许还可以作为新的研究起点。

4. CAJ 的利用

如果要详细了解其中的某一篇文章，在检索结果页面点击对应的篇名，即可查看文摘及全文，并可下载两种不同格式 CAJ/PDF 的原文。

CAJ 阅读器的功能有很多，比如阅读功能、文字识别、摘录功能、文档存储功能等。单击浏览器工具栏中的“T”图标，用鼠标选中所需要的文章内容，可直接复制粘贴到 WORD 等文本编辑器。如果要在自己文章的文献综述中引用这段文字所代表的观点，不能直接把原文复制到自己的文章中。在文中参考引用其他人的观点、理论、方法等时，都要符合参考文献等引用规范，合理地加以使用，不能违背学术道德。在下一章论文写作的学术规范部分，我们会进行专门讲解。

5. 站在巨人的肩膀上——引文网络的利用

点击检索出来的任意一篇文章的标题，即可进入该文章的“引文网络”页面，上端呈现的是标题、作者摘要等信息，下拉即可查看该文献的“引文网络”，具体如图 7-20 所示。一篇文章通常包含参考文献、同被引文献、共引文献。如果查看的该文不是太新，并且有一定质量的话，应该还会有引证文献等内容。通常，参考文献反映的是该文研究的背景、依据和历史；引证文献是引用该文的文献，反映的是研究的应用、继续和发展，或者是对研究的评价等；共引文献也称同引文献，与该文有共同的参考文献，换言之，与该文有共同的背景或依据；同被引文献是与该文同时被作为参考文献引用的文献，可与该文共同作为进一步研究的基础。在“引文网络”页面，直接点击相关文献题名，如点参考文献中的一篇文章，都可以直接链接到该文章，而不需要进行重新检索。“引文网络”相当于提供了一个主题的相关知识信息体系。

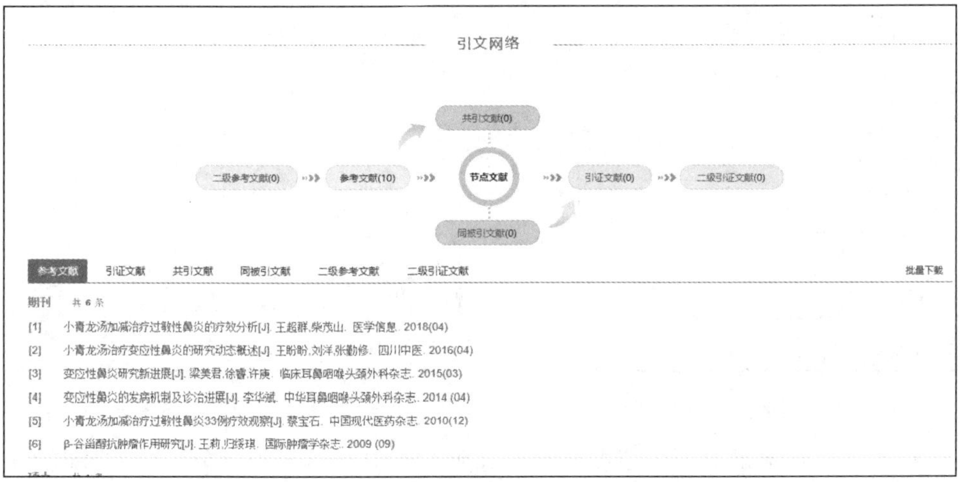

图 7-20　检索结果中“引文网络”示例

此外，在该文章的“引文网络”页面，除了引文网络外，也可以查看核心文献推荐、相关的研究起点、研究来源、研究分支和研究去脉，也有助于扩大视野，具体如图 7-21 所示。

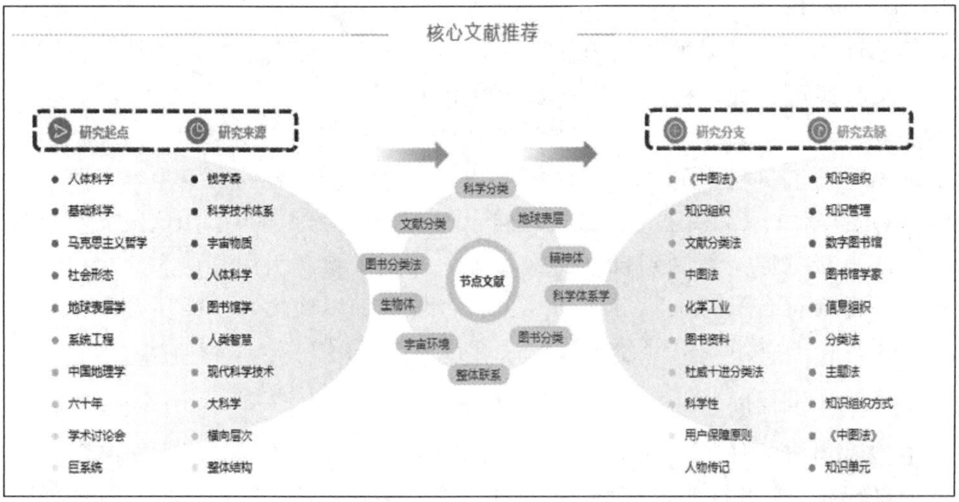

图 7-21　检索结果中“核心文献推荐”示例

【案例 7-4】以“国内知识管理研究综述”为例，来了解引文网络的利用。

“引文网络”中，从“国内知识管理研究综述”的参考文献中，可以了解知识管理理论、主要层面、特点、主要问题等研究的背景，也就是研究的来龙，具体如图 7-22 所示。从该文的引证文献和二级引证文献中，可以了解知识管理平台的建设、以及在医学、图书情报、企业管理等多个领域的后继研究，即研究的去脉等，具体如图 7-23 所示。如此，研究主题的来龙去脉都显现出来了，更便于捕获更多信息。“引文网络”的浏览功能实质上是一种特殊检索，它拓展了检索的广度和深度。如果你检索到一篇有价值的信息，不妨看看其参考文献、引证文献等，也许会帮助你发现新的重要信息。

图 7-22　参考文献反映研究的背景示例

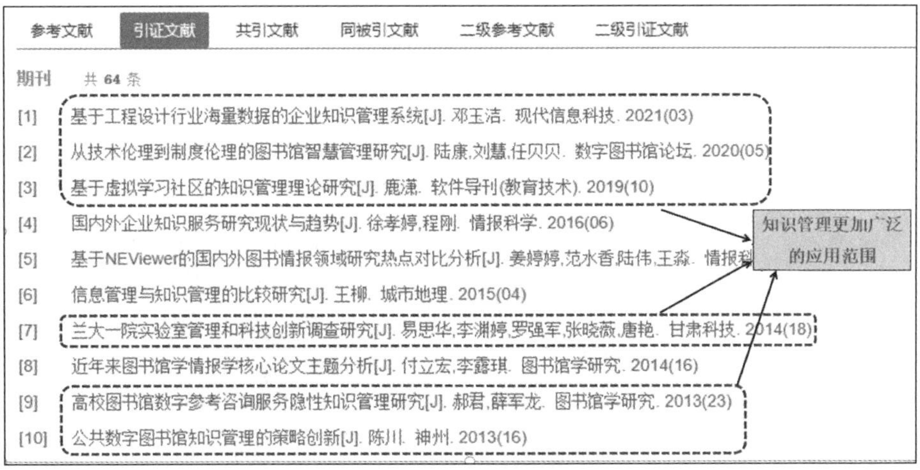

图 7-23　引证文献反映研究的发展示例

要详细、直观地了解如何站在巨人的肩膀上，充分利用引文网络等资源，可通过扫描右侧二维码，观看相关的视频。

知网节/引文网络的利用案例

温馨提示：综述类论文通常是领域内专家完成的，对相关主题研究有较深入的分析、梳理、总结。它与影响力高的文章一样，也是需要重点关注、阅读的文献。要想获取这类文章，在检索中，也可以在关键词后加上“综述”或“进展”或“述评”等这类词就可以检索到。或者是在检索结果页面左侧的文献类型中点击“综述”—“确定”后查看。

6. “主题定制”——免费订阅功能

在检索结果页面中上部，有一个“主题定制”按钮，如图 7-24 所示。点击进入，注册并登录以后，可免费设置邮件订阅。设置好以后，一旦有满足检索条件的新文献出现，系统就会自动发送到相应的邮箱，你可以从邮箱中直接点击查看这些文章的全文，不需要再登录知网进行文献的检索。这是我们进行学术追踪十分便捷的一种方法。

图 7-24　知网的“主题定制”——免费订阅功能示例

总之，应该重点关注检索结果中的学术信息包括：① 相关度高的文献以及被引频次高的，也就是影响力高的文献。② 综述类文献，以及重要文献的参考文献、引证文献等。③ 来自核心期刊等重要期刊的论文，以及权威研究机构/专家/重要学者的文献。此外，检索时，首先要选择合适的检索工具；其次，除了从关键词或者检索词去找文献以外，还可以从高质量文献出发，即从它的参考文献、引证文献等当中去捕获更多的信息，或者从高价值文献的作者出发，去拓展信息；最后，还可以对某个检索主题实施邮件跟踪。

7.2.3　检索技巧等应用

【案例 7-5】以“查找模糊语言在智能信息检索中的应用”为例，来了解检索方法和技巧应用。

首先需要分析课题，根据题目，可以发现本课题涉及两方面：模糊语言和智能信息检索；如果采用“模糊语言*信息检索”作为检索式，以主题为检索入口进行检索，检索结果仅有中文相关文献三篇，如图 7-25 所示。

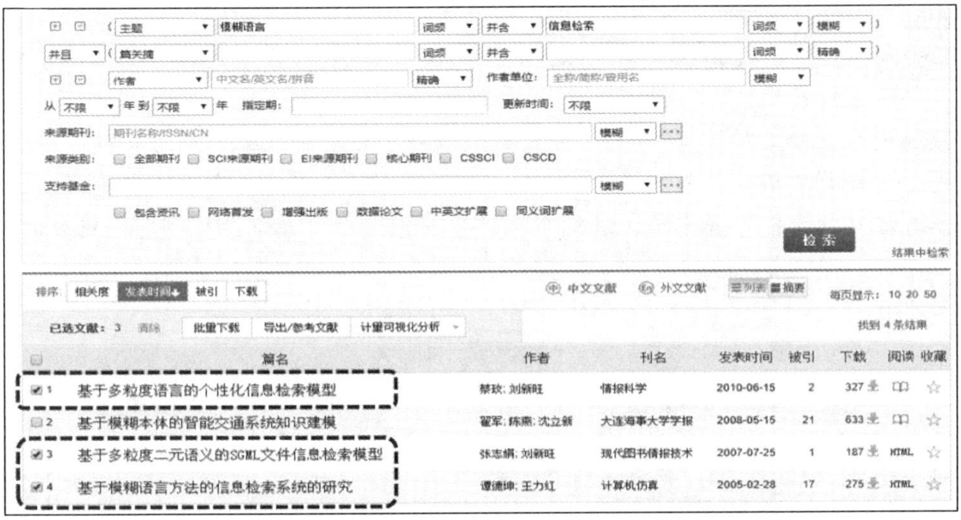

图 7-25　检索式“主题=模糊语言*信息检索”的检索结果

由于检索结果太少，不能满足需求，因此，需要调整检索策略。

一是可以扩大时间、学科、字段检索范围；也就是不限定时间、学科范围，字段也可以扩展到主题与全文字段的组合检索，或者使用“篇关摘”字段检索，结果一下子扩展到了 14 篇，如图 7-26 所示。

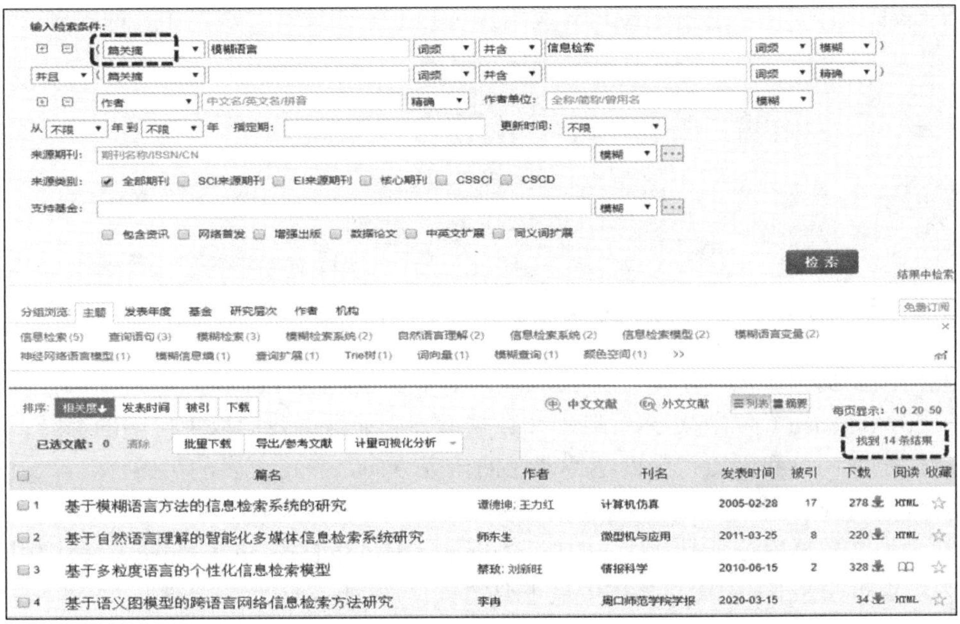

图 7-26　检索式“篇关摘=模糊语言*信息检索”的检索结果

二是使用同义词、近义词、相似词、相关词等：比如：“模糊”可扩展为“智能”，也就是，“检索”的同义表达有“查询”，那么，检索式可调整为：（模糊 or 智能）and 语言 and（检索 or 查询）。

三是使用更少的并列检索词，去掉（检索 or 查询），只留下（模糊 or 智能）*语言；也可以尝试上位词等。

四是利用“引文网络”，也就是查看检索到的密切相关文章的参考文献、引证文献等，进行文献漫游拓展，如图 7-27 所示。甚至看看密切相关文章的作者有哪些，再从这些作者出发，选择作者字段，进行精确检索，即进行作者漫游，去发现更多的信息。

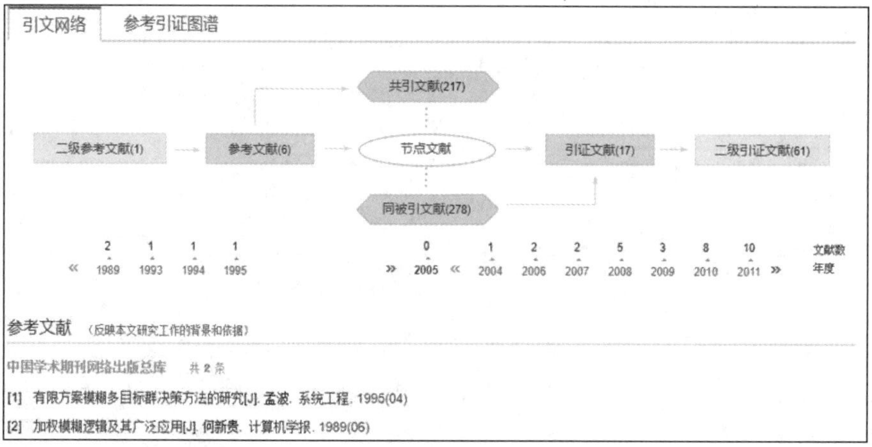

图 7-27　利用“引文网络”的文献漫游拓展

要详细、直观地了解检索技巧等应用，可扫下方二维码，观看相关的视频。

知网检索技巧的应用案例

7.3　WOS 让你的科研快人一步

知网主要揭示了国内学术信息及动态，如果要了解国外的相关研究成果，可以通过 Web of Science（简称 WOS）等外文数据库，它能帮助我们以更广阔的视野，去发现课题的全球同行和机构，全面把握课题的研究方向，获得更多的灵感。

Web of Science 检索平台主要包含著名的三大引文数据库和两大会议录索引。

三大引文数据库分别是：① SCIE（Science Citation Index Expanded），科学引文索引，它是 Web of Science 核心合集中最重要的数据库，收录了全球自然科学、工程技术、临床医学等领域内 7 700 多种最具影响力的学术刊物；② SSCI（Social Sciences Citation Index），社会科学引文索引；③ A&HCI（Arts & Humanities Citation Index），艺术与人文引文索引。

两大会议录分别是：① CPCI-S，收录自然科学及技术方面的会议文献；② CPCI-SSH，收录社会科学及人文科学方面的会议文献。

7.3.1 WOS 文献检索

通过机构购买的 Web of Science 数据库，可以访问 Web of Science 平台。点击“所有数据库”（All Database）中的“Web of Science 核心合集”（Web of Science Core Collection），即可进入。在右侧紧挨着的“引文索引”中，可以选择一个或多个数据库进行检索。如果你只想检索 SCI 论文，那就只保留 SCIE。

Web of Science 有 5 种检索类型：文献检索、作者检索、被引参考文献检索、化学结构检索，以及高级检索。各种检索都支持加英文双引号的短语检索、布尔逻辑检索、截词检索、多个字段的检索，最多可以达到 20 个字段，而且在地址和机构扩展字段，检索框下还分别提供缩写列表和索引，便于参考和选择。如果还有疑问，可以通过 Web of Science 的在线帮助去了解。除了可对时间进行限定以外，Web of Science 还可以进行文献类型、语种等限定。

Web of Science 的“文献检索”中，提供主题、标题、作者、出版物标题、文献类型、基金资助机构等多种方式的检索，检索词不区分大小写。其中，DOI 是数字对象标识符，是用来唯一标识某个电子文档的字符串。它类似于我们的身份证一样，一个 DOI 仅对应一个电子文档。

“文献检索”用于检索特定的研究主题，检索某个作者发表的论文，检索某个机构发表的文献，检索特定期刊、特定年代发表的文献等。

【案例 7-6】以检索 2010 年以来碳纳米管在飞机中运用的研究论文为例，说明检索过程。具体操作是：第一步，选定好“Web of Science 核心合集”后，在两个检索框中分别输入检索词"carbon nanotube*" OR Graphene、airplane* OR aircraft* OR plane*；选择好相应标题等字段；第二步，选定出版年；第三步，实施检索。如图 7-28 所示。

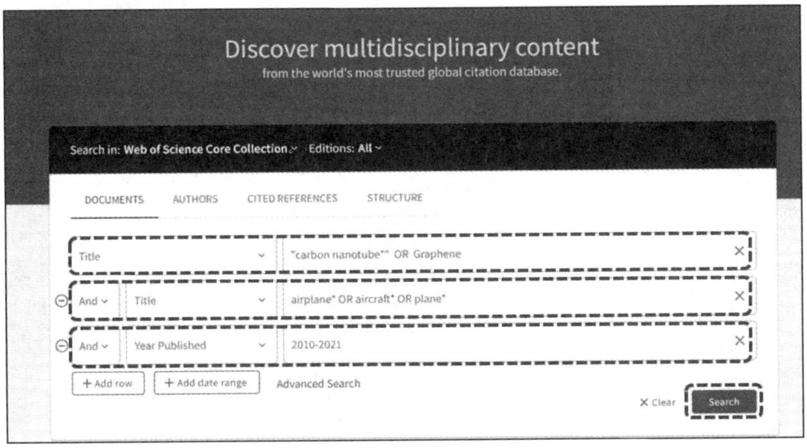

图 7-28 WOS 文献检索示例

7.3.2 快速锁定高影响力等论文

在检索结果概要页面，可对检索结果进行精炼与排序，尤其是通过左侧的“Highly Cited Papers”（领域中的高被引论文、热点论文）、或者通过右上角“Relevance”（相关性）下的“Citations：highest first”（被引频次：最高优先）排序，都可快速发现高影响力的论文；通过左侧的“Review article”（综述论文）可查看对前人相关研究进行总结评价等高价值的文献。以上内容具体如图 7-29 所示。这些都有助于我们快速锁定心仪的文献。

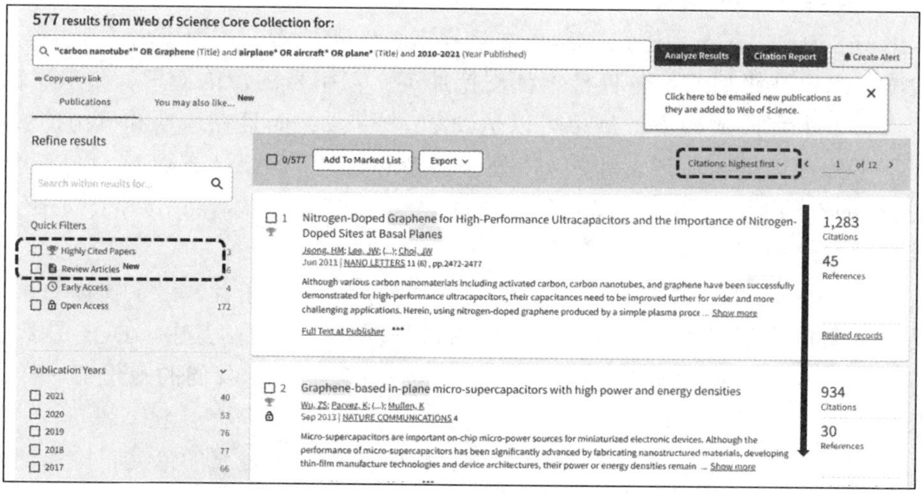

图 7-29 WOS 文献检索结果中的高影响力等论文查看途径

在检索结果概要页面右侧，还呈现有该篇文章所引用的参考文献，甚至引证文献及相关记录，通过回顾这些经典文献，可追溯课题研究的来龙去脉，拓展研究的视野。具体如图 7-30 所示。新的信息或许会带来启迪，从而有所发现、有所创新。

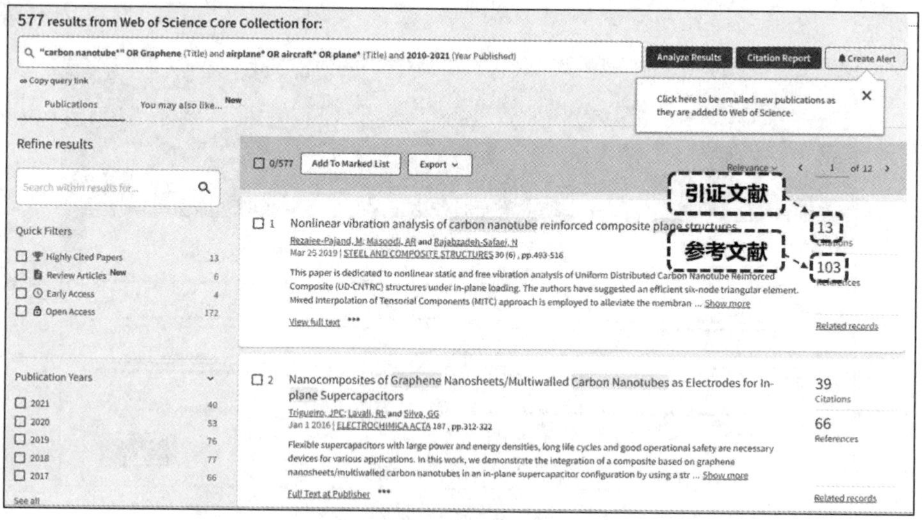

图 7-30 WOS 文献检索结果中引证文献、引用的参考文献等论文

如果已经获取到了一篇期刊论文、会议论文或者一本书，尤其是高质量的文献，要了解该研究领域的最新进展，或者了解某位作者发表文献的被引用情况时，可采用“被引参考文献检索”和“作者检索”功能。“被引参考文献检索”检索结果中可通过邮件跟踪某一篇文献的被引用情况，第一时间获得最新的研究信息。“作者检索”可以跟踪作者，得到最新的研究成果，快速了解研究进展。所有跟踪这类的个性化服务都要求用户注册并登录后才能使用。

7.3.3 全方位了解自己的研究课题

除了提供参考文献、引证文献等拓展信息帮助了解研究课题外，Web of Science 有很多检索分析功能，具体通过检索结果页面检索框右侧的“分析检索结果”，进入下一个页面后，在“Web of Science 类别”下，可以点击出版年、文献类型、作者、所属机构、出版物标题共十多项内容进行分析。

按照“所属机构”进行分析，可以了解从事同一研究的其他机构，以及其中的权威机构情况。如果需要到别的大学或研究机构去学习，可以从中选择要深造的单位；如果你是一位老师或者其他研究人员，那么，可以从中去发现潜在的合作机会。

如想了解某个研究的主要研究人员，快速了解领域的专家，可以按照“作者”进行分析，点选以后，相关的作者都按发文数量从高到低依次排列，通常显示排在前十位的作者，以及发文数量和占比，具体如图 7-31 所示。从这些作者出发，可以去寻找合作者、审稿专家和导师；机构管理人员也可以以此为据，结合其他的一些条件，引进人才。

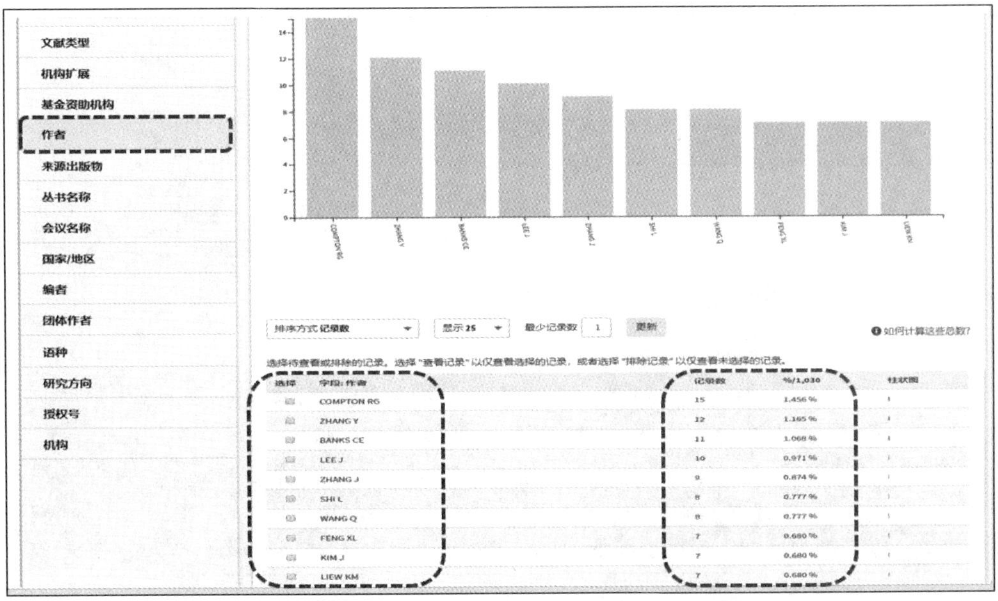

图 7-31 WOS 文献检索结果中研究领域的主要研究人员分析结果

此外，如想了解某个研究的进展情况，可以按照“出版年”进行分析；如果想要参加学术会议，尤其是重要的国际会议，可以通过“会议名称”进行分析；如果想了解你所在研究领域有哪些研究方向，把握课题发展的可能方向和趋势，那么可以使用“研究方向”进行分析；如想了解关注领域的研究论文都发表在哪些期刊上，以便将来找到合适的发表途径，可以按照“出版物标题”进行分析，这个问题在后面的小节中会进行详细阐述。上述分析也可通过左侧“精炼检索结果”栏目下的各类别展开。此外，在“检索结果分析”右面，有创建“引文报告”的链接，它也可以帮助全局总览自己的研究领域。

7.3.4 快速确定投稿期刊

一般情况下，根据 Web of Science 平台的检索结果，通过结果分析，有助于找到与研究主题相关的投稿期刊。

【案例 7-7】以“滚动接触疲劳（rolling contact fatigue）”为例，在其检索结果页面，点击“分析检索结果”进入下一步后，通过“Web of Science 类别”下的“出版物标题”，可以看到与研究主题相关期刊依照论文发表数量从多到少依次排列，如图 7-32 所示。虽然“wear”这种期刊排在最前面，但不一定就是最合适的投稿期刊，因为有些期刊虽然发表的相关论文较多，但不一定是质量高的期刊，也不一定是所在学科的相关领域，有可能是别的学科，或者是跨学科领域。如果想更详细地了解相关情况，可以将鼠标置于该期刊所在区域，点击“查看记录”，如图 7-32 所示。然后从任意一篇文章标题下的刊名“wear”点击进入后，系统会出现 JCR 对期刊的影响因子、期刊的学科类别、类别排名、类别分区的结果输出，如图 7-33 所示。

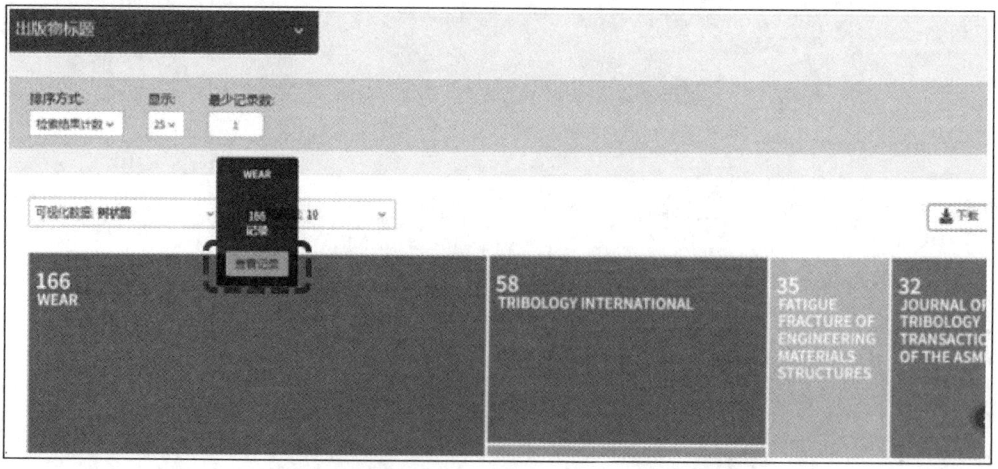

图 7-32 研究主题相关期刊及其论文的排序结果

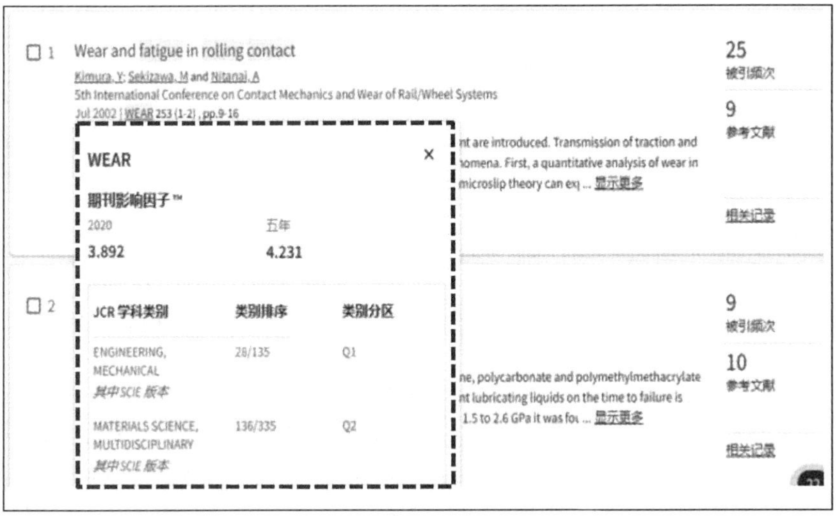

图 7-33　期刊影响因子、期刊学科类别、类别排名、类别分区的结果输出

如果觉得不满意，还可以通过另一个数据库 JCR 来进一步了解期刊信息。JCR 的全称是 Journal Citation Report（期刊引证报告），2023 年它将对 web of science 核心合集收录的所有期刊赋予期刊影响因子，并按期刊质量进行排序。这意味着 JCR 期刊影响因子的覆盖范围将从科学引文索引扩展版（SCIE）和社会科学引文索引（SSCI）期刊扩大到艺术与人文引文索引（A&HCI）和多学科的 Emerging Sources Citation Index（ESCI）期刊。进入 JCR 后先选定学科类别，也可以勾选是否为 SSCI 或 SCI 的收录期刊，甚至是同时被收录的双索引期刊。找到该学科相关的所有收录期刊，结果出来以后，即可见期刊的影响因子排序。同时，还可以点击该期刊的刊名，进入期刊的主页，核实该期刊的关注领域，了解期刊的出版频率、期刊的审稿周期等信息，如图 7-34 所示。

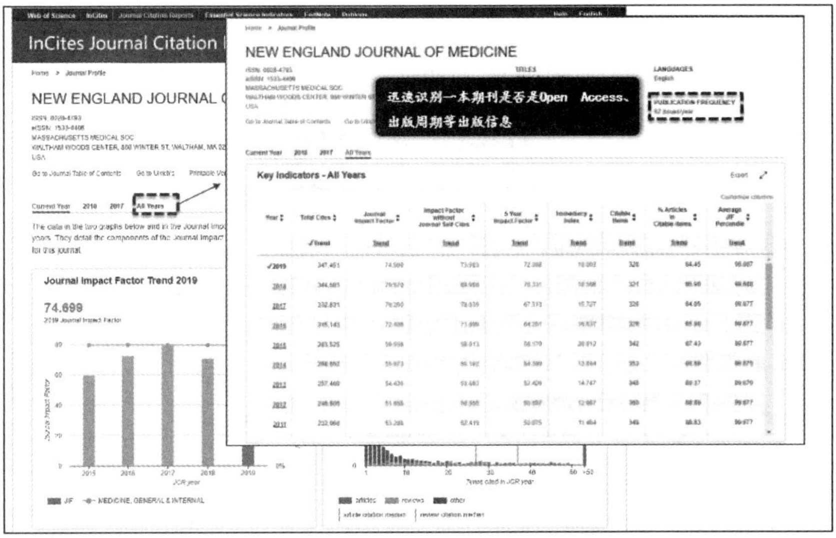

图 7-34　期刊主页显示的出版周期等信息

此外，如果文章的标题和摘要等已经基本确定，可利用WOS 平台中网络版的 Endnote，直接输入标题、摘要，如图 7-35 所示。点击“匹配”后，系统会输出一些可能适合发表文章的期刊，如图 7-36 所示。这些期刊按一定的顺序排列，并显示其出版等信息。在此基础上，结合自己论文的质量从中去选择适合的投稿期刊。

投稿期刊的快速确定

扫描右侧二维码，可通过视频充分了解如何快速确定投稿期刊。

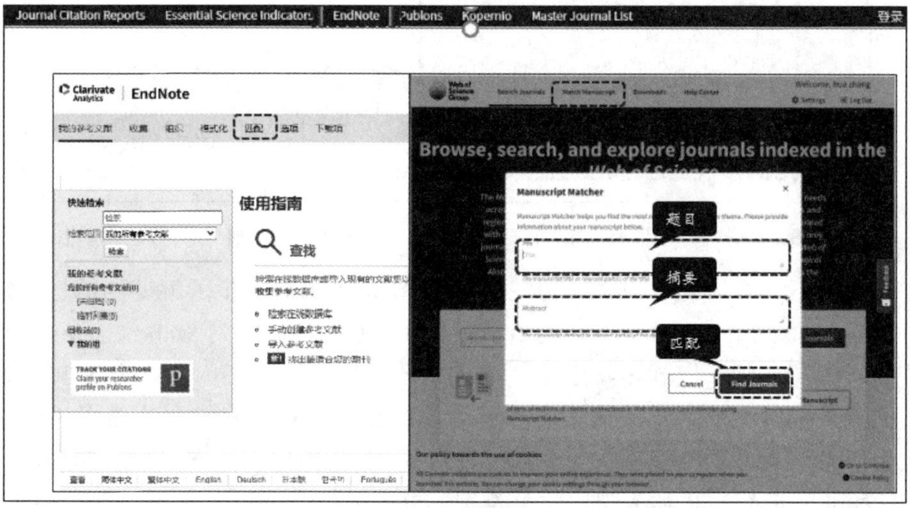

图 7-35　WOS 平台 Endnote 的发现投稿期刊功能

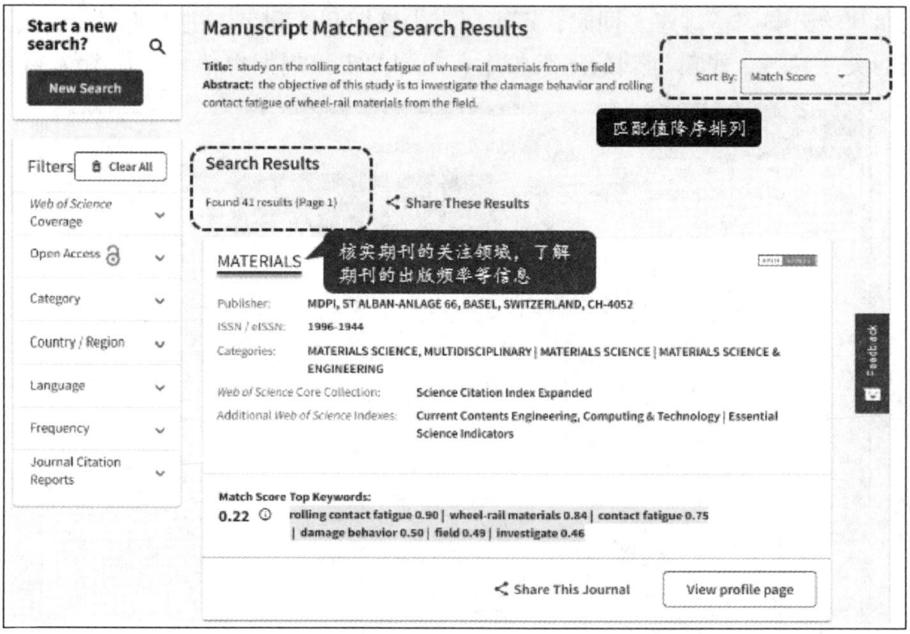

图 7-36　系统自动按序输出匹配的期刊结果

7.3.5 小结

要快速确定投稿期刊，一是通过检索结果分析中的出版物分析，了解主题相关期刊。二是通过 JCR，找到自己学科领域的所有收录期刊，按影响因子去选择相应的期刊。三是在 Endnote 中直接输入投稿文章的标题、摘要进行匹配，注意要结合自己论文的质量，去找合适的投稿期刊。

温馨提示：从期刊的网站上查看“投稿指南”或“征稿要求”，或“作者须知”有关刊登论文范围的说明，有助于了解稿件的主题是否适合期刊所规定的范围，以及期刊审稿周期；此外，通过同行的看法有助于了解期刊的声誉，以及对非英语国家的作者是否友好等信息。

7.4 综合运用案例

【案例 7-8】如果要完成一篇“学术论文引用预测方法研究”的文献调研报告，需根据检索思路，一步步地加以实施。

第一步，分析课题，包含学科、中英文的检索词、文献类型等分析，具体如下：

学术论文引用预测属于交叉学科，涉及学科为图书情报学、计算机科学、科学计量学等，相关主题词有：学术论文、引用、预测。据此，确定核心词：论文、引用、预测。通过同义词、近义词、相关词扩展，进一步确定中英文检索词，中文方面有：论文、文献、引用、被引、引文（即被引用论文）、影响力（该词是通过预检索，发现有学者用到了，所以添加进来；并且被引频次高的论文，也是影响力高的论文，所以纳入进来是对的）、预测。英文检索词有：citation*（含单复数）、predict*（含 prediction、predicting、predictor）这些检索词是通过多次预检索，才确定的。

此课题涉及的文献类型有：期刊论文、学位论文、会议论文，等等。

第二步，选择检索工具。

通常，主要从自己机构订购的数据库中，分析检索工具的特点后，选用涉及该学科领域的中英文检索工具。此课题选用的检索工具包括：知网、维普、万方数据库系统、Web of Science 核心合集、SDOS、IEEE 等。

第三步，检索评估并列举各数据库的检索情况。

每一次实施检索后都需评估检索结果，如果不能满足检索需求，需优化检索策略，再进行检索，直到满意为止。

接下来列举各数据库的检索情况，比如在 CNKI 中，利用其高级检索，选择“主题字段”，使用检索式为“主题=（论文 or 文献）and（引用 or 被引 or 引文 or 影响力）and 预测”进行检索，检 25 篇文献，从中选出相关文献 23 篇。

在 Web of Science 中，选择“标题”字段，而非“主题”字段，因为通过预检索，发现结果过多，出现了很多不相关的结果，所以调整检索式为：“Title=citation* and predict*”。进行检索后，检出 196 篇文献，从中选出相关文献 102 篇。此外，还使用了其他数据库进行检索，这里就不一一赘述了。

第四步，梳理检索结果，具体如下：

基于最大相关度原则，对各数据库的检索结果进行去重和人工判读，再利用参考文献和引证文献等数据进行扩展，共遴选得到中文文献 25 篇，英文文献 112 篇。其中，期刊论文 42 篇、学位论文 4 篇，会议论文 4 篇。

第五步，进行文献综述。

即总结出学术论文引用预测的主流方法，包含三种即统计学方法、机器学习方法、图模型方法，并指出其中现阶段的常用方法，即图模型方法，等等。文献综述的后面就要一一列举，这三种方法有什么样的适用范围、评价指标、预测效果，以及各自的优、缺点，而且还可以用图表的形式加以直观地呈现。如表 7-1 所示。

表 7-1　课题所涉及的学术论文引用预测主流方法列表

方法	适用范围	评价指标	预测效果	优点	缺点
统计学	多用于探索影响因素和引文的关系，适用小数据量	相关系数（R）、决定系数（R^2）、均方根误差（RSME）等	预测准确率可达 80%左右	具有可解释性	容易产生过拟合，预测能力有限
机器学习	多用于大规模数据集，适合高维特征	AUC、F1 值、ROC 等	预测准确率最高可达 90%	能够获得可重复预测的模型，准确率较高	缺乏可解释性
图模型	多用于引文细分研究	相关系数（R）、决定系数（R^2）、均方根误差（RSME）等	预测准确率 70%～85%	可以挖掘学术网络中的隐藏联系	计算复杂度高

从以上案例可以看出，信息检索是有一定的流程和方法的，依次为：（1）分析研究课题，包括学科范围、检索词、检索式、检索字段、检索方法等，并通过预检索等确定检索策略；（2）选择检索工具；（3）利用检索策略进行检索；（4）评估检索结果，如果不能满足检索要求，需优化检索策略，再进行检索，直到满意为止；（6）对检索结果进行整理、分析和总结。

即使要完成的是外文文献的写作，最好能从中文文献的检索开始，从中去发现该研究方向的不足或者局限，然后再去获取外文文献。如此，更利于加深对外文文献的理解。

此外，信息检索是一个渐进的过程，一个检索语句、一次检索很难得到十分全面而确切的结果，因为一个数据库里无法检索到所需的全部信息，而且新的信息还在不断出现。比较理想的方法是先用较少且最能反映主题概念的词进行检索，尽量少用限制条件，通过对检索结果进行分析，逐步修改、完善检索词、增加限制条件，并从检索到文献的参考文献、引证文献中去发现更多有价值的信息，逐步达到检索目标。信息检索的过程，也是不断地从实践中获得经验，并在寻找、选择、获取信息过程中通过对比、鉴别、探索、改进，不断地提升信息能力与信息素养的过程。

此案例的具体详情可通过扫描下方二维码，查看相关视频。

综合检索应用案例

Part 8　第 8 章　文献阅读和学术写作

文献阅读与写作是密不可分的。阅读是信息输入，写作是文字等信息输出。只有通过大量的、有方法的阅读，充分了解前人的研究成果，才可能写出有价值的学术论文或者著作。

8.1　读什么？

8.1.1　论文初筛

当获取到大量的文献信息以后，首先需要对这些信息进行初步的筛选，以排除不相关和低质量的信息。通常，可以从三个方面着手：

① 相关性，从文献的标题和关键词是否准确呈现主题方面，了解文献与研究主题的相关性。相关的文献，需要保留，以便进一步阅读。

② 价值性，即从文献的出处去了解。虽然增刊也是正规刊物，但在质量上一般不如正刊、专刊。另外，套刊和部分增刊论文，在知网等较高质量数据库中是检索不到的。也可以从这个角度去查验文献的质量。

温馨提示：论文检索和投稿，都要认准期刊。若论文发表在增刊、套刊、假期刊上，可能会影响评优、职称晋升等。所以检索和投稿时尽量从数据库的链接进入，如中文期刊可从知网、维普中去查找投稿信息，也可以在国家新闻出版署的官网上，看是否存在国内统一刊号（CN）去验证期刊的真伪；外文期刊可从 SDOS、IEL 等数据库中去了解。中外文期刊都可从纸质期刊去查找投稿信息；而且大多数的期刊都有自己的网站，也可以从此渠道去直接投稿，以免出错。

③ 新颖性，即看文献的发表时间。一般而言，需要阅读近 10 ~ 20 年的文献，尤其是近 5 年的成果。时间越新的论文，越能代表研究最新的发展方向。如果要了解研究的起源，还要关注一下早期的经典文献。

8.1.2　代表性文献的选择

经过论文的初筛以后，淘汰了大量无关的和低质量信息。对于剩余的信息，需要从中找出代表性文献，即下一步需要确定重点阅读的文献。一般情况下，可以从以下几个方面加以考量：

首先，是否密切相关文献，即相关度高的文献。其次，是否影响力高的文献，也就是通过检索结果中“被引频次”排序，获得的被引用次数多的相关文献。再次，综述性文献，比如中文标题中分别出现了“综述”“进展”“述评”“展望”等文字，外文检索结果中文献类型为“review”的文献，都是综述性文献，这类文献对研究现状论述很详细、充分，往往可以帮助发现更多的参考文献、引证文献等信息，需要重点关注，尤其是高水平的、最新的文献。再者，如果是期刊论文，应多关注来自重要刊物的相关文献，比如中文文献，主要看是否被北京大学的“核心期刊”、南京大学的“CSSCI”或者中国科学院的“CSCD”所收录；外文文献，看是否被 SCI、SSCI、CPCI 等世界著名的引文索引数据库所收录，或者其他是来自影响因子高的期刊论文。最后，还要关注一下来自领域内权威研究机构、专家或者重要学者的相关文献。

总之，要重点关注密切相关的、质量高的、较新的文献。

8.2 怎么读？

8.2.1 文献的高效阅读

要高效地阅读文献，需注意阅读的顺序。总体而言，文献阅读需要历经下面五个阶段。

阶段一：略读论文

通过阅读标题和关键词已经初步筛选出了一些论文，接下来要读摘要部分，推测这篇论文的大致内容、方法和结果，如果不是自己感兴趣或者需要的，立即停下来，进行下一篇文章的阅读。

通常情况下，在阅读标题和摘要等部分之后，并非直接按照文章顺序往下读。这是因为，如果最终结论不符合自身需求，即使中间部分不错，也会舍弃这篇文章。这样一来，会浪费许多时间，影响阅读的效率。所以读完摘要之后，一般要跳过中间的引言、实验等，直接转到结论部分，从中去了解作者对结果有什么样的阐述和定性，最终论断是什么，是否会对读者有所启发，以便更深入地了解文章的价值。如果觉得这篇论文契合需求，就可以进入下一阶段。

阶段二：概读文献

一是看图表。图表能直观地显现作者研究的主要思路、研究的过程和研究的方法等成果，往往能体现一个实验或成果的精髓。如果图表具有一定的吸引力，那么接下来就会根据图表的指引接着去读相关部分的详细描述。图表很重要，写作中有关的注意事项会在下一节着重阐述。

二是看引言。引言包含了很多东西，包括研究背景、研究意义、研究现状（文献综述），通过此部分的阅读，可以了解研究的前世今生，有助于发现未来走向和趋势，找到自己研究的起点；此外，引言还包含研究价值以及研究创新点。通过阅读引言，容易对整个研究课题有更系统的理解。

阶段三：细览论文

一是读结果和作者对结果的讨论。

在这部分，要读出结果是否表现优秀，是否比之前的方法好，这个结果有什么优点又有什么缺陷，以此找到整篇文章的关键所在。

二是要看论文大小标题，即一、二级标题，了解文章的基本架构。

通过阅读以上部分的内容，自然会对论文有较深入的了解，知道哪一部分是有用的。

阶段四：精读论文

即要详细阅读实验部分或者是本论部分。

在实验部分，主要读出作者是怎么做实验，来验证提出的问题或假设、得出结论的。非实验性的正论部分，主要了解如何通过实践观测或者理论推导、逻辑推理等来得出结论的。

阶段五：回顾论文

一是回顾框架。读完之后，需要看框架，包括阅读各级标题，对整篇文章进行一个简单的回顾，以便加深逻辑上的理解。

二是看参考文献。当发现了一篇有价值的文章时，不妨看看它的参考文献，甚至是引证文献，开启以文找文的发散思维，以便从中去发现新的有价值的信息，了解研究的来龙去脉，拓展视野和思路。因此，参考文献也可能是需要阅读的部分。

总而言之，尽量不要从头到尾，线性地去阅读一篇论文。而是要通过标题、摘要、关键词、结论的浏览式略读，去了解论文的概貌，看它是否对自己有用；通过看图表、引言概读论文，进一步了解研究的思路、方法和创新点等成果；通过对结果和讨论及大小标题的细览，去掌握全篇的大意，看哪些部分有用；通过精读实验/实践等过程，抓住研究的核心。通过回顾框架和参考文献，强化逻辑和拓展信息，甚至思路。此外，阅读一篇文献时，尽量集中时间阅读，容易联系起来，形成整体印象。如果分散阅读，浪费的时间会很多。

8.2.2 批判性阅读

批判性阅读（Critical Reading）是指运用质疑、否定等方法对文本开展的一种阅读活动。

通常，要完成批判性阅读，需经历两个阶段：一是理解阅读，二是批判阅读。理解阅读是基础，其目的在于深入理解文本，即发现作者的论证和解释。批判阅读是理解阅读的延续，旨在探索和求得发展，做到举一反三。批判阅读所采取的立场是自主思考，所采用的方法是质疑、否定，主要任务是评估论证，即透过表面看到深处，找到“真问题”。因此，批判不仅意味着批评，更意味着发掘、发现，是为了找到切实解决问题的方法、理论等奠定基础。在批判性阅读中，最重要的是不受制于权威观点，而且对前人研究做出客观、公正的总结和评价。

文献综述中就蕴含了对前人研究成果的批判性阅读、分析和总结。那么，究竟什么是文献综述？简言之，文献综述是指对具体领域相关文献的梳理总结。它可以是一篇独立的学术论文，也可以是学术论文、研究报告中的一部分，同时，它也是开题报告的重点部分，以及学位论文中必不可少的一部分。实际上，无论是在论文还是在报告中，“研究现状”“相关文献回顾”都属于文献综述。文献综述通常放在引言中，作为引言的一部分；也有的文献综述放在引言之后，单独成段。

从文献综述的阅读中，可以集中地了解批判性阅读的实质。

对于文献综述，惯常的思维是：只需要列举出某人提出了什么样的观点，或者某某又提出了什么样的方法等就足够了。其实不然，这样的文献综述不仅凝练不够，而且还缺乏深度的分析和评判。换言之，在阅读前人文献的时候，不仅要顺着作者的思路去理解研究、发现成果，而且要随时运用否定和质疑的方法，由表及里，进行批判性思考，并找出该研究的不足和局限，如图 8-1 所示。以便从中去发掘研究的空白，作为自己研究的起点和创新点。所以，文献综述不是对已有文献或者观点的简单重复、堆砌，而应是对以往研究的优点、缺陷，或者贡献的批判性分析与评论。

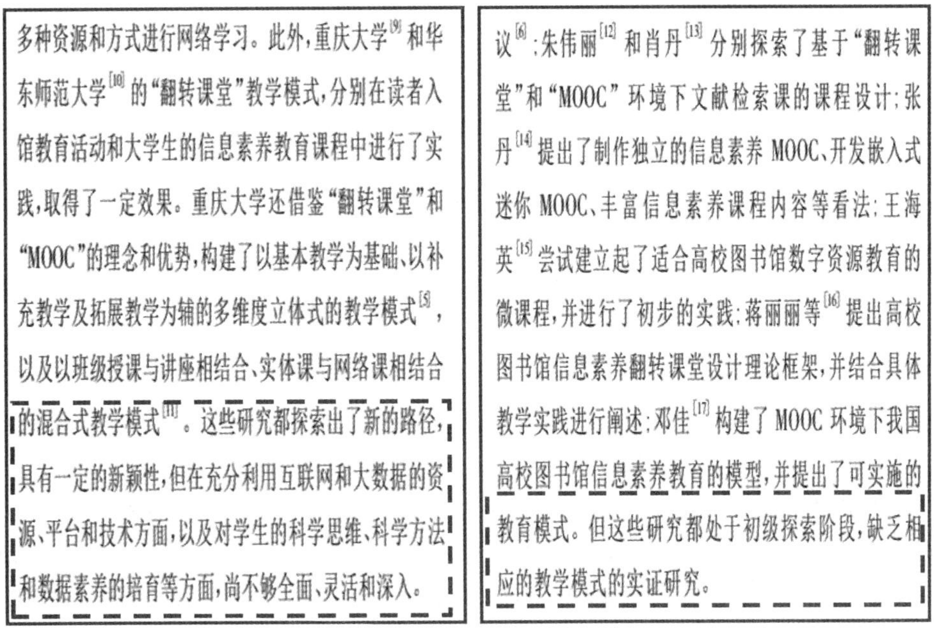
多种资源和方式进行网络学习。此外，重庆大学[9]和华东师范大学[10]的“翻转课堂”教学模式，分别在读者入馆教育活动和大学生的信息素养教育课程中进行了实践，取得了一定效果。重庆大学还借鉴“翻转课堂”和“MOOC”的理念和优势，构建了以基本教学为基础、以补充教学及拓展教学为辅的多维度立体式的教学模式[5]，以及以班级授课与讲座相结合、实体课与网络课相结合的混合式教学模式[11]。这些研究都探索出了新的路径，具有一定的新颖性，但在充分利用互联网和大数据的资源、平台和技术方面，以及对学生的科学思维、科学方法和数据素养的培育等方面，尚不够全面、灵活和深入。

议[6]；朱伟丽[12]和肖丹[13]分别探索了基于“翻转课堂”和“MOOC”环境下文献检索课的课程设计；张丹[14]提出了制作独立的信息素养 MOOC、开发嵌入式迷你 MOOC、丰富信息素养课程内容等看法；王海英[15]尝试建立起了适合高校图书馆数字资源教育的微课程，并进行了初步的实践；蒋丽丽等[16]提出高校图书馆信息素养翻转课堂设计理论框架，并结合具体教学实践进行阐述；邓佳[17]构建了 MOOC 环境下我国高校图书馆信息素养教育的模型，并提出了可实施的教育模式。但这些研究都处于初级探索阶段，缺乏相应的教学模式的实证研究。

图 8-1　文献综述中批判性评价示例

当然，需要注意的是，正确综述的前提是尽量要在检索全面的基础上，否则遗漏了相关的重要信息，不可能得出客观公正的结论，并且在此基础上提出的研究起点和创新点就很难成立，相关研究也就失去了价值和意义。

有时，对于同样的研究内容，可能需要先思考一下，自己会怎么样表达？或者使用什么方法？怎么样论述？然后，再看看作者在文章中是怎么说的？是他人的好，还是自己的好？为什么？怎么改进？通过提问式阅读，既批判作者，也要批判自己。这样阅读，也有利于发现新的科研问题，促进创新。

有关批判性阅读，可扫右侧二维码，了解详情。

文献的批判性阅读

阅读是输入，是为思考获得材料，是为了帮助我们站在更高的角度、用更广阔的视野来看待已有知识和别人的见解。要想站在巨人的肩膀上，还是需要检索全面，并进行大量的阅读和思考，从中梳理出研究的脉络和精髓。

8.2.3 如何记笔记

为便于以后的查看和引用，在阅读的过程中，对于重点、难点等有价值的信息，都应该做好笔记。俗话说：好记性不如烂笔头！做笔记也是一门学问。除了可以用电脑做笔记以外，还别忘了我们最传统的形式——手写笔记，心理学家专门做过一项对比试验，发现用电脑做笔记的人，虽然记的内容更多，但是做手写笔记的人，对概念的理解更深入，而且更能将知识运用到实践中。这是因为，手写笔记经过了大脑的筛选，并系统地加以提炼和总结，能增加对知识的理解。不管是做手写笔记还是电脑笔记，最重要的就是能够边阅读、边梳理、边思考，做好思考笔记。除了要记好是什么，如论文的主要贡献、研究方法、存在的问题，创新之处、不足之处，还要结合自己的思考记下为什么以及怎么样，也就是要记下对你的启发。一旦有新的发现时，一定要记下来，保存好！有时候灵感的小火花，一闪就没有了。

笔记不仅要记录梳理的文献内容和自己的思考，还应随时记录好文献中英文经典的句型和词汇。养成记笔记的习惯，这样后面整理文献、复读文献、引用文献都会节约很多时间。

要提高阅读的广度和笔记的速度，单纯依赖手写笔记是不够的，还应该结合使用信息阅读工具进行辅助和总结，比如借助 XMind、Mindmaster、MindManager 等思维导图工具，也有同学用 EXCEL、Mendeley 来完成做笔记的工作。其他还有文献管理软件 Endnote 或者 NoteExpress 等，它们不仅能收集、管理参考文献，而且可以边写作边引用，自动给出引文（参考文献）编号，还能将参考文献格式化，即自动生成多种期刊论文、学位论文要求的格式。在这里，也给大家推荐一款文献翻译软件工具——知云。知云既是一款阅读英文 pdf 文献的翻译软件，阅读过程中又可以使用黄色高亮等进行备注。最关键的是，支持在 Endnote 中打开文献时使用。其他的还有电子笔记本 OneNote、为知笔记、有道云笔记，以及碎片化信息采集利器 LINER 等。

8.3 怎么写？

8.3.1 常见学术论文的结构和框架

按照我国颁布的国家标准《科学技术报告、学位论文和学术论文的编写格式》（GB 7713—1987），学术论文的写作要有一定的规范，应包含两个部分：前置部分和主体部分。前置部分主要包含题名、作者、摘要和关键词，主体部分主要有引言、正文、结论和参考文献等。形成较完整的主体结构。

以学术论文中的实验性论文为例，其主体部分的基本框架结构大致有以下几个部分：第一部分是引言，包含研究的背景、现状，以及已有研究的局限和自身研究的创新点；第二部分为实验样品和方法；第三部分是实验结果和讨论部分，也是论文的最主要部分，通常描述实验及其结果，包含收集到的数据，以及用图表对结果的呈现等；第四部分是结论，最后是参考文献，如图 8-2 和图 8-3 所示。

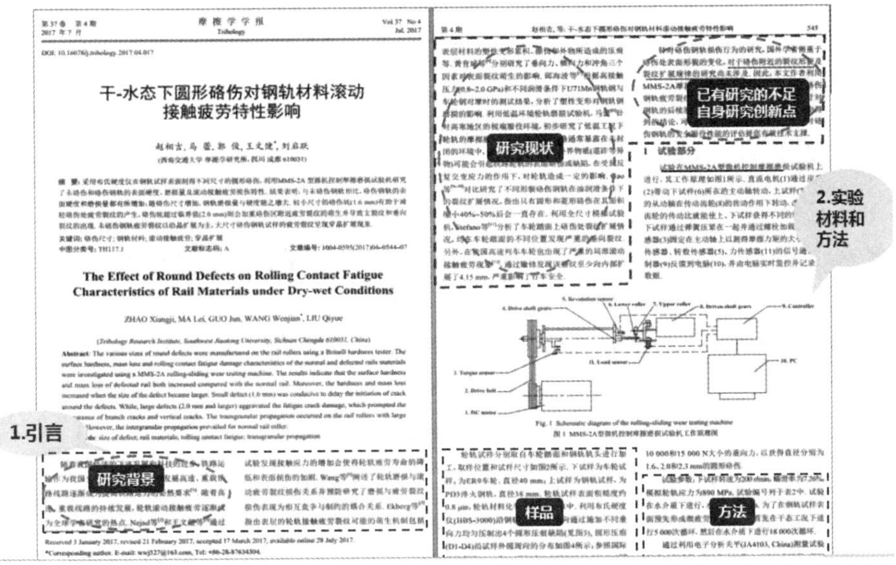

图 8-2　实验性论文主体部分的基本框架结构（一）

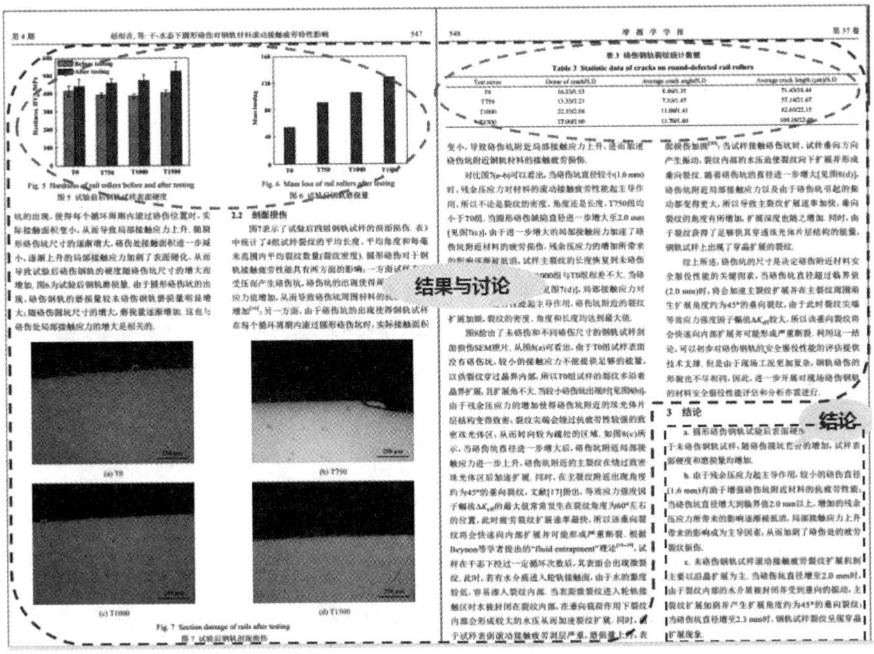

图 8-3　实验性论文主体部分的基本框架结构（二）

再以学术论文中的综述论文为例，其主体部分主要为：第一部分引言，包含研究背景、意义，现有研究的不足以及本研究的创新及贡献。第二部分，主要为数据来源和研究方法。有些综述论文省略了这一部分，直接进入下一部分，即第三部分。该部分内容主要按照时间演进或主题分类，对当前各个相关研究理论和实践及其特点进行梳理总结，找出已有的研究成果，即研究现状。第四部分是针对这些研究存在的局限等问题，进行未来趋势的展望。第五部分是结论等。

平时，多阅读、多思考、多总结好文章的架构，尤其是这些文章各级标题的布局，有利于形成自己论文的框架。

8.3.2 高效写作论文的妙招

有人专门总结过，把写论文比喻为讲一个故事：有一个问题 X 很重要，之前有 A，B 和 C 就这个问题进行了研究，但是 A，B 和 C 存在不足；于是提出了方法 D，D 和 A、B 和 C 进行比较，有什么基本特征；实验证明 D 比 A、B 和 C 优越；叙述为什么 D 更好，D 的创新与不足，下一步研究打算。这个比喻非常形象，也反映了研究过程的实质。

1. 论文写作方法——快写三原则

如何高效写一篇论文？通常有三个基本原则：

一是要快写。即快速起草，告别拖延症，用最短的时间，搭建起论文框架，并不断地往里面充实内容。初稿写作完成之前尽量避免停下来，不要去修改，以免你的思路被阻断。总之，要尽快形成完整的初稿。

二是要慢改。就是要精雕细琢。一篇论文通常要修改十次左右。尽量用碎片时间进行局部修改，用整段时间对文稿进行整体修改。通常，在纸质稿件上修改比在电脑上修改的效率更高。在初稿的基础上，不断改进迭代，形成一稿、二稿、三稿等。通过不断完善，提高论文质量。

三是要增补。主要是指检索要贯穿整个慢改的全过程。要围绕自己的架构，不断地调整关键词和检索策略，去获取新的、有价值的相关信息，并结合自己的研究，在文献综述和其他部分中，加以分析和利用。以改进研究方法、充实已有的内容。写作中，既要重视文章的深度，也要关注文章的长度。有研究表明：更长的文章可能与更详细的方法和结果有关，会增加科学工作的影响和传播，未来更有可能被引用。一般来说，长的文章更受编辑和审稿专家的青睐。但也不能随意加入一些不必要的内容，给人冗长、繁杂的印象，结果只会适得其反。

2. 论文写作方法——快写步骤

一般而言，快速完成论文初稿应该遵循如下步骤：

第一步，题目确立之后，列出论文大纲，包括一级、二级甚至三级标题。

第二步，整理图表。有专家和编辑认为：图画好了，文章差不多就完成了一半，所以，图表一般是在正式动笔写作之前就应该画好的，快写时只需要做适当的处理。

第三步，描述实验或者实践及其过程。如果尽量平时做好详细的记录，这一步的叙述就简单多了。

第四步，结果讨论。

第五步，得出结论。

第六步，编写论文摘要和确定关键词。

第七步，撰写引言（含文献综述）。

第八步，列出参考文献。

需要注意的是，对于论文第一部分的引言写作，尽量要放到后面去完成；遇到有难度的部分，也要放在最后去写。

初稿写作的时候，尽量不要太在意文字层面的东西，只要能清楚表达意思就可以了。因为在以后的修改中，也可能会有较大幅度的变动。

8.3.3 论文各要素的写作套路

通常，学术论文都有标题、摘要、关键词、引言、本论/正文、结果和讨论。

1. 标题部分

标题应简练并准确地描述研究论文的内容，要体现关键技术或者是核心价值，尽量要有亮点，让你的题目有吸引力。标题一般不超过 20 个字，其内涵和外延也不能太大，太大了无法反映出你研究的创新点。比如，题目“高校信息素养教学模式研究”，就不如“高校信息素养交互式课堂教学模式研究”，后者更具体，更能看出研究特点，或者是创新点。标题起不好，即使你的文章有深度，别的读者检索文章时很难发现你的研究。那么，文章被引用的机会也少，研究的价值不容易体现出来。

温馨提示：创新点的核心主要是指学术思想创新、技术创新或方法创新，如：新现象的发现、新假设或新观点的提出、全新技术与方法的运用。创新点不宜过多，一般不超过 3 个。

2. 关键词部分

关键词一般是 3 ~ 8 个，尽量多一点，便于检索。关键词主要是出现频率高和能反映研究内容、特点的词汇。

3. 摘要部分

摘要被称为浓缩的一篇小论文。摘要一般是从背景开始，主要包含研究的目的或意义、研究的方法与过程、研究的结果和结论。这是摘要写作的基本框架。如图 8-4 所示。

【案例 8-1】图 8-4 是“从街道峡谷到街区层峡：城市形态与微气候的相关性分析”这篇文章的摘要部分，一开始就提出了研究的目的，紧接着描述了研究的过程，以及所采用的方法，最后指出了研究的结论和意义。

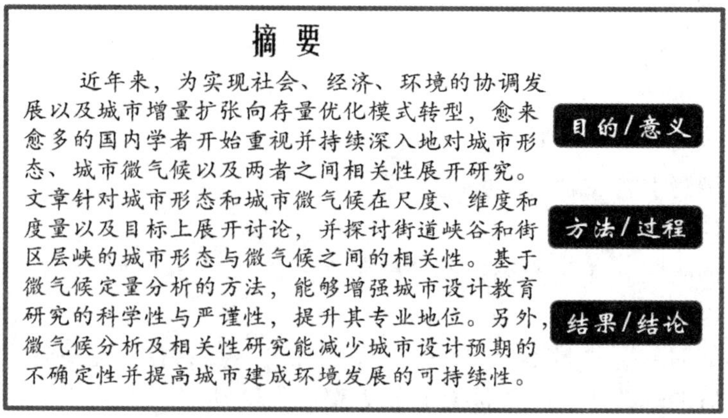

图 8-4　摘要写作的基本框架示例

4. 引言部分

引言也称为前言、绪论或导论。学术论文中的引言相当于对摘要的扩展。它通常包含三大块：一是研究的背景，即什么形势或什么状况下需要开展此项研究；二是文献综述或文献调研，也有比较长的文章把文献综述单独作为一个部分，放在引言之后；三是提出要解决的问题或者假设，即打算要探究什么问题。

针对文献综述的写作，简单地讲，就是要梳理评价前人在某一领域的具体方向所做的相关研究。总体而言，需要指出整体的观点、方法，归纳出研究存在的问题。因此，在文献综述前半部分，要用大量篇幅，来介绍前人的相关研究成果。比较常见的有三种写法：

第一种是按照时间演进的脉络进行书写，主要是指从最早的代表性研究写到最新的研究。谁最早提出了这个观点、方法或者问题，随着时代的变迁，该观点、方法等发生了怎样的变化、发展和创新，一步步递进，描述出目前是怎样的状态和拓展。写作的时候，要注意尽量避免记流水账的形式，如某某认为什么，某某又提出了什么，等等。这样的写作很容易让人感觉提炼不够，缺乏深度。

第二种写法是按照主题分类来写。简单地说，就是采用关键词的方法，也就是找出与主题相关的关键词。

【案例 8-2】以“基于社会网络分析的学术影响力评估与预测”这个课题为例，经过对关键词的拆分与合并，就可以分别从学术影响力评估（方法）、学术影响力预测（方法），以及两者的结合进行综述；如果有相关论述的话，再把学术影响力评估（方法）、学术影响力预测（方法）加上社会网络分析一起概述。

有时候，需要通过阅读挖掘出隐含的主题来进行综述。

【案例 8-3】比如“学术论文引用预测方法研究”这个课题，涉及“引用预测方法”字面上的主题，还有一个隐形的主题，即预测影响因素。因为通过阅读发现：论文引用的频次往往受到论文标题、长度、摘要及关键词、论文所在的期刊质量等很多因素的影响，具体引用预测方法是基于这些因素而建立的。所以从预测影响因素和引用预测方法两方面进行总结归纳，比较恰当。

第三种写法是把时间顺序法和主题分类法结合在一起的方法。

温馨提示：综述写作中，在引用他人成果的时候，不能简单的改变原始资料中的几个词语，或者对其进行摘要性重组，而必须用自己的语言和句子结构，进行彻底的重塑总结。

如前所述，在文献综述部分要对前人的研究进行批判性评价，这是最重要的一点，也是文献综述的点睛之笔。因此，文献综述后面部分就是一种批判性的总结，要实事求是地指出这些前人研究的优点，以及存在的不足或者缺陷，从而引出自己的研究工作。所以，在引言的最后部分，要通过提出新观点、或者找出新方法，来弥补不足，以解决新问题、或者验证新的假设。也就是要突出自己研究的贡献和创新之处，最好能清楚地说明研究目标和范围，显示出自己研究的价值所在。如图 8-5 所示。

> 文[2]。目前这一主题已有不少研究成果，其中不乏综述性研究，如鲍玉芳等总结了常见引用预测方法[3]，但这些方法仅局限于回归分析，不够全面系统。鉴于此，本文采用文献调研法，对论文引用预测研究进行系统分析，重点关注近年来的最新进展，以期为今后工作提供借鉴和参考。↵

图 8-5　引言结尾的写作示例

【案例 8-4】图 8-5 是“学术论文引用预测研究进展”这篇文章引言部分的结尾之处：先肯定研究成果多，说明课题受到领域内广泛关注，具有一定的重要性。接着再指出前人研究的局限，从而引出自己的研究方法和内容，以及作用和意义。

温馨提示：引言部分突显了你的内容或者方法等的创新，是审稿人重点关注的部分，需加以重视，尽量在完成全篇的写作之后，再倒回来反复修改。

5. 正文/本论部分

正文部分也被称为本论部分，也是文章最重要的部分。一定要做到言之有物、言之有据和逻辑清晰。

如果是实验性的研究论文，本论部分主要的框架包含：① 原理；② 材料与方法，如材料的性质/特性、采样或者是数据来源/操作方法/手段、实验过程、设备、程序等；③ 结果，如实验的结果、数据及分析，得到的实验效果、性能等；④ 讨论，讨论是对结果的解释，包含：结果的比较、分析，实验/实践/推导等可能不足的解释。在对实验过程进行描述时，为了更清晰地呈现整个操作步骤、流程，通常需要配以实验流程图加以说明。

如果是观测性的论文，即报道性论文，其本论部分的主要框架应包含：观测区概况、对所观测发现现象的叙述、解释等。

如果是理论性的研究论文，本论部分应包含：理论的提出、理论的验证、理论的应用等。

温馨提示：本论部分是文章的核心，是论证研究最详细的部分。在这个部分，一般而言，需要从数据、事实、逻辑三个角度中任意选择一种，来论证前面你提出的问题或者假设的可行性、可操作性。也就是说，要么从数据上，要么从事实上，要么逻辑上来进行论证。所以，本论部分是一种支撑性的科学依据部分。本论部分的结果中，要体现以下关键问题：通过实验/实践/推导等，你发现了什么？或者解决了什么问题等？可靠吗？

同时，值得注意的是，在本论的中间部分，往往还有图表。一幅图、一张表，无不是一种无声的表达，常常浓缩了文章的精华。再者，图文并茂，常常能增加阅读的友好性。当然，不是只有理工科的论文才用图表，社科类的论文中也可能用到图表。

【案例 8-5】以笔者发表在《图书情报工作》上的一篇论文“融合‘MOOC’课程和‘翻转课堂’理念优势的信息素养教学模式构建与实践”为例，如果只看文字，密密麻麻，容易头大；加上图片以后，立即就增强了可读性，如图 8-6 所示。文中的这幅图蕴含了研究的主要思路，较为详细地呈现了研究背景和支撑、模式所涉及的教学方法和教学过程，体现了整个模式的大致框架。

图表的呈现不仅便于读者直观地理解论文的主要内容，而且，如果图表画得好，还可以为文章增色、加分。特别要注意：在实验图中，不同的线条，应使用不一样的颜色，而且颜色要鲜明和有区分度。如果能在保证真实的情况下，进行适当地处理，如加上动画，变成动图，或者恰当使用一下美化的工具，如 Photoshop 等。但也不能过分追求美感，给人华而不实的感觉就不好了。美观、清晰的图表容易让编辑、评审专家快速地得到论文的重要信息，留下好印象。

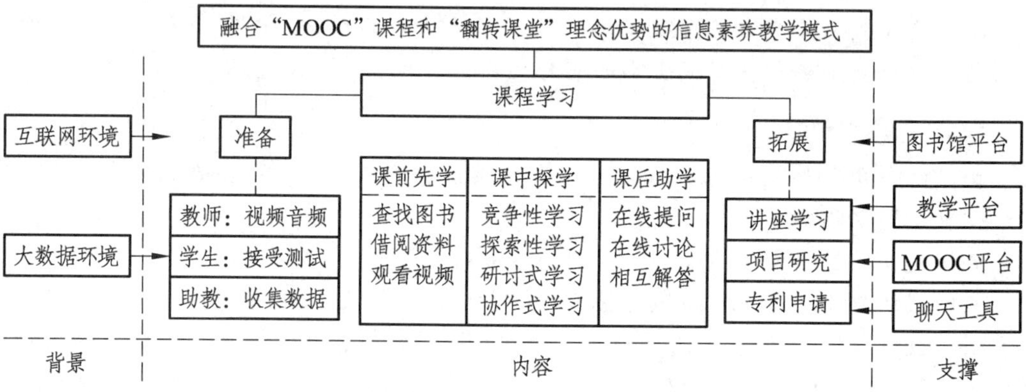

图 8-6　图表的呈现对论文理解作用的示例

6. 结论部分

结论是由结果得出的，它与摘要有相似的内容，相似部分要以完成的口吻来写，包括对于结果的评价、应用等论断。其余部分可以从自己研究的不足来指明一下未来可能的课题、假设、启发、建议、预测等。结论部分要上升一定的高度来写。也有文献把结论和讨论部分放在一起。

需要注意的是：结论与摘要、引言三者应该呼应协调，不能够有范畴不同或意义不一致的地方。

7. 参考文献部分

对参考文献的选用可反映出作者的学识、判断能力。因此，应尽量选择与论文主题密切相关的文献、高水平的综述性论文、著名期刊上发表的论文。除了开创性的成果要列入参考文献外，其余同等重要的论文要优先引用最新发表的，换言之，要精炼引用较新的论文，最近几年发表的文献尽量不少于 70%。即使撰写的是中文文章，都应考虑外文文献的引用。通常，不引用普通书籍（如大学本科生教材，特殊情况除外）。列举参考文献时，确保各著录项（包括作者姓名、论文题目、期名或专著名、期刊的年/卷/期或专著的出版年、出版地、出版社、起止页码等）都要正确无误。另外，参考文献的引用还应严格遵守一定的规范，后面在学术规范部分会详细陈述。

温馨提示：不同领域、不同期刊对论文参考文献的格式要求都有所差异，如果是发表论文，应该到该期刊的网站上查看“投稿指南”或“征稿要求”，或“作者须知”。会议论文参考文献的格式也需要查看主办方指定的论文模板。

论文各要素写作的具体详情可通过扫描右侧二维码，查看相关视频。

论文各要素的写作套路

8.3.4 论文修改技巧和写作工具

1. 论文修改技巧

有一种说法：文章是“改”出来的，不是“写”出来的。所以文稿要经过多次的修改。修改到一定程度后，特别是三稿以后，需要放一放，搁置一段时间，再回过头来审视，可能会发现原来的思路、用词等意想不到的问题。再加上通过进一步的检索，可能又有新的发现。这里需要强调的是，检索是贯穿整个写作过程的，因为每天都会有新的研究成果出来，并且检索到的新文章、新成果说不定会带来新的启迪。即使是在论文定稿前，都必须进行检索，以确认自己研究的创新性。

英文论文修改除了注意时态、语态以外，还应留意：如果句子以量词开头，应完整写出英文数量和单位全称。在有公式的部分，还应注意公式前后的标点符号和表达。通常，等式涉及的标点确保逗号在“where”之前的等式之后。如果等式是句子的结尾，则添加句点，等等。这里只是列举了一二。一般而言，阅读文献的时候，就需多留意观察和记录好相关的写作要点。

2. 论文写作工具

俗话说：工欲善其事必先利其器。写作时如果能利用好工具，能起到事半功倍的效果。常用的写作工具是 Word，还有 LaTex、幕布（撰写大纲工具）、Citespace 数据可视化分析工具等。此外，还有被视为英文写作必备的同义词词典网站 https://www.thesaurus.com/。该网站还提供语法修正等链接。

翻译方面，除了提到过的知云，还有常用的搜狗、谷歌等等，翻译工具有很多，大家可以根据自己的需求和喜好去选择。

语法修正与文章完善方面：1Checker（https://www.1checker.com）、grammarly（https://www.grammarly.com/）都是不错的工具。

最后，论文写作要规范，切忌抄袭、剽窃，通过使用论文查重系统和工具，如：中国知网学术不端检测系统、Plagiarism Checker X、ithenticate（http://www.ithenticate.com/）等，找出问题，规范自己的行为。

总之，要多写多练，才能不断提高写作能力。

8.4 信息管理与分析工具的使用

8.4.1 用好工具，为你的写作提速——英文文献管理软件 Endnote 的使用

1. Endnote 软件简介

Endnote 软件是由 Clarivate Analytics（科睿唯安）公司开发的一款文献管理软件，是文献管理和论文写作的利器。它的主要功能包括以下几个方面：

（1）创建个人的参考文献文库；

（2）创建文献笔记，包括文本，图像，表格等多种格式；

（3）进行本地和远程的文献检索；

（4）调用期刊杂志论文格式模板；

（5）在撰写论文时插入参考文献。

Endnote 支持国际期刊的参考文献格式接近 4 000 种，在撰写论文，尤其是 SCI 论文时具有明显优势。如果机构购买了 Endnote，则可免费使用，如西南交通大学购买了其网页版，那么该校用户就可通过 Web of Science 平台右上侧“产品”模块下的“Endnote”进入，用 Web of Science 注册帐号登录后即可使用。如果没有购买，可通过以下方式安装与付费使用。

2. 软件下载安装

软件的官方下载地址为 http://endnote.com，下载后进行安装和注册，网站中 Endnote 软件的购买位置如图 8-7 所示。

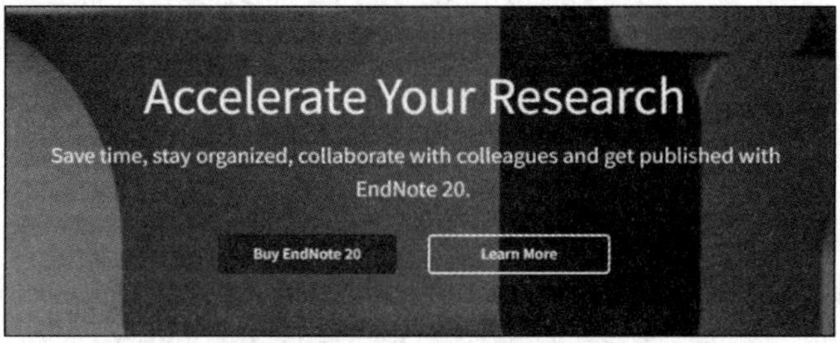

图 8-7 Endnote 官方软件下载界面

在下载软件安装包后进行安装和验证后打开软件，可以见到软件界面如图 8-8 所示（不同版本和模式的 Endnote 软件界面有所区别，这里以 EndnoteX9 版本，Online 模式为例）。

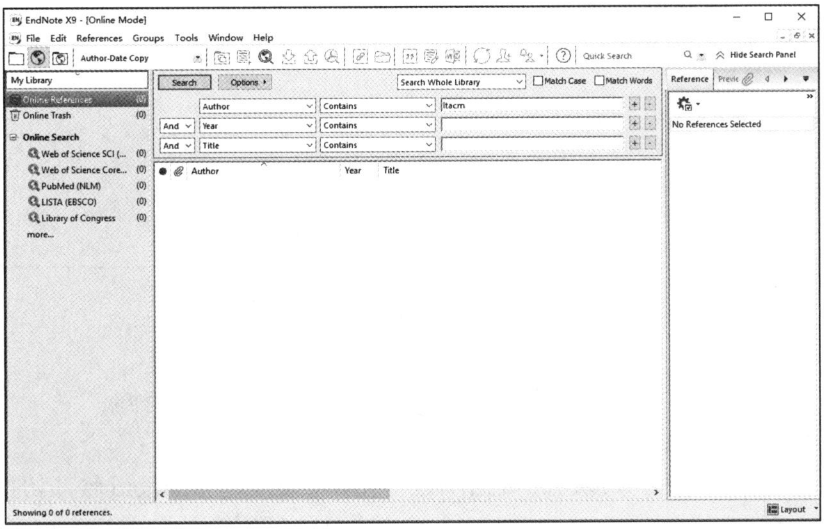

图 8-8　Endnote 软件界面

此时可以使用 Endnote 软件中的各种功能了。

3. 创建文献目录

想要创建自己在 Endnote 软件当中的文献库，并在其中添加所需要的文件，需要首先创建文献目录。文献目录创建可以通过菜单栏当中的“File”→“New”按钮进行创建，如图 8-9 所示。

图 8-9　Endnote 创建文献目录

在创建完毕后，即可拥有自己的文献库，此时 Endnote 软件界面如图 8-10 所示。在左侧菜单栏中，可以对文献进行归类操作。各标签的含义如下：

All References – 所有添加文献

Configure Sync – 文献同步

Recently Added – 最近添加文献

Unfiled – 未分组文献

Trash – 删除的文献

My Group – 自定义文献分组

Find Full Text – 查找全文

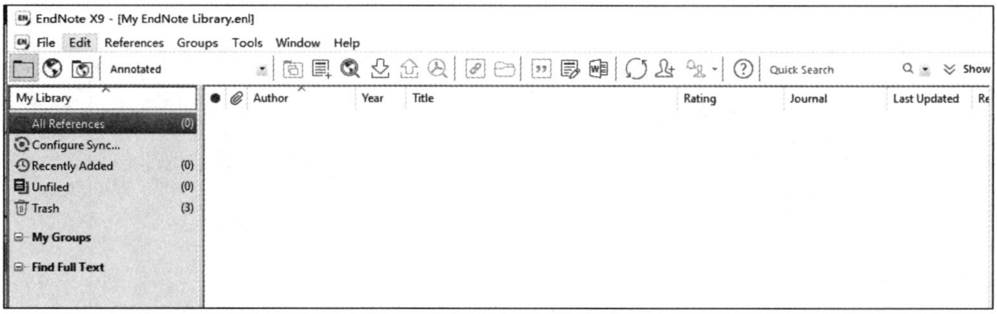

图 8-10　Endnote 文献目录界面

4. 添加文献

Endnote 软件添加文献有多种方式，这里介绍最为常见的三种。

（1）直接访问数据库添加文献

在 Endnote 软件中，直接访问数据库进行文献查找。将 Endnote 软件切换为 Online 模式，如图 8-11 所示，并在 Online Search 当中选中所需要的数据库。这里以 Web of Science 数据库为例。

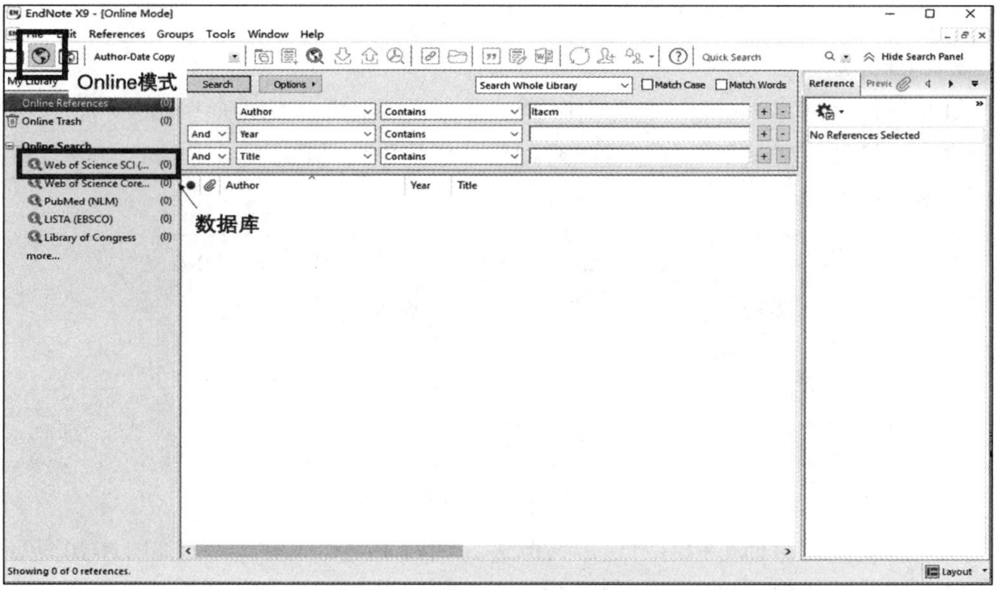

图 8-11　Endnote 文献搜索界面

在文献搜索界面当中，可以看到正中位置有文献搜索的条件列出，输入所需要的关键字之后，可以得到数据库内满足搜索条件的文章，如图 8-12 所示。图中显示了对关键字中含有“桥梁”，发表时间为“2019 年”，发表期刊为“Journal of Bridge Engineering”文献的一次搜索。

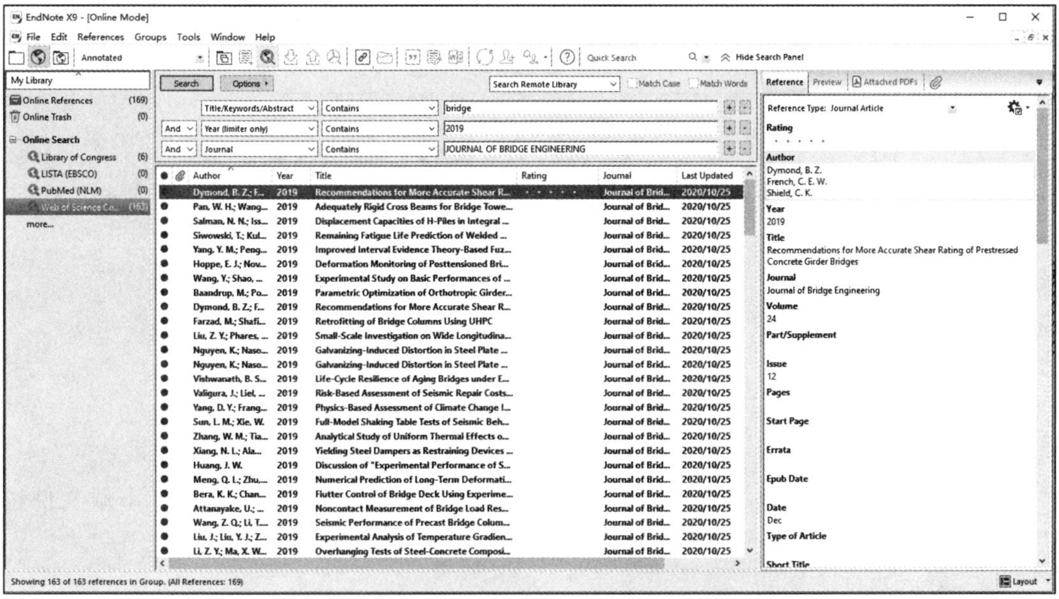

图 8-12　Endnote 文献检索

在文献检索中，可以检索的内容包括标题/摘要/关键字中所含有的字段、文章发表时间、作者/第一作者、语言、DOI 号等，各检索内容之间可以通过 And、Or 和 Not 进行逻辑关联。

（2）通过学术网站等进行文献导入

除使用 Endnote 软件进行文献检索外，一些数据库和学术网站均提供了符合 Endnote 格式要求的引用文献格式导出方法，这就是第二种文献检索方法。该方法适用于知网、Web of Science、Google Scholar、百度学术等多种主流学术数据库和文献网站。

仍以 Web of Science 为例，登入系统后的搜索界面与 Endnote 软件所提供的搜索界面相似，如图 8-13 所示。

图 8-13　Web of Science 文献检索界面

进行搜索后，在所需文献的前方方框处进行选择，随后点击导出并选择 Endnote Desktop，如图 8-14 所示。

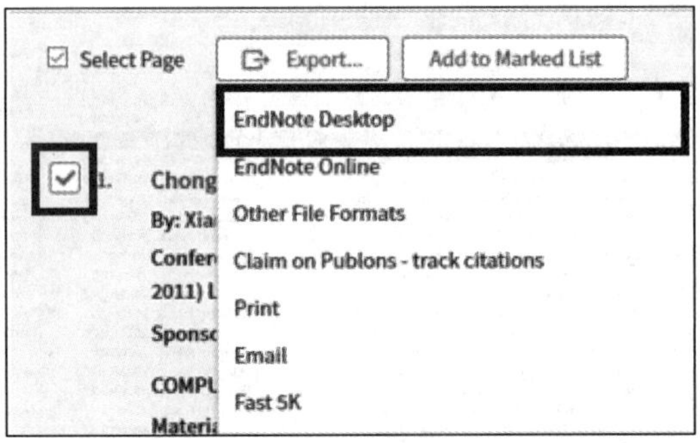

图 8-14　Web of Science 文献导出

随后浏览器会进行下载，下载后文件显示为.enw，根据网站的不同，下载文件也会有.txt，.ciw 等多种格式。打开文件，内容会自动导入 Endnote 中。

（3）导入本地论文

Endnote 软件也支持将本地的论文导入文献库。以常用的 PDF 格式文件为例，可以使用“Import File”按键开启本地导入。“Import File”按键位于菜单栏，如图 8-15 所示。

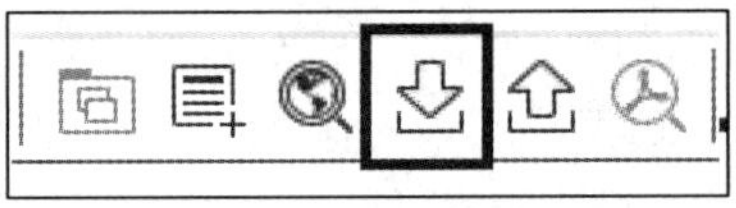

图 8-15　Import File 按键

点击后在弹出窗口中选择“Choose”，浏览选择所需导入的文件，即可将文件添加到文献库中，如图 8-16 所示。

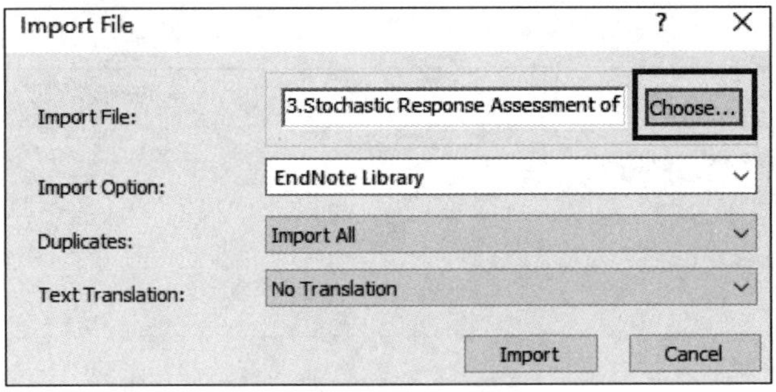

图 8-16　本地论文导入

在菜单栏中，除“Import File”选项外，正确添加文件还需要选择导入类型。下方导入类型标签含义如下：

Import Option – 文献添加类别选项

Duplicates – 重复选项，用于处理重复导入文献

Text Translation – 文献翻译

如果需要导入的 PDF 文件较多，可以选择批量导入。将 PDF 全部导入一个文件夹当中，选择菜单栏“File”→“Import”→“Folder”，如图 8-17 所示。

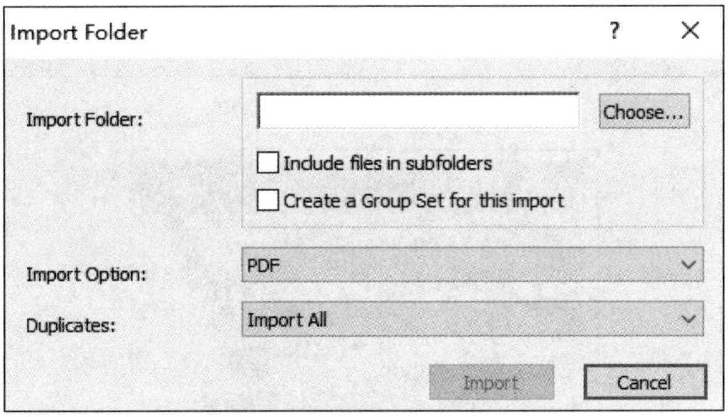

图 8-17　本地文件夹导入

选择文件夹即可完成多个 PDF 文件的导入。

5. 在论文中插入引用

在撰写论文时，经常需要插入参考文献。使用文献管理软件插入参考文献两步即可完成。相比于手动输入，更加简便和高效。

第一步，在 Endnote 软件当中选择需要插入的文献，如图 8-18 所示。

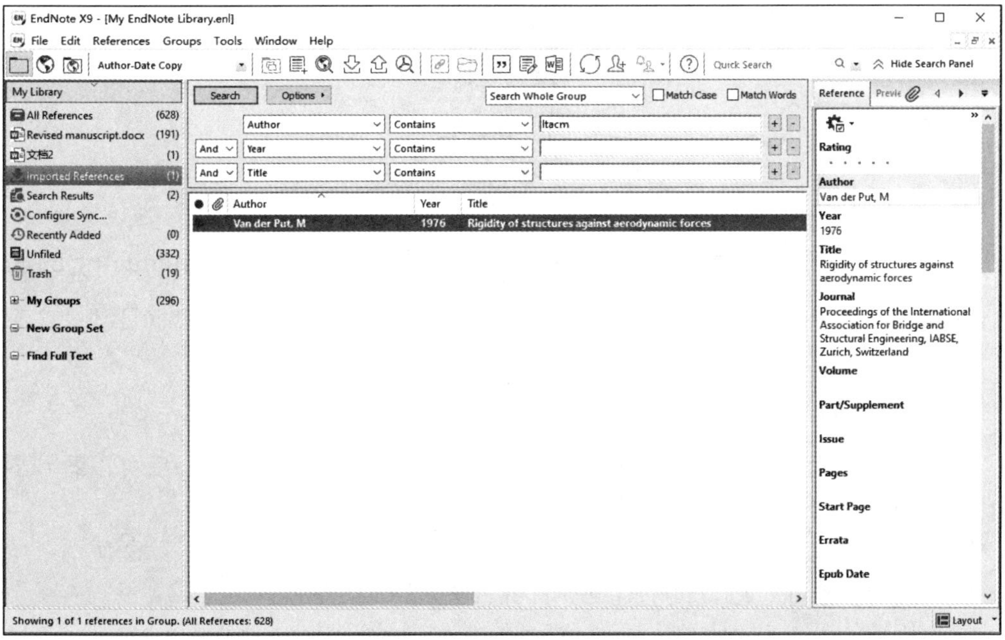

图 8-18　本地文件夹导入

第二步，在文章中移动光标到需要插入位置，在 Word 上方 Endnote 扩展栏中选择插入选择文献，如图 8-19 和 8-20 所示。

图 8-19　Endnote 扩展栏

图 8-20　插入选择文献

参考文献即可被插入文章当中。

有关文献管理软件 Endnote 的基本使用视频，可扫下方二维码，通过“用好工具，为你的写作提速——Endnote 的使用”了解详情。

文献管理软件 Endnote 的使用

8.4.2　用好工具，为你的写作提速——英文文献管理软件 Mendeley 的使用

Mendeley 是另一款被广泛使用的文献管理软件，基本功能包括文献管理、文献引用、文件分享、文件同步等方面。

1. 软件下载安装

首先，Mendeley 的下载地址是：https://www.mendeley.com，登录后可以看到界面如图 8-21 所示，下载选项在界面的右上方。

下载安装完成后需要用邮箱注册才能使用，注册和登录地址如图 8-22 所示。

完成注册和登陆过后，可以看见软件界面如图 8-23 所示。

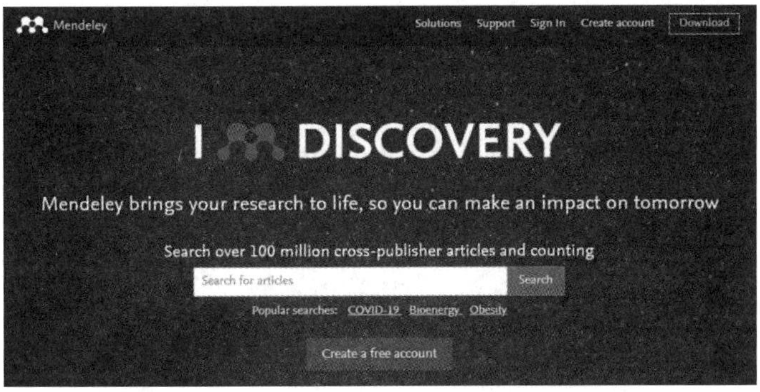

图 8-21　Mendeley 官方软件下载界面

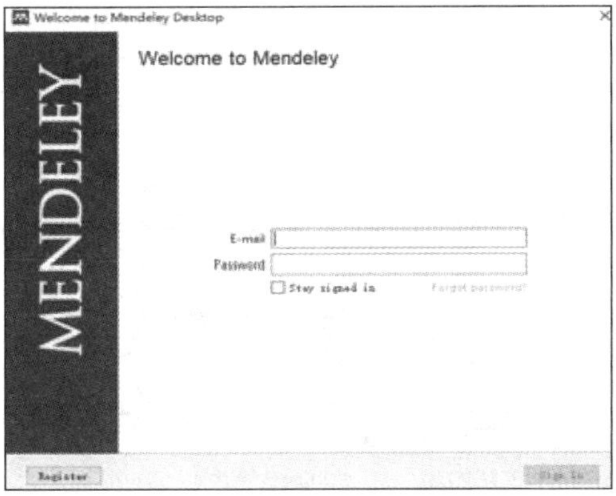

图 8-22　Mendeley 软件注册界面

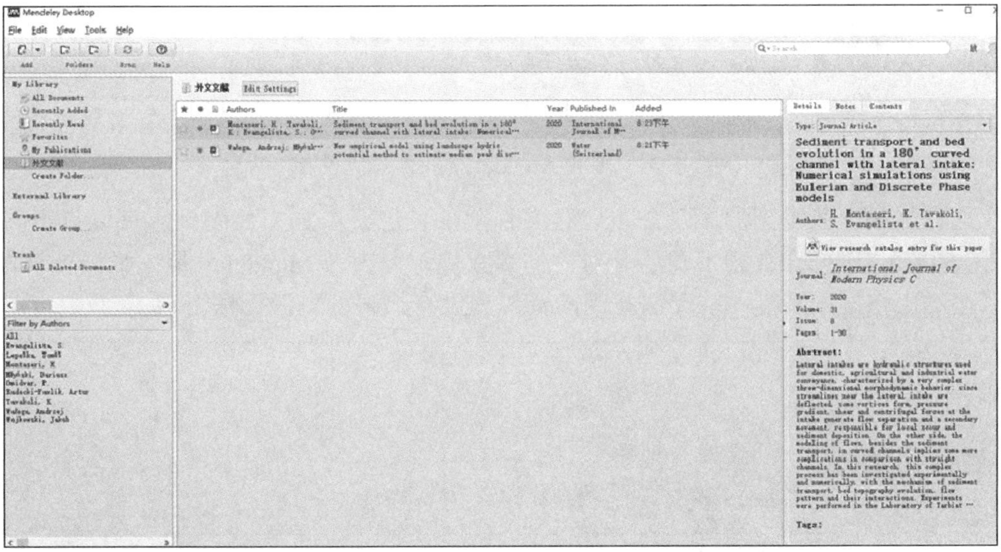

图 8-23　Mendeley 软件主界面

2. 通过数据库进行文献导入

在数据库中，Mendeley 软件可以使用浏览器插件进行文献导入，插件安装方法见

图 8-24，选择“Tools”→“Install Web Importer”。

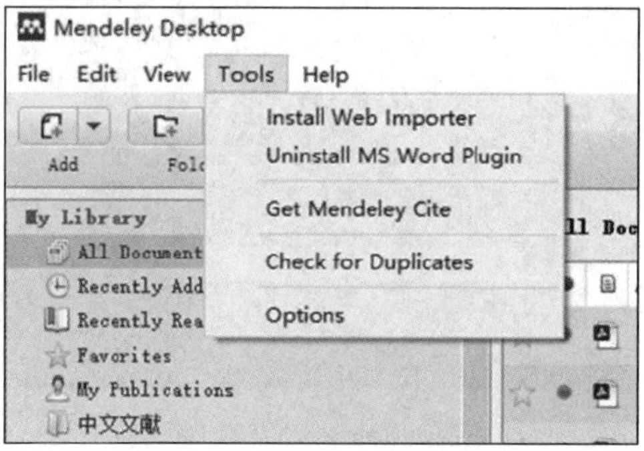

图 8-24　Mendeley 插件安装

仍以 Web of Science 为例，登录系统并搜索得到需要的论文后，可以通过插件来对文献进行导入，如图 8-25 所示。

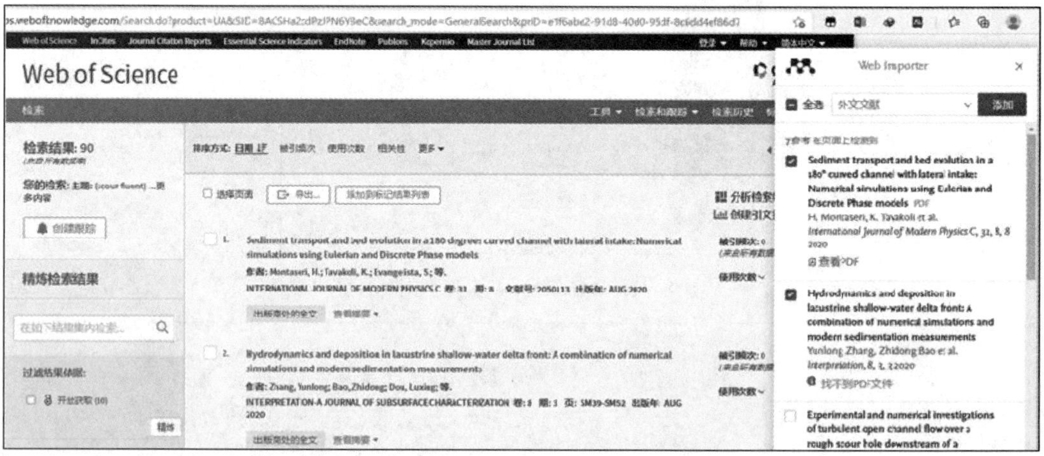

图 8-25　使用 Mendeley 插件导入文献

这种方法下载得到的题录并不包含文件附件，想要添加文件附件，可以点击同步（见图 8-26），软件会自动下载题录对应的源文件，但因为 Mendeley 是一款国外软件，下载速度比较慢，同时一些无法找到的资源和没有权限的资源无法下载。

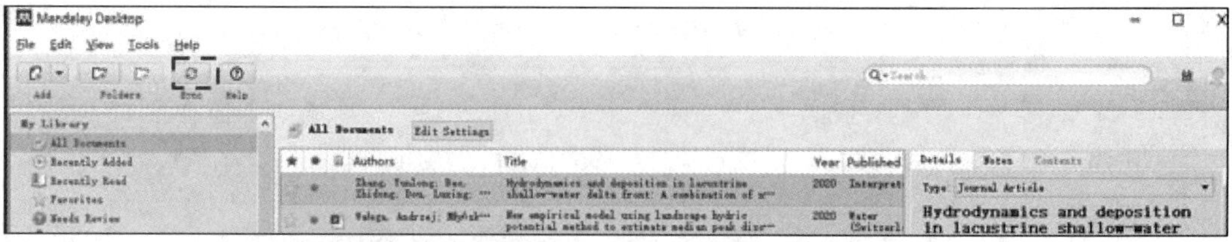

图 8-26　使用 Mendeley 插件导入文献

3. 导入本地论文

Mendeley 导入论文的方法主要分为四种：

（1）File 菜单栏添加文件选项可以导入单个文件。

（2）添加文件夹将文件夹内所有文献导入。

（3）如果其他人用的其他文献管理软件，可以使用其他软件导出题录格式，然后在 Mendeley 进行题录导入，导入后不包含源文件。

（4）已有文献直接拖拽可以自动生成题录。

在菜单栏中按键的的具体位置如图 8-27 所示。

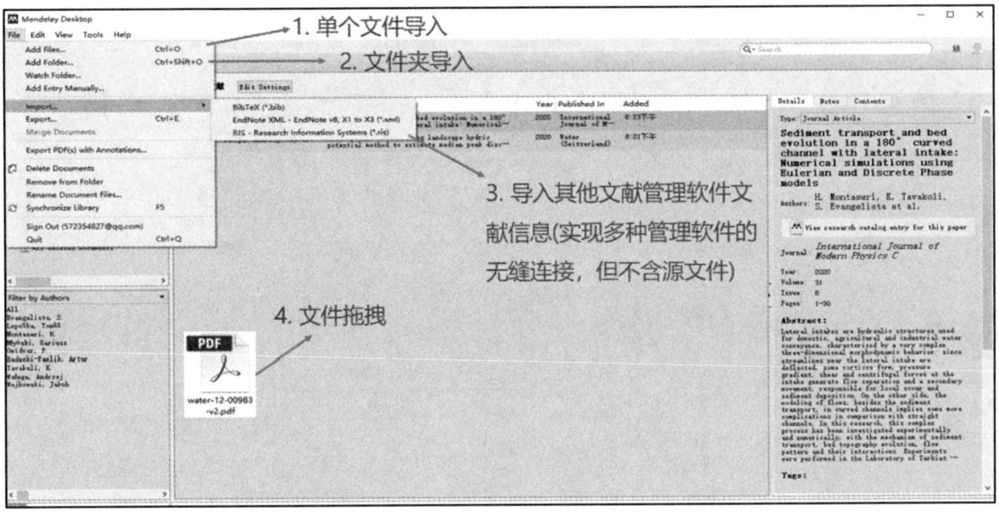

图 8-27　使用 Mendeley 导入本地文献

4. 文献信息更新

Mendeley 支持文件在线更新，方法是选中文献后右键点击更新细节可以更新为正确信息，如图 8-28 所示。

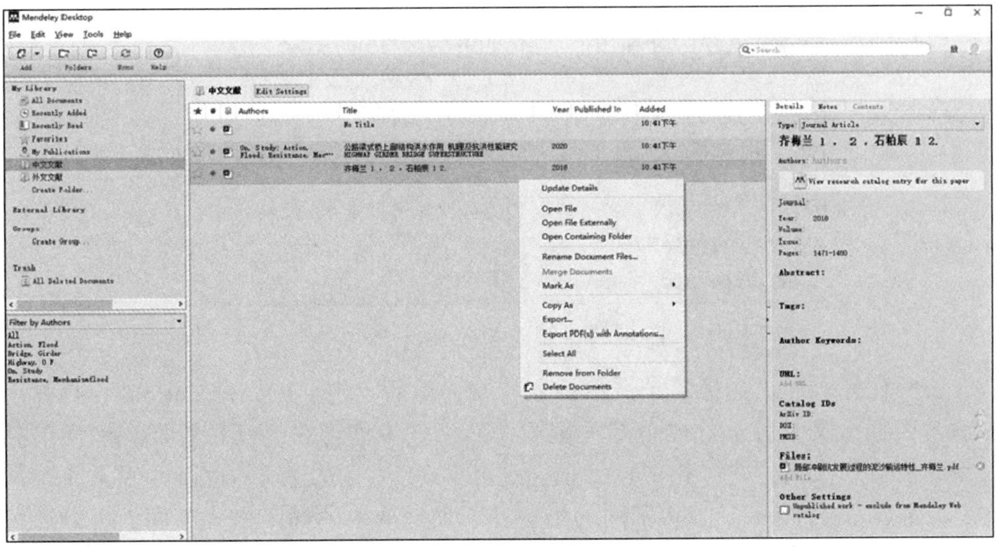

图 8-28　使用 Mendeley 更新文献

在部分细节更新不到位时，也可以采用手动更新方法，自定义文献内容。部分无法获取来源的文献也可以用这一方法进行自定义创建，如图 8-29 所示。

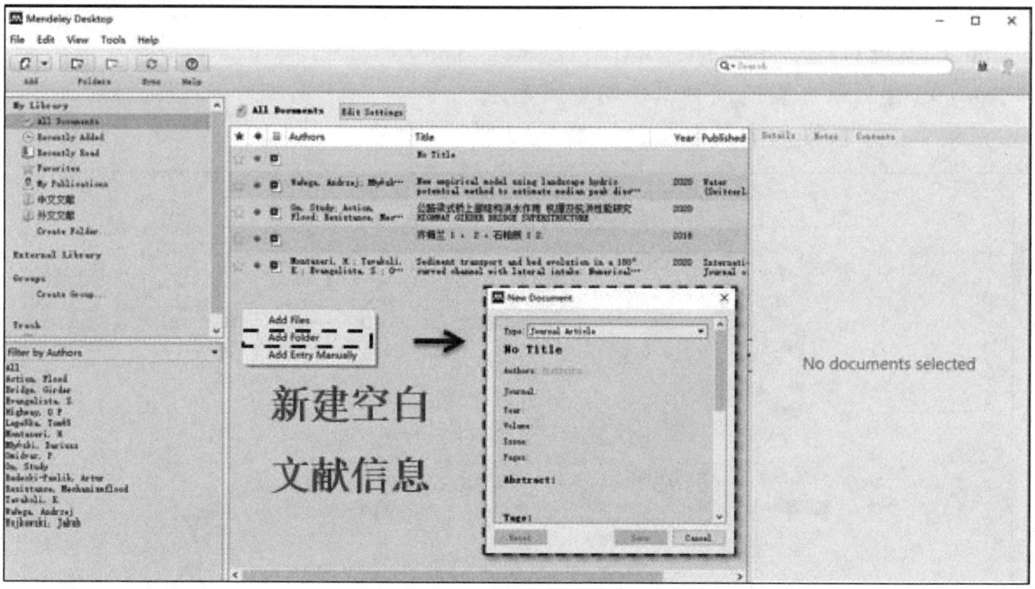

图 8-29　使用 Mendeley 自定义文献

5. 文献引用

在 Mendeley 软件中安装 Word 插件，即可在 Word 的引用栏中找到 Mendeley 的插件，点击“Install Web Importer”，如图 8-30 所示。

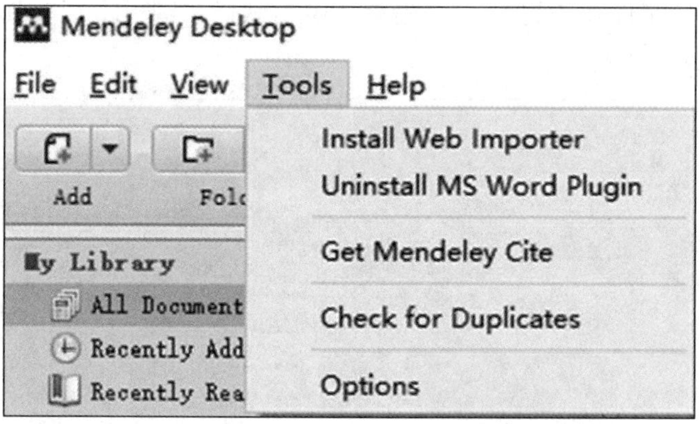

图 8-30　加载 Mendeley 插件

安装插件完成后，光标置于文本插入位置，然后点击“Insert Citation”，在弹出的框内输入要插入文献的部分或全部关键词，然后选中即可在光标位置插入引文信息。插入完成所有引文后点击“Insert Bibliography”可以生成题录，也就是平常所说的参考文献，如图 8-31 所示。当然不同的出版社、期刊要求的插入格式不同，可以通过引用样式进行对应的修改。

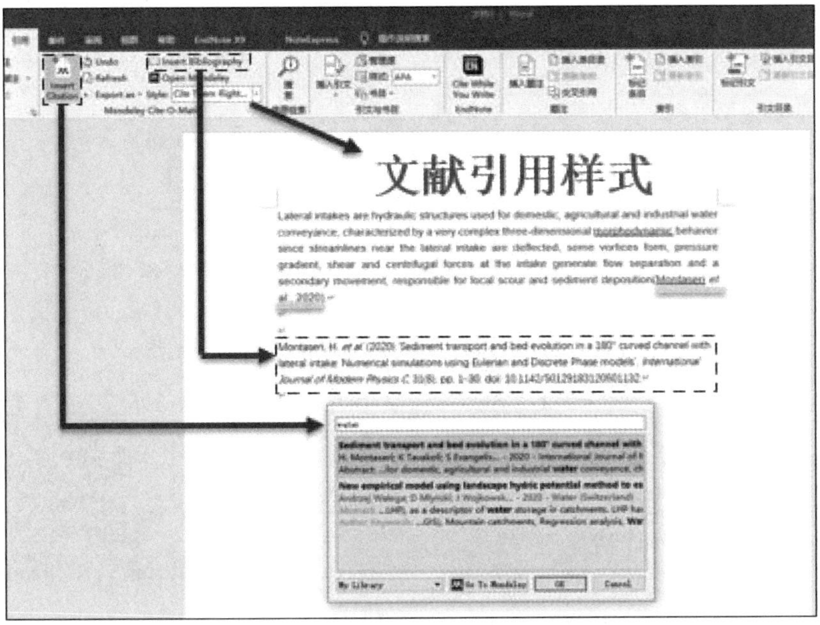

图 8-31　使用 Mendeley 插入文献

6. 文献共享和同步

当研究团队需共同完成一些撰写工作时，可以创建小组，共享文献。免费用户只能创建一个小组，且人数上限为 3 人。小组可以通过“Groups”按键创建，如图 8-32 所示。

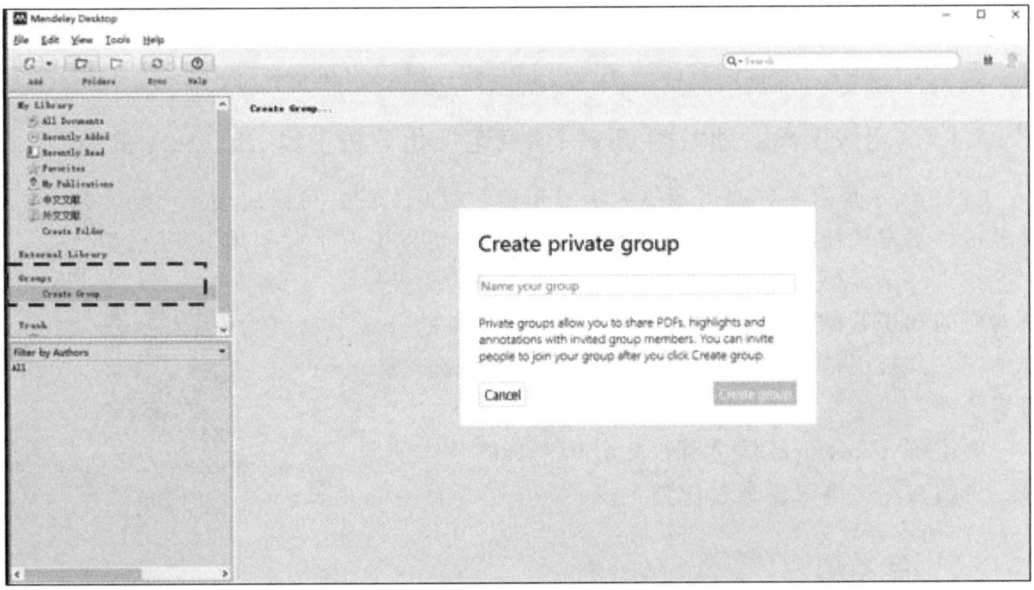

图 8-32　使用 Mendeley 创建小组

要使用 Mendeley 软件进行同步文献查看，需注册 Mendeley 账号。注册之后，登录 Mendeley 官网，进入“Library”界面，即可查看账户文献，如图 8-33 所示。

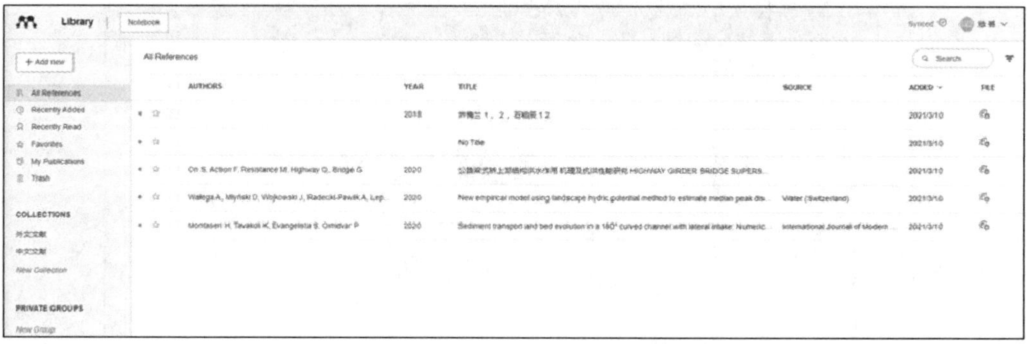

图 8-33　使用 Mendeley 进行文献同步

有关文献管理软件 Mendeley 的基本使用视频，可扫右侧二维码，通过“用好工具，为你的写作提速——Mendeley 的使用”了解详情。

文献管理软件 Mendeley 的使用

8.4.3　用好工具，为你的写作提速——中文文献管理软件 NoteExpress 的使用

NoteExpress（NE）是一款常用的中文文献管理软件，主要用于中英文文献的收集、管理和应用。是学术研究、知识管理的必备工具，也是发表论文的好帮手。无论是前期阅读论文，还是后期自己撰写论文，NE 都是不错的选择！

文献管理软件 NoteExpress 的使用

要了解 NoteExpress 的具体使用，可扫右侧二维码，观看视频。

8.4.4　用好工具，助力创新——信息可视化分析工具 Citespace 的使用

CiteSpace 是由美国德雷塞尔大学陈超美教授开发的，可以应用于科学文献中识别并显示科学发展新趋势和新动态的软件，该软件可以免费下载使用。利用 CiteSpace 可以寻找某一学科领域的研究进展和当前的研究前沿及其对应的知识基础，可以分析作者、机构或国家的合作情况、共被引情况，是一款实用的可视化文献信息分析软件。

要了解 Citespace 信息可视化分析工具的具体使用，可扫右侧二维码，观看视频。

信息可视化分析工具 Citespace 的使用

8.5　学术规范

没有规矩，不成方圆。从事学术研究必须遵守相应的学术规范和要求。学术规范是学术共同体根据学术发展规律制定的有关各方共同遵守的有利于学术积累和创新的各种准则和要求。通俗地讲，它是指在学术活动过程中，要尊重知识产权和学术道德

（伦理），严禁抄袭、剽窃、伪造、篡改，充分理解、尊重前人已有的相关学术成果，并通过引证、注释等形式加以明确说明。简单地讲，学术规范就是指学术活动过程中必须遵守的各种准则和要求。

通常学术规范包括三个方面：学术道德规范、学术法律规范、学术技术规范。其中，学术道德规范是指学术工作者从思想修养和职业道德方面应遵循的规范；学术法律规范主要是指学术活动中要遵循涉及的相关法律法规，不能侵犯知识产权等；学术技术规范主要是指学术写作规范和引用规范。

与学术规范相悖的是学术失范，即学术不端。近年来，高校学术不端事件频频爆出，硕士学位论文大面积雷同的抄袭现象时有发生，这些学术不端事件造成的不良影响，使学术规范备受重视。学术规范是扼制学术不端的一个重要措施。

8.5.1 学术引用及道德规范

按照我国 2015 年颁布的国家标准《信息与文献 参考文献著录规则》（GB/T 7714—2015），参考文献在文中和文后标注要有一定的规范。其中，参考文献在文中有以下两种标注法：

（1）“顺序编码”制，也称为“序号”制：即按正文中引用的文献出现的先后顺序连续编码，将序号置于方括号中。既可以在著者后标注“序号”，多可以在引文后标注“序号”，且用上标字体。如果同一处引用的多篇文献是连续序号，在方括号内的起止序号间用短横线连接；如果不是，各序号间用“，”分隔，如图 8-34 所示。

> 例：“何满潮[11]针对上述问题，研发出第一代基于滑动力变化的滑坡监测预警系统，打破传统变形监测的瓶颈，首次实现了深部滑动力的监测预警，并且进行了工程应用[12-13]。”
>
> 例：研究主题方面，热门话题常会吸引更多关注和更多引文[5,9]。

图 8-34 参考文献在文中的标注法——“顺序编码”制示例

（2）“著者 – 出版年”制：具体是指在引文后标注“著者”和出版“年份”，并用圆括号括起。如果正文中已经提及著者姓名，则在其后的括号内只著录出版年。引用多个著者的文献时，对于中国著者，只需标注第一著者的姓名，其后加“等”字，如图 8-35 所示；对于欧美著者，应标注第一著者的姓氏，其后加“et al.”。通常，姓氏与“et al.”或“等”之间留适当空隙。

> 例：“2017年6月24日，四川省茂县新磨村发生特大滑坡，此次灾害造成83人死亡，新磨村村庄被摧毁(许强等，2017)，造成重大的人员伤亡和财产损失。
>
> 例：Bolman (2011) discuss the change in higher education...

图 8-35 参考文献在文中的标注法——“著者 – 出版年”制示例

参考文献在文后的标注也有一定的规范，具体要求是：

如果是“顺序编码”制，（1）参考文献的著录，按论文中引用顺序排列；（2）超过三位作者时，只标注前三位作者，第三位作者后面加“，等”；（3）引用不同类型的参考文献，注意用正确的类型标志，如图 8-36 所示。如中括号里大写的 J，代表的是 journal，即期刊论文，中括号里大写的 M，代表的是 monograph，普通图书。其他的文献类型标志请参考图 8-37。

例：

[1] 刘欢，陈海.综合监测技术在滑坡预测预报中的应用研究[J]. 交通科技，2018(3): 10-12.

[2] 蒋有绪，郭全水，马娟，等. 中国森林群落分类及其群落学特征[M]. 北京:科学出版社,1993.

[3] **Rath S.Sahoo B P S.Pandey S K.et al.Multi-Parameter Decision Support with Data Transmission over GS M/GPRS Network:A Case Study of Landslide Monitoring [C]. MODSOLVE,New Delhi,2013.**

图 8-36　参考文献在文后的标注法——“顺序编码”制示例

文献类型	普通图书	会议录	汇编	报纸	期刊	学位论文	报告	标准	专利	数据库	计算机程序	电子公告	数据集	档案	舆图	其他
标志代码	M	C	G	N	J	D	R	S	P	DB	CP	EB	DS	A	CM	Z

图 8-37　参考文献文后标注中的文献类型标识（GB/T 7714—2015）

如果是“著者－出版年”制，文后参考文献首先按文种集中，即中文放一起，西文放一起，大致分为中文、日文、西文、俄文、其他文种 5 部分；然后按著者字顺和出版年排列。中文文献可按著者的汉语拼音字顺排列，也可以按著者的笔画笔顺排列，如图 8-38 所示。文献类型标识同前面一致。

例：

陈晓红,高凡. 2018.近五年国内外信息素养教育研究进展及展望[J].图书情报工作, 62(10):136-142.

高协, 宋海艳, 郭晶, 等. 2013.面向创新的信息素养教育规划与实践——以上海交通大学图书馆为例[J].图书情报工作, 57(02):10-14.

张丹.2016.MOOC: 图书馆员职业发展新平台———以 Hyperlib MOOC为例[J]. 国家图书馆学刊，25(01) : 24-29.

BROOKS A.W. 2014. Information literacy and the flipped classroom[J].Communications in information literacy , 8 (02) :225-235.

JUNISBAI B. 2016. A Pragmatic and flexible approach to information literacy:findings from a three-year study of faculty-librarian collaboration[J]. Journal of academic librarainship, 42 (05) :604-611.

Mickey T, Jacbson T. 2011.Reframing information literacy as a Metaliteracy[J]. College & Research Libraries. 72(01):62-78.

图 8-38　文后参考文献的——“著者－出版年”制标注法示例

此外，还要注意规避、摒弃以下常见的不当行为：

（1）过度引用。即过多地引用他人的文献，以致缺少自己的观点和看法。实质上就是“抄袭”，是学术不端最突出的一种表现形式。哈佛大学关于“抄袭”的规定指出，如果所用句子与原始资料在观点和句子结构上都非常相似，并且结论与引语相近，而非用自己的话重述，即使注明出处，这也是抄袭。我国《图书期刊保护试行条例实施细则》第15条明确规定，“引用非诗词类作品不得超过2500字或被引用作品的1/10”，“凡引用一人或多人的作品，所引用的总量不得超过本人创作作品总量的1/10”。

（2）用而不引。即在参考文献中未列出实际引用过的文献。反对“剽窃”他人成果。

（3）引而不用。即在参考文献中加入了未实际引用过的文献。

（4）引而不确。主要是没有认真看原文，引文有错漏，尤其是一些数据和表达方面的信息不正确或有遗漏。更不能捏造、篡改数据，伪造样品，编造、拼凑事实。

（5）盲目自引。主要是作者本人为增加被引频次，不必要地引用自己的文献。

（6）来源不实。即引用非正式的或非学术的出版物/网页或不注明来源（常见于一些统计数字）。

（7）转引不当。即将转引自其他文献的引文标注为直引，包括将译著的引文标注为引自原著。但是也要注意，尤其是文科常见的一些经典名句等第一手材料，要使用原著直引，而不是转引。

温馨提示：期刊论文投稿时要注意，如果确定了要投某一期刊，一定要按照该期刊的要求来修改论文格式，尤其是摘要、关键词、各级标题和参考文献部分。否则编辑可能会认为你“一稿多投”或者不重视他们的期刊，而拒掉你的文章。会议论文也要按照该会议集的格式要求来完成。此外，需要注意的是，“一稿多投”也是有违学术道德的行为，需杜绝。

8.5.2 署名及著录方式规范

对于署名规范，国家标准《科学技术报告、学位论文和学术论文的编写格式》（GB 7713—1987）中，也做出了明确规定：

署名的个人作者只限于那些对于选定研究课题和制订研究方案、直接参加全部或主要部分研究工作并作出主要贡献，以及参加撰写论文并能对内容负责的人，按其贡献大小排列名次。其余参与人员可一一列入致谢部分，或排于脚注。换言之，作者署名要做到：不借名家之名，不搭便车署名，不能强制署名。总之，要实事求是。

按照《信息与文献 参考文献 著录规则》（GB 7714—2015）有关规定，个人著者采用姓前名后的著录形式，欧美作者的名可用缩写字母，缩写名后省略缩写点（如EINSTEIN A）。欧美著者的中译名只著录其姓，但同姓不同名的欧美著者，其中译名不仅需著录其姓，还要著录其名的首字母（如昂温G，昂温P S）。

通常，期刊作者署名著录方式为：合著者之间用逗号隔开，不同工作单位的作者，应在姓名右上角加注不同的阿拉伯数字序号，并在其工作单位名称前加上与作者姓名序号相同的数字。

作者简介方面，同一篇文章的其他主要作者简介也要按贡献顺序相继列出，期间以分号隔开。作者简介可以略为详细一点，如果在领域内的好期刊上发表过论文，也可以提一下，供编辑参考。

温馨提示：凡是对研究或论文提出过建议和帮助的个人、机构和组织，甚至是拥有转载和引用权的资料、图片、文献、研究思想和设想的所有者，均应致谢。

8.5.3 学位论文格式规范

在 8.3 节，已经讲授了学术论文的格式规范，这里就不再赘述了。

最后，来看看学位论文格式规范。各个高校都依据一定的学术规范指南，比如《高等学校科学技术学术规范指南》或者《高校人文社会科学学术规范指南》，制定本校的学位论文写作格式规范。图 8-39、图 8-40 所示的四川大学硕士学位论文格式，是发布在该校化学工程学院网站上的，除了具体的结构安排外，还对每一章的页面设置、正文标题格式、正文内容格式等都做了具体的严格要求。

四川大学硕士学位论文格式

发布时间：2018年07月18日　阅读量：6388

一篇规范的学位论文应包含以下几项内容：

1、论文中、英文摘要

2、目录

3、综述

4、正文

5、结论

6、参考文献

7、作者在读期间科研成果简介

8、申明论文内容独创性，并注明论文成果属四川大学所有。由指导教师和学生同时签名有效。

9、致谢。

图 8-39　四川大学学位论文格式要求（一）

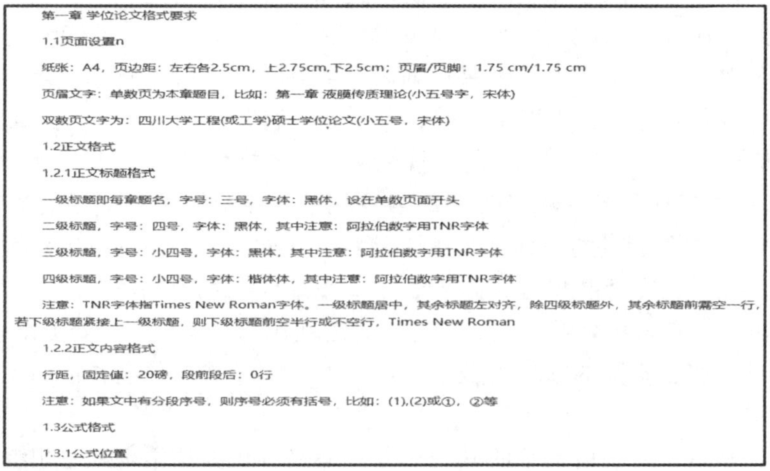

第一章 学位论文格式要求

1.1页面设置n

纸张：A4，页边距：左右各2.5cm，上2.75cm,下2.5cm；页眉/页脚：1.75 cm/1.75 cm

页眉文字：单数页为本章题目，比如：第一章 液膜传质理论(小五号字，宋体)

双数页文字为：四川大学工程(或工学)硕士学位论文(小五号，宋体)

1.2正文格式

1.2.1正文标题格式

一级标题即每章题名，字号：三号，字体：黑体，设在单数页面开头

二级标题，字号：四号，字体：黑体，其中注意：阿拉伯数字用TNR字体

三级标题，字号：小四号，字体：黑体，其中注意：阿拉伯数字用TNR字体

四级标题，字号：小四号，字体：楷体体，其中注意：阿拉伯数字用TNR字体

注意：TNR字体指Times New Roman字体。一级标题居中，其余标题左对齐，除四级标题外，其余标题前需空一行，若下级标题紧接上一级标题，则下级标题前空半行或不空行，Times New Roman

1.2.2正文内容格式

行距，固定值：20磅，段前段后：0行

注意：如果文中有分段序号，则序号必须有括号，比如：(1),(2)或①，②等

1.3公式格式

1.3.1公式位置

图 8-40　四川大学学位论文格式要求（二）

这一节包含学术规范三个方面的内容，涉及学术道德的问题。在今后的学习、学术研究、论文写作中都应该严格遵从学术道德。

要详细、直观地了解如何遵守学术规范，可通过扫下方二维码，观看相关的视频。

学术规范

Part 9

第9章　考研与就业信息的获取

信息检索不仅仅是了解一些信息源或者会用几个检索工具，更是养成获取信息解决问题的思维和习惯。

本着这样的理念，我们生活中许多问题都可以通过信息检索来解决。比如，前面章节给大家介绍了如何通过信息检索获取学习资源，同样面对考研和就业，这两个我们人生中的重要抉择，通过信息检索，我们不仅可以看看别人总结的经验和教训，还可以获取相关信息和资料，助力考研或就业成功。

9.1　考研还是就业——我该如何抉择？

考研与就业如何选择

对很多大学生而言都面临着毕业后是就业还是考研的抉择。无论选择考研还是就业，其实我们首先应该反问自己“我为什么要考研？”和“我为什么要就业？”，也就是要弄清楚考研或就业的具体原因或具体目标。

当被问到为什么考研或者为什么就业时，很多选择考研的人会说：我现在的学校不好，或者专业不好，不好就业，无路可走，必须得考研，换个更好的学校或者专业；还有的会说：大家都在忙着考研，所以我也准备考。很多选择就业的人则会说：考研太辛苦了，我不想再学习了，我要早点找工作去，实现经济独立。但最后嚷嚷着要考研的人没有全身心投入备考，半路放弃了考研，还错过了招聘的最佳时机；而有些想要赶紧找工作的呢，却因为专业学历不够被拦在了应聘的大门外。

随着就业压力的增大，现在很多行业对学历的要求越来越高，比如很多学校和医院招聘要求都是硕士以上学历，大学生想要逾越这个门槛，就必须选择考研深造。但也有一些行业对学历要求不高，比如新闻媒体行业、营销专业，能力和工作经验是最重要的，那就可以选择直接就业，通过实践工作增长自己的专业能力。

现在考研的热度越来越高，但有不少大学生都是随波逐流参加考研，没有根据个人情况做出选择。其实无论考研还是就业都是一条需要努力的路。考研不是为了躲避就业压力，或是随大流；就业也不是逃避考研竞争的最佳选项。在做出选择之前，我们可以从多方面考虑，要对自己、对想前进的路都有充足的了解。一旦选择就不要后悔，也不要放弃。总之，无论是考研还是就业，同学们都应该做出最忠实于内心的选择，不同的道路有不一样的精彩，只要坚持走下去，都会得到好的结果。

关于考研还是就业如果你依然比较迷茫的话，可以在网上查找一些对考研和就业分析的相关文章，或者看看近年的研究生招生数据报告和就业质量报告，都会对你的抉择有帮助。

思考：

（1）如何快速找到近年的研究生招生数据报告？

提示：在搜索引擎中按以下形式输入检索词：研究生招生数据报告+空格+年份。如“研究生招生数据报告 2021”“研究生招生数据报告 2022”。

（2）如何快速找到自己所在学校或者同类院校近年的就业质量报告？

提示：建议使用在搜索引擎高级功能。首先按以下形式输入检索词：学校名称+空格+就业质量报告，然后利用“站内搜索”功能将搜索网站限定在目标院校域名范围内。

9.2 高效获取考研信息——找对信息考研更给力

考研既是考验耐力、体力、努力的实力战，也是一场信息战。要取得成功，不仅仅要靠努力程度和学习效率，收集到的相关信息是否完备、准确也至关重要。特别是对于考外校的同学，如果能够快速准确找到你需要的信息，就能在正确的方向上用力，避免浪费时间和精力。反之，如果每次搜集信息，都要花费大把的时间，势必会影响学习任务的完成；如果搜集到的信息是过时的或错误的，则可能导致用错资料、看错书，严重的话甚至由于资格不符等原因可能无法参加考试。

因此，在做出考研的抉择之后，我们首先要弄明白考研都需要了解些什么信息，找对信息考研更给力。

9.2.1 考研需要查什么信息

查找考研信息，我们首先需要了解什么是考研信息？考研信息是指通过各种媒介传递的与考研有关的消息和情况。

考研信息根据其公开程度可分为公开信息和非公开信息。公开信息是指通过各种渠道公开传播的信息，包括国家的研究生招生政策、专业目录和招生简章；公共课的考试内容与题型；目标院校历年分数线、推免人数，等等。非公开信息通常不对外公布，但考生仍可通过特殊途径了解，如目标院校历年报录比、专业课考试内容和题型、历年真题、复试主要内容及方式、导师对学生的偏好等。

考研信息的搜集存在于准备考研的整个过程，不同阶段有不同的工作。下面我们以考研阶段为序，列出与报考、复习和录取有密切联系的几类重要信息：

第一，招生专业目录。招生专业目录是报考及全部复习计划的依据，一般在每年 8 月底 9 月初由各招生单位公布，考生应及时在招生单位网站上查阅，以最终确定自己的报考方向。

第二，公共课的考试内容与题型。公共课如政治、外语、数学的考试知识点和要求在每年 6—7 月份由教育部考试中心在《考试大纲》中做出详细规定。

第三，专业课的考试内容与题型。专业课基本上没有什么书面复习大纲，而它涉及的参考书目可能会很多，这就增加了复习备考的难度，特别是跨校、跨专业的考生，掌握对专业课的要求将会事半功倍。

第四，复试及导师情况。复试时间、地点、科目、方式由招生单位自定。复试办法和程序由招生单位公布。随着复试难度的增加及其相对不确定的特点使得了解复试主要内容及方式显得尤为重要。同时由于很少招生单位公布这方面情况，因此容易产生信息的不对称，未掌握此信息者将会在竞争中处于劣势。当然如果能在备考过程或复试时与自己所报考的导师取得联系，得到他们的指点，无疑会如虎添翼。但这并不容易，有时候也不必要。不过我们却可以通过信息检索了解关于导师的研究方向和学术成就方面的信息，让复试更有针对性。

第五，录取调剂信息。录取调剂信息对分数很高或很低的考生来说无太大意义，但对那些分数刚刚上线，处于录取边缘的人来讲，就显得至关重要了。如提前知道某个单位的调剂信息或扩招信息，可能会使你的录取机会大大增加。

9.2.2 搜集考研信息的渠道

前面一小节讲到考研信息分为公开信息和非公开信息，搜集考研信息的渠道，也可以分为公开渠道和非公开渠道。

1. 考研信息搜集的公开渠道

考研，有很多信息是公开的，同学们可以根据一些公开渠道查找到自己需要的考研信息，下面推荐一些常用的公开渠道。

考研信息搜集的公开渠道

（1）目标院校的官网。

目标院校的官网主要包括目标院校的研究生招生信息网和各学院官网。通过这两个网站可以找到包括学校简介、招生简章、调剂推免政策、考研大纲、专业课参考书目、初试复试名单、录取名单和咨询联系信息等，同时还是研究生招生通知（复试通知）最权威的信息来源。可以说目标院校官网能满足考生对考研信息的大部分需求。只需利用搜索引擎搜索“***大学研究生招生信息网”或者“***大学**学院”即可找到这两个官网。

以西南交通大学研究生招生网为例。如图 9-1，进入官网后，点击硕士招生即可看到硕士研究生招生的相关信息，包括招生简章、招生目录、考试科目参考书目、各专业导师、历年录取分数线等信息。

近几年的招生简章和招生计划必须看，新一年的简章和计划出来后也要第一时间查看。通过研究生招生简章，我们可以了解到报考条件、报名程序、初试复试形式、是否接受调剂，以及学制与学费、是否提供住宿、奖助学金设置等信息。通过招生专业目录可以了解专业代码、名称及研究方向，考试科目、专业计划招收人数、拟接收推免生人数等信息。招生计划年年都可能变动，需要及时关注，特别是要关注去除保研人数的剩余名额，便于了解考研竞争压力，做到心中有数。如果有什么疑问或不确定的地方，可以打电话给目标院校的研招办，详细咨询、确认。

图 9-1　西南交通大学研究生招生网硕士招生栏目

另外，对有意参与外校保研的同学而言，通过研究生招生信息网，还可以获取目标院校暑期学术夏令营的信息。暑期学术夏令营，即保研夏令营，是近几年各高校（特别是著名高校）争取优质生源的一种方式。面向优秀大三学生（通常是在现就读学校取得推荐免试研究生资格的学生），利用暑假中一周左右的时间，组织学生参观实验室，介绍各导师研究方向，开展学术交流会等，通过多种方式（例如笔试、面试、实验测试等）来考核学生，以确定是否发放拟录取通知书。保研夏令营改善了以往仅靠 9 月、10 月的推免面试确定录取名单的缺陷。

（2）中国研究生招生信息网。

中国研究生招生信息网（https://yz.chsi.com.cn/），简称研招网，是隶属于教育部的以考研为主题的官方网站（见图 9-2），是教育部唯一指定的研究生入学考试网上报名及调剂网站，主要提供研究生网上报名及调剂、专业目录查询、在线咨询、院校信息、报考指南和考试辅导等多方面的服务和信息指导；既是各研究生招生单位的宣传咨询平台，又是研招工作的政务平台，贯穿研究生招生宣传、招生咨询、报名管理、生源调剂、录取检查整个工作流程，同时网站上提供多渠道功能链接，包括学信网、学历查询、学籍查询、学历认证、在线验证等；国家政策、各院校政策、考研常识、报名、调剂，甚至是各个学校的详细信息都在这里。

图 9-2 中国研究生招生信息网主页

通过研招网可以便捷的获取以下信息，包括：

① 查看招生政策。

点击研招网首页菜单栏“信息公开”，可查看教育部最新的招生政策，如招生扩招、第二学士学位、中外合作办学项目等（见图 9-3）。

图 9-3 中国研究生招生信息网“信息公开”栏目

② 查找报考学校和专业。

点击研招网首页菜单栏中“硕士目录”，可根据所在省市、目标院校、报考专业即可搜索出你想要的信息。比如想报考金融专业，未来计划去上海发展，想看看上海有哪些院校金融专业招生。可以在地域栏选择“上海市”，专业栏选择“金融”，即可获得相关院校信息（见图 9-4）。如果你确定报考复旦大学的金融专业，点击院校名可查看具体招生方向（见图 9-5）。

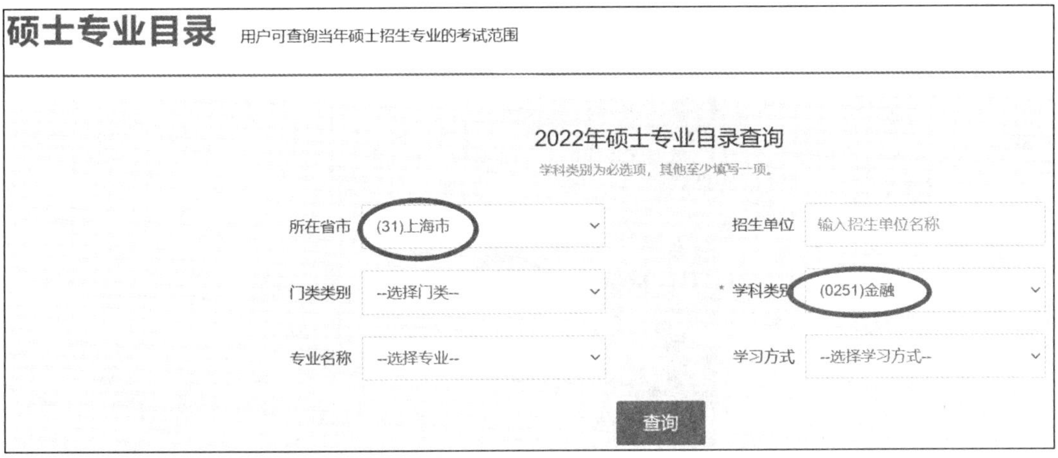

图 9-4　中国研究生招生信息网“硕士目录”

考试方式	院系所	专业	研究方向	学习方式	指导教师	拟招生人数	考试范围	备注
统考	(018)数学科学学院	(025100)(专业学位)金融	(01)金融工程与管理	全日制	不区分导师	详细	查看	详细
统考	(018)数学科学学院	(025100)(专业学位)金融	(02)风险管理与保险精算	全日制	不区分导师	详细	查看	详细
统考	(018)数学科学学院	(025100)(专业学位)金融	(03)随机金融与风险分析	全日制	不区分导师	详细	查看	详细
统考	(018)数学科学学院	(025100)(专业学位)金融	(04)金融衍生品的定价与计算	全日制	不区分导师	详细	查看	详细
统考	(068)经济学院	(025100)(专业学位)金融	(01)基金管理	全日制	不区分导师	详细	查看	详细
统考	(068)经济学院	(025100)(专业学位)金融	(02)量化投资	全日制	不区分导师	详细	查看	详细
统考	(068)经济学院	(025100)(专业学位)金融	(03)投资银行	全日制	不区分导师	详细	查看	详细
统考	(068)经济学院	(025100)(专业学位)金融	(04)资产管理	全日制	不区分导师	详细	查看	详细
统考	(068)经济学院	(025100)(专业学位)金融	(05)金融科技	不区分导师	不区分导师	详细	查看	详细

图 9-5　复旦大学的金融专业招生方向

③ 查看历年录取分数线。

点击研招网首页“考研工具箱”中“分数线”一栏，可查看历年全国及 34 所自主划线院校初试成绩基本要求汇总（见图 9-6）。

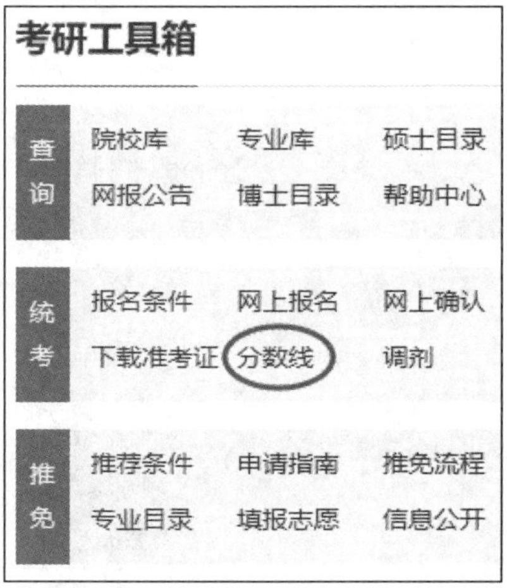

图 9-6　研招网首页“考研工具箱”栏目

④ 了解后续工作。

从 9 月份的报名工作，10 月份的报考院校咨询，11 月份的准考证打印，到可能会用到的调剂系统等，研招网会贯穿整个考研历程，还有不少考研资讯、复习经验等提供，更多功能可以访问研招网了解。

（3）中国教育在线——考研频道。

除了研招网，还有一个专业的考研教育服务网络平台，中国教育在线——考研频道（https://kaoyan.eol.cn/）。在这个网站上可以找到各方面的考研信息，从考研资讯到备考知识，从高校招生信息到研招数据，都可以查到，是个了解考研信息的好途径。

（4）考研论坛论坛。

除了以上三个网站，另外还有一些考研论坛。包括一些目标院校的论坛社区，如西南交大的天佑斋论坛、清华大学水木清华论坛、北京大学的“北大未名”论坛等的考研版块。一些硕博士的学术科研互动社区和大型网络论坛（如天涯论坛）的考研资料下载页面等渠道。这些资料会比较杂，需要仔细甄别。

（5）新媒体平台。

百度贴吧、知乎、豆瓣、微信、QQ 这些新媒体平台也集中了很多经验帖，尤其是知乎，公共课怎么备考有很多很详细的回答，但是经验帖一定要结合自身情况借鉴，不能迷信经验帖。此外，微信搜索是一个很强大的功能，大家可以在搜索栏里输入检索词“考研”搜索微信文章和公众号，经常会有一些很干货的东西。

（6）购物平台。

最后，还有一个容易被大家忽略的渠道，就是购物平台。在常用的购物平台上，考研的公共课/专业课参考书，甚至专业课笔记、网课、1 对 1 考研辅导等都有售卖。

2. 考研信息搜索的非公开渠道

除了一些公开渠道外，还有一些非公开获取渠道对我们获取考研信息也非常有帮助。

一是目标院校的研究生院或者研究生处。一般来说很多学校都会有渠道让学生获得真题。有些学校会保存在档案馆或者图书馆，有些直接在研究生院售卖，有些会有邮递服务。通过这个渠道获取真题的前提是需要及时掌握相关信息。

二是目标院校周边的书店。目标院校周边的书店也是有很多“宝藏”的地方，好多二手书店会售卖往届学生的考研资料或者往年的考研真题，这些资料都是非常宝贵的。

所以如果有认识目标院校的同学或者老乡等，可以托人帮自己购买，或者有条件的可以去目标院校走一趟，参观学校的同时去买一套真题，也是一举两得的事情。

三是人际网络信息。包括同专业的研究生学长学姐和老师，等等。他们往往会有比较翔实、准确的关于命题范围、考试特点、复习方法等方面的信息，如果能获取这些信息，对于之后的复习会有事半功倍的效果。

第四个非公开渠道是院校图书馆。一说到学校图书馆跟考研的关系，首先想到的是考研需要天天到图书馆上自习。其实图书馆对考研的帮助不仅仅是提供考研专用自习座位，图书馆丰富的馆藏是考研备考和复习资料的重要来源。虽然图书馆不直接提供考研信息，但常常可以从图书馆的纸质馆藏和电子馆藏中，获取考研公共课和专业课的参考书目。另外，图书馆也有专门针对考研或英语学习的数据库，比如新东方多媒体学习库、FiF 外语学习资源库都有专门的考研英语栏目；正保远程教育多媒体资源库也有研究生入学考试栏目。除此之外，在选择导师时也可以充分利用图书馆的中外文数据库了解导师的研究方向和学术成就，帮助选择适合的导师。

通过图书馆获取导师相关信息

【案例 9-1】通过图书馆获取考研信息的具体方法。

第一步，先去知网的学者库按照学者的专业排名，关注一些觉得比较合适自己的导师，列出一个大致的选择名单，同时还能对领域内哪些学者比较厉害有一个大致了解，方便以后的学习。在学者详细信息页面还可以进一步了解学者的关注点、全部研究成果、学术影响力、所在领域研究现状；以及同领域同单位的学者、同领域同研究兴趣的学者等信息。

第二步，列出候选名单后，可以先去导师评价网（https://www.mysupervisor.org/）或中国教育在线-研究生导师查询系统（https://daoshi.eol.cn/home），如果想了解国外导师信息的话，可以用 RATEMYPROFESSORS 这个网站（www.ratemyprofessors.com），看看有没有导师的相关评价，然后去找在读或者毕业的学长学姐打听一下。毕竟选导师，除了看研究方向、科研能力外，导师人品也至关重要重要。

第三步，锁定一个学术水平和人品我们都比较满意的导师名单，然后就可以利用图书馆馆藏目录找导师的著作；利用图书馆提供的 CNKI、万方、维普、WOS 等数据平台找导师发表论文或者其指导的硕博士生论文；如果导师有发明创造的话还可以利用国家知识产权局专利检索平台或者图书馆购买的专利数据库检索导师有哪些专利，并进行分析。详细阅读导师的这些研究成果，以更加全面深入地了解其研究领域，同时为复试做好充分准备。

总之，考研也是一场信息战，做好信息搜集才能有备无患，但是也不能过度依赖于收集资料，毕竟好好复习才是王道！

思考：怎样可以快速找到清华大学或你感兴趣的其他院校暑期夏令营的信息？

提示：可以使用搜索引擎的“site:”语法，或者搜索引擎高级功能里的“站内搜索”功能。

9.3 安全获取就业信息——防范就业陷阱

就业信息是指通过各种媒介传递的与就业有关的消息和情况。在现代社会，就业不仅取决于知识、能力、综合素质、社会需求等因素，也取决于个体所获得就业信息的量与质，以及个体收集、处理、应用就业信息的能力。很多时候信息＝机遇，对就业而言，信息量越多，求职者选择面越宽；信息质量越高，求职成功把握越大；信息越及时，求职者越有主动权；信息越全面明确，求职盲目性越小。因此，就业信息是择业的基础，是求职者决策的前提，是调整职业生涯目标的参考。

9.3.1 就业信息的种类和内容

根据就业信息包含的内容，可以把就业信息分为宏观信息、中观信息和微观信息。

宏观信息包括：毕业生就业的总体形势、社会对人才的需求、国家就业政策、就业活动等。中观信息包括：地方用人政策；高校就业管理部门为实现毕业生充分就业而制定和实施的各种规章制度、政策；就业的一般流程等。微观信息包括三方面：一是用人单位本身的信息，如单位性质、单位的特色、企业文化、行业现状及发展前景等；二是用人单位的需求信息，包括岗位描述、专业要求、用人单位提供的条件等；三是就业的经验与方法。

因此，就业信息不仅仅是具体用人单位的需求信息和用人单位本身的信息；国家有关毕业生就业的方针、政策、法规，地方制定的有关就业政策；不同部门、行业在国民经济和社会发展中所处的地位、作用和发展势头；以及过来人的经验方法等，这些都是重要的就业信息。

所以，获取就业信息的过程中，除了关注具体的招聘信息，毕业生还应该同时了解国家及各地有关毕业生就业的政策及规定；以及学校有关毕业生就业的有关规定；还需要了解就业的体制和就业的程序。就业的体制，即要清楚毕业生的就业是由国家的哪个部门或机构来负责管理指导，在学校由哪个部门来负责管理指导，这样，当求职过程中遇到困难或问题时，可以随时向有关部门咨询。就业的程序，譬如：签订就业协议必须履行哪些手续；在学校规定的时间内没有与用人单位签订协议的话，户口和档案将转到何处；调整改派的程序和手续等问题。

宏观和中观的层面的就业信息，大家可以通过相关的管理或指导部门获取，比如中华人民共和国人力资源和社会保障部、教育部全国高等学校学生信息咨询与就业指导中心、学校的就业管理服务部门，通常是毕业生就业指导中心或招生就业处等。

9.3.2　获取就业信息的渠道

就业信息是通向就业的桥梁，每一位求职者都应当通过各种途径广泛地搜集就业信息。就目前而言，可以通过以下渠道进行就业信息搜集。

1. 各级就业主管部门

（1）国家级指导就业的主管部门。

在国家层面上，教育部、人力资源与社会保障部、共青团中央是与大学生就业最相关的部门，经常关注其就业网站，不仅可以了解就业政策、就业统计与分析报告，还可以了解全国性的大型招聘活动信息。如中华人民共和国人力资源和社会保障部主办的中国就业网（http://chinajob.mohrss.gov.cn/），如图 9-7 所示。

图 9-7　中国就业网主页

（2）省市级指导就业的主管部门。

在省市层面上，促进大学生就业已经成为每个省市教育与人事部门的重要工作。经常关注其就业网站，可以了解该地区的招聘信息。当大学生学习所在的省市与就业所在的省市不一致时，两个省市的就业信息都要关注，尤其侧重就业所在的省市的信息。如四川省高校学生信息咨询与就业指导中心（http://jyzdzx.scedu.net/）（见图 9-8）；山东大学生就业信息网（http://www.sdgxbys.cn/）（见图 9-9）。

（3）学校的就业主管部门。

前面一小节讲到高校的毕业生就业指导服务中心或者招生就业处是负责为应届毕业生提供就业信息、就业辅导和咨询的职能部门，该部门与中央有关部委和各省市的毕业生就业主管部门以及相关用人单位保持着密切的联系，国家有关的就业政策、地方的相关规定、各地举办“双选”活动的信息、用人单位的需求信息等都能及时掌握。他们所提供的就业信息，无论是数量还是质量，都有明显的优势，因而是毕业生获得就业信息的主要渠道。同时，学校的就业主管部门还会发布每年的毕业生就业质量报告，也是我们就业的重要参考信息。

图 9-8　四川大学生信息咨询与就业创业服务网主主页

图 9-9　山东大学生就业信息网主页

比如《西南交通大学 2021 年毕业生就业质量年度报告》里面有当年毕业生就业去向情况、就业特点、签约企业情况等的分析，还有对下一年就业趋势的研判，这些信息对于毕业生选择就业地区、行业和用人单位，甚至是选择考研还是就业都非常有参考价值，因此本校的近年的毕业生就业质量报告要仔细研读。

提示：可以参考 9.1 节中的思考题：如何快速找到自己所在学校或者同类院校近年的就业质量报告?

2. 各类招聘和双向选择活动

各地方、学校或用人单位举办的规模不等、形式多样的“双选”活动或招聘会，往往具有时间集中、信息量大、针对性强、双方了解直接的特点，是毕业生了解信息、成功择业难得的机会。特别是以学校为主体举办的招聘活动，专业更对口，用人单位更有选人的诚意，应格外重视。

3. 网络求职

随着网络的普及，现在很多就业信息都直接通过网络发布。通过网络求职的途径包括：

（1）中央有关部门主办的全国性就业信息网站，如前面提到的人力资源与社会保障部主办的中国就业网（http://chinajob.mohrss.gov.cn/）；由教育部举办，国家大学生就业服务平台（https://www.ncss.cn/）（见图 9-10）；教育部直属事业单位教育部学生服务与素质发展中心网站（https://chesicc.chsi.com.cn/）（见图 9-11）等等。

（2）地方有关部门主办的就业信息网站，除了前面提到的四川省高校学生信息咨询与就业指导中心（http://jyzdzx.scedu.net/）；还有重庆高校毕业生就业信息网（http://www.cqbys.com/）、北京高校毕业生就业信息网（http://www.bjbys.net.cn/），等等。

图 9-10　国家大学生就业服务平台

图 9-11　教育部学生服务与素质发展中心主页

（3）各高校就业信息网站。

现在各高校就业主管部门也都建立了专门的就业信息网和就业服务管理系统。比如西南交通大学就业网、四川大学毕业生就业网、同济大学就业网等，学校就业信息网的就业信息不仅量大，而且准确性高，是毕业生获取就业信息的主要途径。各校的就业网有些信息，比如同济大学的“招聘职位”栏目也是仅对本校学生、教师和雇主开放，校外人员无法查看详细内容，但“宣讲会信息”“招聘信息”等栏目是公开的，对外校的求职者也是非常有用。校外求职者获取用人单位的宣讲会时间和地点、简历投递邮箱等信息后，也可以到该校参加宣讲会或者通过网络投递简历。

各校的就业管理服务系统通常只面向本校学生和院系开放，非本校用户无法查看详细内容。如西南交通大学就业管理服务系统就提供了就业政策、就业公告、就业流程、国家和地方相关就业政策、学校相关就业政策等内容。

除了学校的就业信息网，各学院网站也有自己的招生就业专栏，会定期发布适合本学院相关专业的就业信息，针对性非常强。所以本校院系就业信息，大家也应该随时关注，同时还应该关注同专业相关院校就业信息。比如对于西南交通大学土木工程专业的同学而言，在关注学校就业信息网的同时，还应该关注院系招生就业栏目发布的信息，以及同济大学、北京交通大学等相关院系发布的就业信息。

提示：各高校的就业网，通过搜索引擎输入关键词“**大学 就业网”即可找到链接。

（4）校内 BBS 求职版面，如“清华水木”（见图 9-12）、“北大未名”“复旦日月光华”“交大饮水思源”“南大小百合”高校 BBS 的校园招聘版面。

（5）其他专业性就业指导网站，如中国高校就业网（http://jiuye.cnzsedu.com/）、中国教育在线就业频道推出的《就业有未来》专栏（https://www.eol.cn/html/c/jyywl/index.shtml）等，从大学生求职、入职、创业等角度，为大学生分享实用的经验，提供专业的指导。

图 9-12　清华水木社区 BBS 招聘求职版面

（6）专门的招聘求职网站：如智联招聘、前程无忧、中华英才网等。

（7）各单位/企业的网站，单位/企业的网站也是我们快速获取就业信息的重要渠道。单位/企业由用人需求的话通常会第一时间在其网站发布，有些单位/企业还开通了专门的招聘官网或者招聘咨询邮箱。比如华为公司官网“关于华为”栏目即可链接进入“华为招聘”网站，根据求职者类型选择校园招聘或者社会招聘，也可以通过招聘专线与 HR 联系。

（8）另外，对于打算考公务员和考事业单位的同学，还需要重点关注国家公务员局（http://www.scs.gov.cn/）；各地的公务员考试网和人事考试网，如四川公务员考试网（http://www.scgwy.org/）、四川人事信息网（http://www.ctpta.com/）、成都人事考试网（http://cdpta.cdhrss.chengdu.gov.cn/netpage/index.do）、浙江省公务员考试录用系统（http://gwy.zjks.com/zjgwy/website/init.htm）等。

网络求职使求职者“足不出户”，在极短的时间内即可得到全国各地的人才需求信息，高效便捷，已成为择业者获取就业信息的重要渠道。

4. 人才交流中心和人才市场

获取就业信息的第四类渠道是人才交流中心和人才市场。人才交流中心和人才市场的主要职责是制定所辖区的毕业生就业政策，为毕业生就业提供各种咨询与服务，每年都积极为毕业生提供大量的真实可靠的就业信息。

5. 社会关系

社会关系主要是通过自己的老师、校友、分布在社会各领域的亲朋好友等。这类渠道获取的信息比较准确、直接，针对性更强。亲朋好友对用人单位和求职者双方的情况都比较了解，还可以在一定程度上帮忙引见相关负责人和疏通环节。利用这种信息求职成功率较高。

6. 社会实践、毕业实习或业余兼职

毕业生通过社会实践、毕业实习或业余兼职等社会实践活动建立了与有关单位的联系，可以直接掌握部分就业信息。加之彼此间有一定的了解，若该单位有意招聘人员，即为绝好的就业机会。

7. 直接与用人单位联系

求职者还可以通过信函、电话、登门拜访等的方式与用人单位联系，有目的、有计划地获取自己想要的就业信息。这种“毛遂自荐”的方式能够让用人单位看到自己的诚意，也是成功就业的途径之一。

8. 图书馆

与获取考研信息一样，图书馆虽然不直接提供就业信息，但图书馆丰富的馆藏是择业进行知识准备的重要选择。通过图书馆的馆藏目录大家可以检索一些就业方面的书籍和期刊，并免费借阅；通过图书馆提供的数据库资源，如国研网、万方数据资源平台的机构检索可以了解行业的发展情况、企业的详细信息和研究领域；还能通过数据库检索目标单位的学术成果和专利情况，进一步了解其科研创新实力及其在行业中的竞争地位。

通过图书馆获取就业信息

以上内容涵盖了求职信息的主要来源渠道，图 9-13 ~ 图 9-15 三张图分别是西南交通大学校、同济大学和电子科技大学本科生/研究生求职信息的来源渠道。可以看到校内信息源，比如校园内的专场招聘会或学校网站、微信等发布的信息是最主要的来源渠道。在求职过程中，应该根据自身的情况选择适合自己的多种渠道，以增加求职成功的机会。

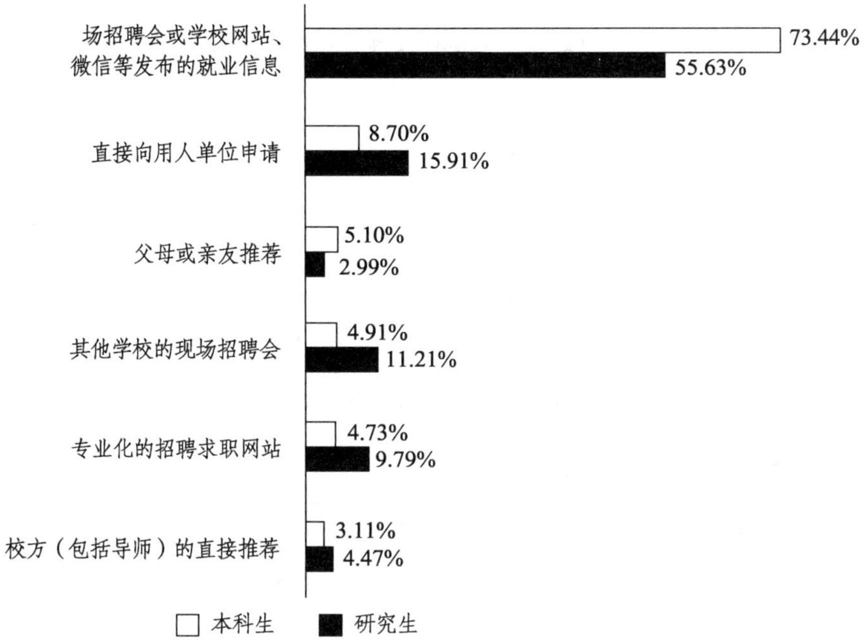

图 9-13　西南交通大学大学生求职信息来源渠道

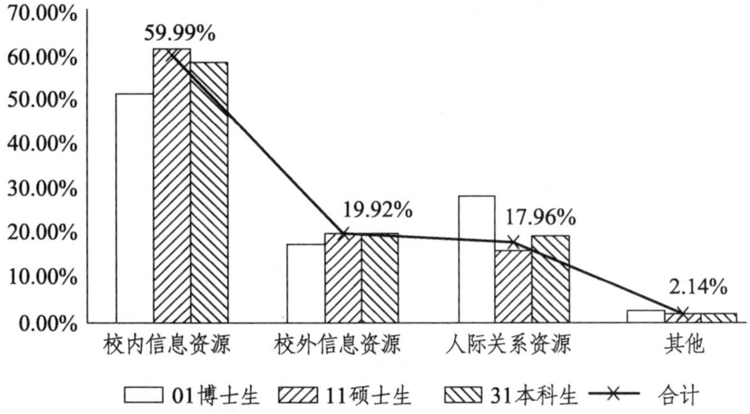

图 9-14　同济大学大学生求职信息来源渠道

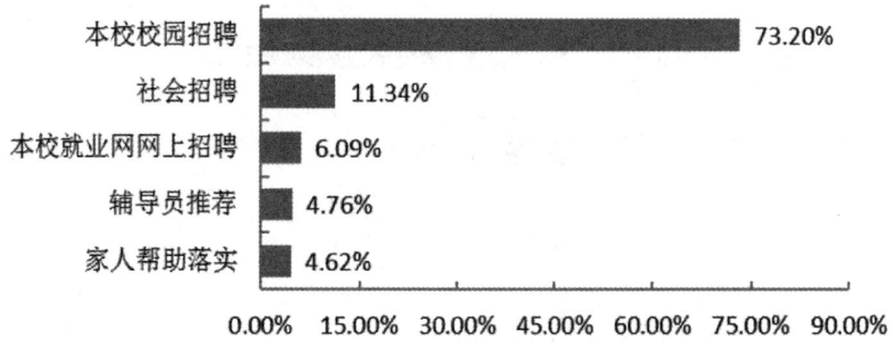

图 9-15　电子科技大学大学生求职信息来源渠道

9.3.3　求职陷阱的识别与防范

随着就业竞争越来越激烈，某些不法分子往往利用毕业生急于就业的迫切心理和社会经验不足、自我保护意识差等特点，以提供就业机会为诱因，精心策划各类就业陷阱，稍不留神就会深受其害，必须引起高度警惕。

就业陷阱通常具有以下几个特征：诱惑性、隐蔽性、违法性。类型主要集中在高薪陷阱、中介陷阱、协议陷阱、试用期陷阱、培训陷阱、保证金或押金陷阱等几大类，甚至诱骗毕业生从事传销，严重侵害了毕业生的权益。

防范就业陷阱，毕业生必须擦亮眼睛，尤其警惕以下现象：

（1）索要各类证件、签名、盖章等个人资料；

（2）索要办证费、资料费、报名费、劳保费、保险费等名目繁多的收费；

（3）空穴来风的面试通知及可疑的面试时间和地点；

（4）工作性质不明，遮遮掩掩、行动诡秘。

一旦发现有疑点，不仅要巧妙拒绝其非法要求，还应马上借故离开，以免造成不必要的损失或伤害。

在收集就业信息、识别就业信息的过程中，也要注意防范个人信息安全。

（1）要注意应该尽量通过主流媒体和正规途径（如学校就业指导中心）获取信息。尽量选择信誉佳的公司应聘；对于那些并不熟悉或没听说过的小公司，应征前先通过国家企业信用信息公示系统（http://www.gsxt.gov.cn/）或查询企业信用信息的专门网站，如企查查（https://www.qichacha.com/）、天眼查（https://www.tianyancha.com/），还可以通过网络论坛上的帖子等对于该公司的评价等途径了解该公司的相关情况，以确保信息安全。

（2）要加强个人信息保密，不要将个人的所有联系方式都提供给招聘单位，一般提供手机号码和电子邮件即可，最好不要提供宿舍或者家庭电话；接到陌生人的电话，不要轻信其花言巧语，应拨打 114 进行核实，或者与老师、同学一起分析商量，多听多问多观察。

（3）对于各种渠道特别是互联网上的招聘信息，一定要慎重核实，不要轻易填写过于翔实的个人信息，不要对自己不信任的、不规范的公司随便递简历。

总之，天上不会掉馅饼，没有轻轻松松就能获得高回报的工作。大家在求职过程中只要端正心态，对自己有准确的定位，并且提高自我保护意识就不会轻易被别有用心的人利用。

思考题：小王在网上获知广州一家计算机公司招聘技术人员，待遇很好。小王是学计算机的应届毕业生，投递简历的当天小王就收到了对方的回音，邀请他到广州进行面试，并表示公司会到机场接他，非常热情。如果你是小王的同学，小王与你讨论他的这份邀请，你如何做可以帮助小王更加清晰地辨别该单位？你又会给小王怎样的建议？

提示：可以首先通过国家企业信用信息公示系统（http://www.gsxt.gov.cn/）或查询企业信用信息的专门网站辨别该公司。

9.4 考研与就业信息整理的技巧

在网络信息发达的今天，不论考研还是就业，我们都可以通过各种途径获取到相关信息。但很多信息是零散的，我们必须加以整理才能使其发挥最大效用。信息可以全面收集，但在比较筛选之后，应把重点信息选出、标明并注意留存，一般信息则仅作参考。在此，总结一下考研与就业信息收集整理的技巧。

对于考研和保研信息可以根据不同阶段或不同学校对其进行归类整理；就业信息则可以按不同用人单位、求职意向的地域范围或者求职成功的可能性大小等进行归类整理；建立个人的考研信息库或就业信息库。对于通用的个人简历等信息则单独建立一个文件夹，以便根据实际需要修改。在此过程中还要特别注意信息的时效性。

人生诸多选择，面对考研和就业竞争日益激烈的时代，每个人只有找准自己的角色定位，做自己喜欢的事情，并且做到极致，才能做到不辜负青春热血！

Part 10 第 10 章　专利检索与分析

10.1　利用专利文献的意义

创新主要是通过发明、改良、整合，使产品增值而实现的。通过创新进行产业升级、赢得未来发展是当今时代的潮流。而专利保护制度最重要的作用就是促进创新，专利保护对增强企业在国际市场中的竞争优势起着重要推动作用，也是激励企业在竞争中不断自主创新的重要因素。比如华为的 5G 专利数量遥遥领先，打破了高通长期在通讯领域的绝对主导权，这说明华为已经成为 5G 时代的领军者；再如格力和奥克斯旷日持久的巨额诉讼大战同样是围绕专利侵权展开的。因此，提升专利质量并进行专利保护是企业创新和提升竞争力的核心。

利用专利文献的意义

专利信息是科技创新的源泉，了解创新技术的重要途径就是检索专利文献。专利文献不同于一般意义上的科技文献，它是技术、经济、法律三种情报的载体，是专利制度的产物，是科技攻关、开发新产品和引进技术的重要情报源。专利文献是记载专利申请、审查、批准过程中所产生的各种有关文件的文件资料，狭义的专利文献指包括专利请求书、说明书、权利要求书、摘要在内的专利申请说明书和已经批准的专利说明书等文件资料，而广义的专利文献还包括专利公报、专利证书及专利数据库等。

专利文献的特点主要有：

（1）内容新颖，报道迅速。申请专利的发明创造必须具有新颖性，专利文献对新技术的报道要早于其他文献。据统计，世界上 90% ~ 95%的发明创造都是首先出现在专利文献中，因此专利文献对于了解各个领域的最新技术发展有重要价值。

（2）涉及广泛，连续系统。专利文献涵盖了绝大多数技术领域，从小到大，从简到繁，几乎涉及人类生活的各个方面。而各企业出于竞争的需要，往往会围绕某一产品和工艺方法等提出几十件甚至上百件专利申请，形成整套专利文献。例如，浮法玻璃生产技术，从 20 世纪初问世到现在，围绕该技术的改进和发展，其相关专利已超过 100 件。这些专利系统地记录了相关技术发展全过程，如同一部技术发展史。

（3）准确详尽，实用可靠。大多数国家对专利申请不仅要通过形式审查，而且要进行实质审查，因此专利说明书撰写要准确无误。同时，专利文献对发明内容的叙述是详尽而具体的，详尽程度是一般科技文献无法比拟的。而为维持专利还需要花费不少资金，因此往往选择最具有实用价值的发明申请专利，经过层层筛选的申请专利，技术水平通常较高，经过审查后公布的专利说明书质量相当可靠。

专利文献是最新技术的展示平台，它记录了科学技术从无到有的发展历史，直观、清晰地反映出技术发展的动向和趋势，其价值主要包括：

（1）科技价值。专利文献详尽地记录了技术发展背景、现状和待解决问题，专利说明书中包括详细的技术方案实施步骤，通过对专利文献进行分析，可以清晰地了解技术产生发展的全过程及未来趋势。

（2）法律价值。通过著录项信息和权力要求书可以了解专利的保护范围，有效保护企业的知识产权，规避侵权风险，同时可以合理实施专利无效诉讼，保护自身权益。在进出口贸易中，可以了解技术产品输入和输出的地域性及时效性风险。

（3）经济价值。通过专利文献可以掌握全面的专利情报信息，协助企业制定市场竞争策略和专利布局战略，也可以实现对竞争对手专利信息的监测，及时了解对方的研发动向、市场策略等。

另外，据世界知识产权组织统计，专利文献可以缩短 60%的研发时间，节省 40%的开发费用。那为什么能节省这么多开发费用和开发时间呢？主要是因为通过专利文献检索与分析，一方面可以避免重复开发，避免时间、人力、物力、财力的浪费；另一方面，我们可以站在巨人的肩膀上进行发明创新，提高研发起点。因此，利用专利文献是我们进行产品开发或产品创新非常重要的步骤或者手段。

10.2 专利相关的基础知识

专利是专利权的简称，指国家专利主管机关授予申请人一定时间内享有的不准他人任意制造使用或销售专利产品，或者使用其专利方法的权利。专利的特性是：

- 独占性。权利人对其专利成果具有独立的占有、使用、处分权，没有得到专利权人的允许，任何人不得侵占其市场。
- 地域性。一件专利只在一定的国家或地区享有专利权。在 A 国申请专利，只在 A 国受保护，而在 B 国不受保护，若想在 B 国受保护，需到 B 国申请专利。
- 时间性。一件专利只在一定的时间内享有专利权，超过保护期限之后，将变成社会公共财富，所有人都可以免费使用。

总之，专利的实质是“以公开换保护”。申请专利的代价是公开相关的技术方案，以换取一定期限内的垄断权。

10.2.1 专利类型

中国的专利分为三种类型：发明专利、实用新型专利和外观设计专利（见表 10-1）。

前两种是主要的专利申请类型，占全部专利文献的 90%以上。发明专利主要分为产品发明和方法发明；实用新型只限于具有一定形状的产品，不能是一种方法，也不能是没有固定形状的产品；外观设计专利只保护美学设计，对产品功能不进行保护。

表 10-1　中国三种类型专利特点

名称	发明专利（有效期：20 年）	实用新型专利（有效期：10 年）	外观设计专利（有效期：10 年）
要求	对产品、方法及其改进提出新的技术方案	对产品形状、构造及其结合提出的实用方案	对产品形状、图案、色彩或者其结合做出的富有美感并适合于工业上应用的新设计
特点	具有突出的实质性特点和显著进步	具有实质性特点和进步	具有实质性特点和进步

【案例 10-1】以圆柱形没有手柄的杯子为例：如果发明一个内带矿石的、可以将水变成矿泉水的杯子，就可以申请发明专利；如果设计一个带有手柄的杯子，就可以申请实用新型专利；一般杯子是圆柱形的，若设计一个六棱柱体的，可以申请外观专利。

每个国家的专利类型是有差异的，如美国的专利类型有发明专利（Utility Patent）、设计专利（Design Patent）和植物专利（Plant Patent）。

10.2.2　专利授权条件

（1）新颖性。指这项发明在申请日之前是现有技术中所没有的，也没有相同的技术方案在出版物上刊登过，属于首创。

（2）创造性。有突出的实质性特点和显著的进步，明显超过现有技术水平。

（3）实用性。能够在产业中制造或使用，并且能够产生积极的效果。

不授予专利权的情形有：

- 违反国家法律、有碍社会公德、妨害公共利益的发明创造。
- 科学发现。如牛顿发现万有引力定律。
- 智力活动。如棋类的比赛规则。
- 疾病的诊断和治疗方法。如超声诊断法。
- 动物和植物品种。如黄豆和肉鸡。
- 用原子核变换方法获得的物质。关系到国家安全，主要指各种放射性同位素。
- 对平面印刷品的图案、色彩或者二者的结合做出的主要起标识作用的设计。

10.2.3　专利分类法

专利分类将专利文献以特定的技术主题分解成不同的组，使同一组中的专利文献具有共同的类别标识，便于迅速、有效地从大量专利文献中检索到所需技术和法律信息。目前，全球使用的专利分类体系主要有国际专利分类体系（IPC）、美国专利分类体系（USPC）、欧洲专利分类体系（ECLA）以及日本专利分类体系（FI/F-Term）。其中，IPC 是世界上应用最广泛的专利分类体系，是其他分类体系细分的基础或与其他分类体系建立了映射关系。IPC 把涉及发明专利的整个技术领域知识按等级结构，即按部、分部、大类、小类、大组、小组逐级分类，组成一个完整的分类体系。IPC 将专利文献根据所在的技术领域分为 8 个部，以大写字母 A ~ H 表示（见表 10-2）。

表 10-2 国际专利分类法的部和分部

部号	部名	分部名	部号	部名	分部名
A	人类生活必需	农业 食品；烟草 个人或家用物品 保健；娱乐	E	固定建筑物	建筑 钻进；采矿
B	作业；运输	分离；混合 成型 印刷 交通运输	F	机械工程；照明；采暖；武器；爆破	发动机和泵 一般工程 照明；加热 武器；爆破
C	化学；冶金	化学 冶金	G	物理	仪器 核子学
D	纺织；造纸	纺织或未列入其他类的柔性材料 造纸	H	电学	不设分部

例如，如果技术主题涉及飞机的起落架，那么确定的分类号应为 B64C25/02（见图 10-1）。

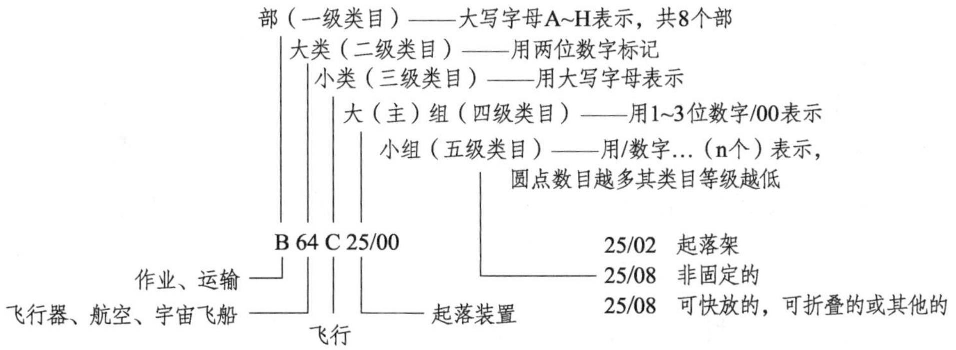

图 10-1 飞机起落架技术主题对应的 IPC 分类号

由于 IPC 更新速率慢、单一分类号下文献量大而可读性差，各大专利局都在积极寻找解决途径。2010 年 10 月，美欧宣布合作开发联合专利分类体系（Cooperative Patent Classification，简称 CPC）。2013 年，欧洲专利局和美国专利商标局正式启用 CPC 体系。

该体系为一个针对专利文献的全球分类体系（或称“合作专利分类”），其目的在于使检索更加有效。当前，世界上已有多个专利局开始使用该分类体系。为更快适应技术发展的趋势和满足新兴技术发展的需要，专利分类正在向统一化和标准化发展，CPC在未来专利检索中的应用会越来越广泛。

10.2.4 专利优先权及同族专利

优先权原则源自 1883 年签订的《保护工业产权巴黎公约》。专利优先权是指专利申请人第一次在缔约国提出专利申请后，可以在法定期限内，又就同一主题的发明创造在其他国家提出专利申请的，根据有关法律规定，其以后申请以第一次专利申请的日期作为其申请日，专利申请人依法享有的这种权利，就是优先权。发明和实用新型的优先权期限为 12 个月，外观设计的优先权期限为 6 个月。专利优先权的目的在于，排除在其他国家抄袭此专利者，有抢先提出申请，取得注册之可能。申请多个国家专利的途径有：

- 传统的巴黎公约途径。申请人应自优先权日起 12 个月内向其他国家专利局提交申请，并缴纳相应的费用。
- PCT 途径。全称 Patent Cooperation Treaty，中文名为“专利合作条约”，是专利领域的一项国际合作条约，该条约目前有 150 多个缔约国，为了解决就同一发明向多个国家申请专利时，减少申请人和各个专利局的重复劳动，PCT 使得“提交一份专利申请即可受到多个国家的专利保护”成为可能。自优先权日起 12 个月内直接向专利主管机关提交一份申请，确定国际申请日（在每个指定国的实际申请日）后，该申请在 PCT 的所有成员国自国际申请日起具有正规国家申请的效力。但 PCT 仅是一个国际申请，并不授予国际专利，授予专利的权利还在各个国家内。

人们把至少有一个优先权相同的、在不同国家或国际专利组织多次申请、多次公布或批准的内容相同或基本相同的一组专利文献，称为专利族。同一专利族中的每件专利文献互为同族专利。

10.2.5 专利文献中常见概念

专利文献中常见概念

（1）几种“人”：

申请人——对专利权提出申请的自然人、法人或其他组织。

发明人——对创造发明的实质性特点做出创造性贡献的人，只能是自然人，不能是单位组织。

专利权人——对专利具有独占、使用、处置权的主体，既可以是个人也可以是单位组织。专利申请人提出的专利申请获得许可后，该专利申请人就成为了专利权人。

代理人——代为办理专利权申请的人。

（2）几种“号”：

申请号——专利局受理专利时给专利提供的编号。编号规则为：申请年代（4 位公元年）+申请种类号（1 位阿拉伯数字）+流水号（7 位阿拉伯数字）+小数点+校验位（1

位阿拉伯数字或 X)(见图 10-2),其中,申请种类号分别代表:

1——代表发明专利;

2——代表实用新型专利;

3——代表外观设计专利;

8——表示进入中国国家阶段的 PCT 发明专利申请;

9——表示进入中国国家阶段的 PCT 实用新型专利申请。

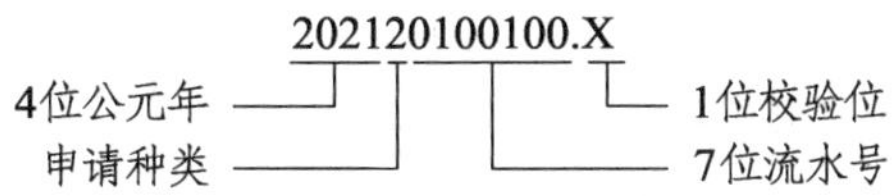

图 10-2 专利申请号编号规则示例

公开号——发明专利通过初审、合格的,在尚未取得专利授权之前,国家专利局公开专利时的编号。

公告号——专利在获得授权公告时,专利局提供的专利编号。公开号与公告号编号规则类似:国别代码(如中国为 CN)+申请种类(1 位阿拉伯数字)+流水号(8 位阿拉伯数字)+专利文献种类标识代码(1 位字母,或 1 位字母加 1 位阿拉伯数字)。公开/公告号的申请种类有三种:1 表示发明,2 表示实用新型,3 表示外观设计,进入中国国家阶段的 PCT 专利不单独编排(见图 10-3)。专利文献种类标识代码如下:

A——发明专利申请公布;

B——发明专利授权公告;

C——发明专利权部分无效宣告的公告;

U——实用新型专利授权公告;

Y——实用新型专利权部分无效宣告的公告;

S——外观设计专利授权公告或专利权部分宣告无效的公告。

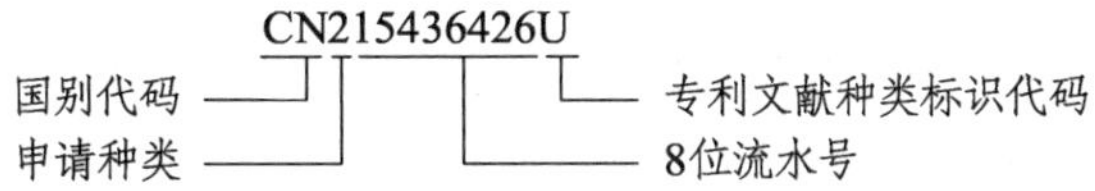

图 10-3 专利公开/公告号编号规则示例

专利号——在授予专利权时给出的编号。编号规则:ZL +申请号(见图 10-4)。

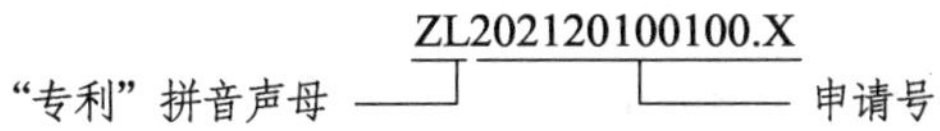

图 10-4 专利号编号规则示例

专利分类号——国际上公认的按专利文献技术内容或主题进行分类的代码。

(3)几种"日":

申请日——专利主管机关收到申请说明书之日。

公开日——发明专利申请公开之日。

公告日——三种专利授权公告之日。

（4）法律状态：

主要包括专利权有效、专利权有效期届满、专利申请尚未授权、专利申请撤回、专利申请被驳回、专利权终止、专利权无效、专利权转移等。

10.2.6　中国专利申请流程

根据专利法，发明专利的申请程序包括受理、初审（6 个月左右）、公布、实质审查（10 ~ 20 个月）及授权五个阶段（见图 10-5），一般发明专利从申请到专利公开的时间为 18 个月，从公开到授权的时间一般在 15 ~ 24 个月。实用新型或外观设计专利申请无早期公布和实质审查，只有受理、初审和授权三个阶段，因此，实用新型和外观设计获得授权的时间较短，一般为 6 ~ 10 月。

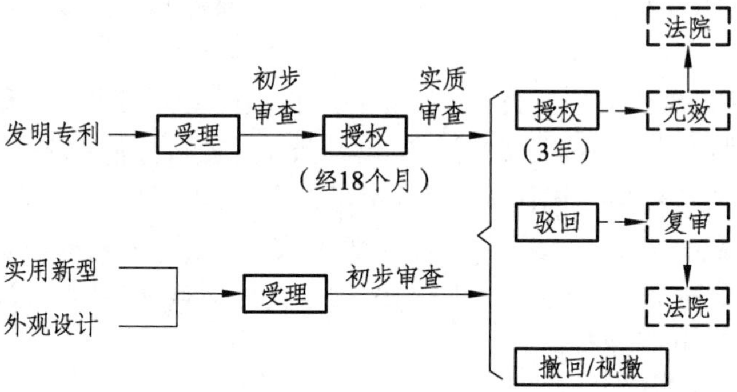

图 10-5　国内专利申请基本流程

10.2.7　专利检索技巧

专利检索系统一般根据专利信息特征提供多个检索字段，从已知的检索线索出发，将其输入到其对应的检索入口，去查找所需专利信息。主要可以分为主题检索、分类检索、人与机构检索、号码等其他检索（见表 10-3）。

专利检索技巧

表 10-3　专利检索主要途径

途径	字段	特点
主题检索	名称、摘要、权利要求书等	最常用的检索途径，操作简单，但不容易确定所有的同义词和相关词
分类检索	分类号	相同技术主题的专利文献有相同的分类号，因为专利文献量大，且技术领域、应用范围繁杂，因此通过分类号进行检索，可以达到更高的查全率
人与机构检索	发明人、申请人、专利权人、专利受让人等	对某领域的专家发明成果进行跟踪，从中寻找对本公司有价值的专家、潜在雇员或可能的技术转让者。也可将某一企业作为专利权人进行定期检索，掌握同行业竞争对手的技术开发动态

续表

途径	字段	特点
号码日期检索	申请/专利号、公开/公告号、申请日、公开日等	通常用于对特定目标专利进行检索（了解技术内容、法律状态、审查进度，无效证据收集），或常用于查询统计某一时期某一企业主体的专利申请或获批的数量

为了查准查全，需要组合多种途径构建检索表达式进行检索。通常，专利信息检索的步骤和技巧如下：

（1）了解背景技术，确定基本的检索词。

（2）通过主题词的简单结合在专利数据库中进行初步检索。

（3）阅读初步检索结果，以确定是否与检索目标基本相符。若基本相符，根据初步检索结果，找出涉及的 IPC 号。

（4）采用 IPC 扩展检索，进行第二次初检。

（5）阅读检索结果，归纳与检索目标相关的同义词、近义词和相关词，形成若干组主题词（检索过程可能会重复多次）。

（6）组合主题词、IPC 号构建完整的检索式进行检索。

（7）阅读检索结果，明确是否有需要排除的内容，若有，修改检索式以排除噪声。

（8）获得检索结果，对结果进行分析应用。

10.3 中国专利文献检索和分析

获取中国专利文献，可以通过三种方式：一是公共检索平台，如国家知识产权局的专利检索平台；二是综合的数据库平台，如中国知网、万方；三是专门的专利服务平台，如大为专利检索系统、奥凯专利检索系统。要获取最权威的专利资料，最好使用国家知识产权局网站的专利检索平台。

10.3.1 国家知识产权局的专利检索与分析系统

国家知识产权局网站的专利检索及分析系统（http://pss-system.cnipa.gov.cn/sipopublicsearch/portal/uilogin-forwardLogin.shtml）是一个综合性的免费专利服务系统。该系统除了提供国内专利文献的检索外，也可以通过相关的链接，检索国外的一些专利信息。

系统的登录方式有两种：一是从国家知识产权局网站首页的“服务”模块下的“政务服务平台”的链接进入；二是从下端的“政务服务”模块下的“专利检索”的链接进入，如图 10-6 所示。之后，需要注册、登录，便于进一步使用它的高级检索和全文下载等服务。

图 10-6　国家知识产权局专利检索及分析系统的登录途径

系统包含常规检索、高级检索、导航检索、药物检索、热门工具、命令行检索、专利分析等功能。

系统默认的是常规检索，即一框式检索。

通常情况下，建议使用系统的高级检索，因为高级检索的功能较多，包含更多的检索框，可以输入更多的检索词，并且可以予以更多的检索限定，进而使检索结果更精确。高级检索涵盖 4 个模块：检索历史、范围筛选、高级检索、检索式编辑区。

【案例 10-2】如要检索最近 6 年的“自动驾驶”方面的专利文献，需在“发明名称”框中输入“自动驾驶”，在“申请日”框中选择“大于或等于”“2016”，如图 10-7 所示。然后点“检索式编辑区”下的“检索”按钮，即可得到相应的信息。

在检索结果页面左侧的“检索结果统计”栏，可以点击“申请人统计”“发明人统计”“技术领域统计”等进行相应的结果统计，如图 10-8 所示。

在结果页面上端，有一个常用的“过滤”按钮，点击后可以看到有很多选项，包括可以对显示字段、文献类型、日期筛选、显示语言共四个方面分别加以限定或选择。图 10-8 是过滤功能中“显示字段”的选项示例。在过滤功能中“文献类型”选项，如果只选“授权公告文献”，点击“应用”，得到的结果仅 2 062 条，比之前的结果少了 4 000 余条，可见，专利的申请量和授权量可能会有较大差异，具体如图 10-9 所示。

图 10-7　最近 6 年的“自动驾驶”方面的专利文献检索示例

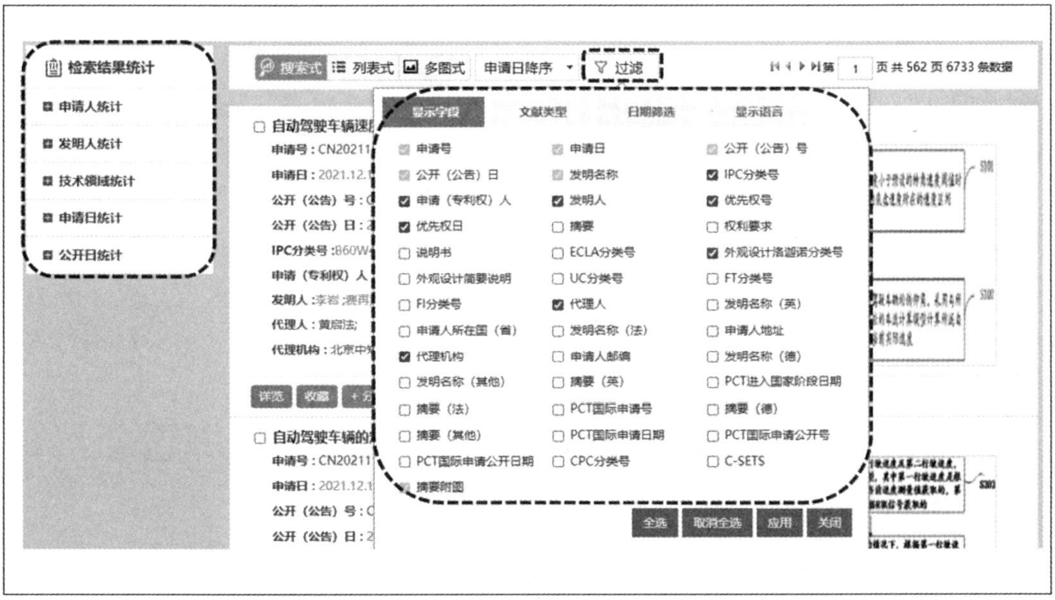

图 10-8　系统的检索结果统计和过滤功能中“显示字段”的选项示例

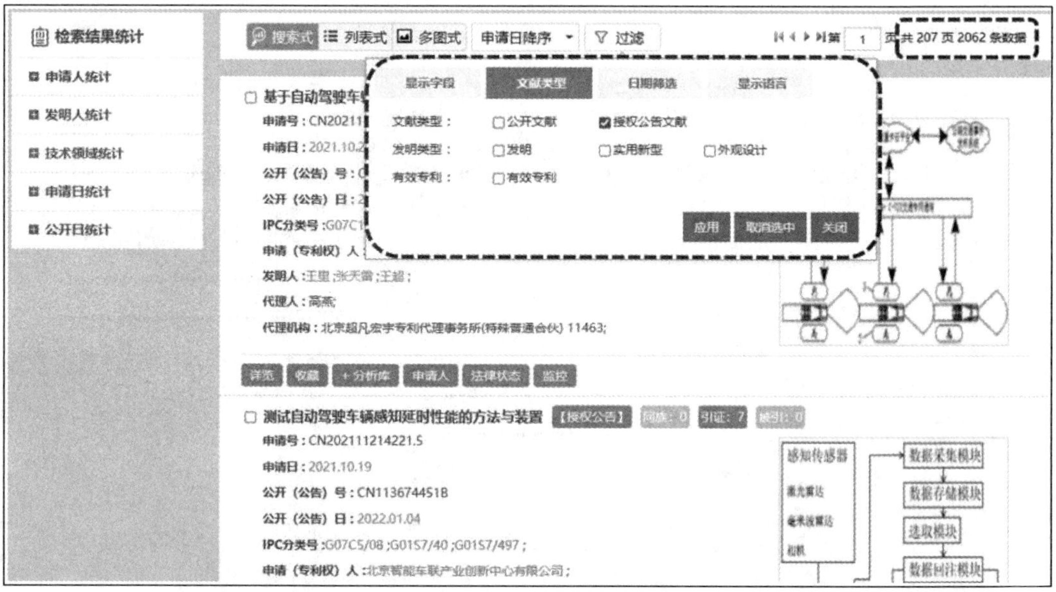

图 10-9 “自动驾驶”方面的授权公告文献的结果示例

要了解一个专利的详细信息，可以通过点击“详览”，查看著录项目，如申请号、发明名称、摘要等内容；也可以查看全文文本，主要为权利要求书和说明书，并可以对选定的内容进行翻译；全文图像是该专利申请书的一个图像版的全文，也包含权利要求书和说明书两部分，可以通过点击左侧的“下载”（见图 10-10），获得 PDF 版的全文。

图 10-10 通过“下载”获得全文的途径

除了可以通过检索结果页面左侧的“检索结果统计”栏，进行申请人、发明人、技术领域等统计外，还可以通过右侧的“+”号，把检索结果全部加入分析库，具体如图 10-11 所示。之后可以通过“追加”（在原分析基础上追加）、“覆盖”（进行全新的分析时使用）、“删除”（对创建的分析文献库进行删除修改）的操作，再点“进入分析”即可，具体操作如图 10-12 所示。

图 10-11　检索结果全部加入分析库操作途径

图 10-12　对检索结果进行分析操作

进入分析后，可以对申请人进行趋势分析、技术分析、区域分布分析、有效专利数量分析、相对研发实力分析、技术中心指数分析，以及对核心申请人进行统计。

【案例 10-3】若要对最近 6 年的“自动驾驶”方面的授权专利申请人进行趋势分析，需在检索结果中，点击“过滤”，在文献类型下选择“授权专利文献”，如前面的图 10-8 所示。过滤后点右侧的“+”号，把检索结果全部加入分析库，如前面的图 10-11 所示。之后可以通过“覆盖”操作，再点“进入分析”即可对申请人进行分析，如前面的图 10-12 所示。最终得到趋势分析等结果，如图 10-13 所示。如果觉得这个分析图有价值，可以点击保存，并且以后可在页面左侧的“日志报告”里查询和下载。

要详细、直观地了解如何使用国家知识产权局的专利检索与分析系统，可扫右侧二维码，观看相关的视频。

国家知识产权局的
专利检索与分析

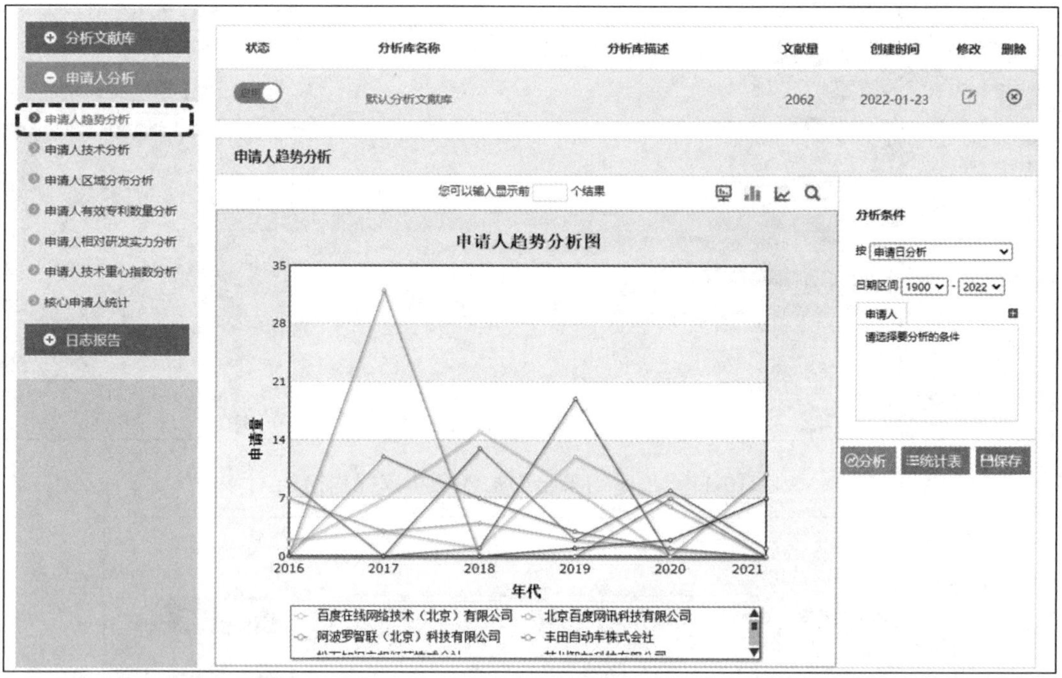

图 10-13　申请人趋势分析结果

10.3.2　中国专利其他平台检索

1. 中国知网专利检索

中国知网是一个综合性的文献服务系统。该系统除了提供期刊论文、学位论文等常见文献类型的检索外，也可以进行专利文献检索。如图 10-14 所示。

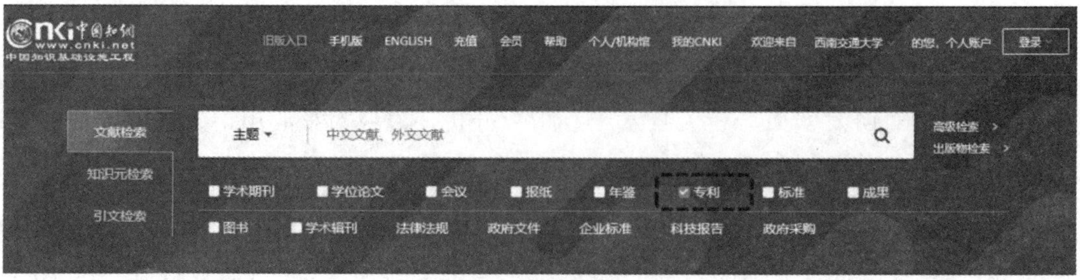

图 10-14　中国知网专利检索入口

中国知网专利检索系统包括中国专利和海外专利。中国专利收录了 1985 年以来在中国大陆申请的发明专利、外观设计专利、实用新型专利，共 3 560 余万项，每年新增专利约 250 万项；海外专利包含美国、日本、英国、德国、法国、瑞士、俄罗斯、韩国、加拿大、澳大利亚等十国，世界知识产权组织、欧洲专利局两组织，中国香港及中国台湾两地区的专利，共计收录从 1970 年至今专利 1.2 余亿项，每年新增专利约 200 万项。

中国知网专利检索系统有其独特的功能（见图 10-15）。它利用自身的知识平台优势，在检索结果中，把专利相关的一些信息，比如相似专利、本领域科技成果和标准（相关科技成果、相关标准）、研究与应用（本专利研制背景、本专利应用动态、所涉及核心技术研究动态），包括期刊的一些文献，都连接起来，并提供相关的链接。

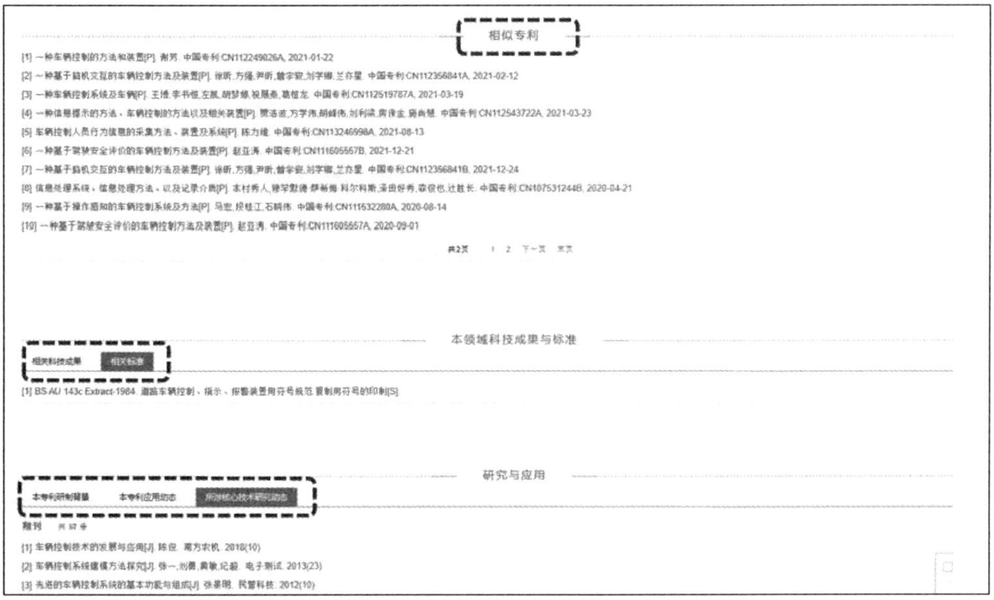

图 10-15　中国知网专利检索系统独特的功能

2. 大为专利检索

大为 innojoy 专利搜索引擎是一款集全球专利检索、分析、管理、转化、自主建库等功能于一体的专利情报综合应用平台，一站式实现专利数据信息资源的有效利用和管理。

（1）数据收录：innojoy 收录全球 104 个国家和地区的 1 亿多条专利数据、5 000 多万件专利说明书、60 个国家和地区的法律状态、19 个国家代码化全文、14 个非英语语种国家高品质英文翻译和独有的美国增值数据。

（2）检索功能：innojoy 支持 12 种检索方式，从简单检索、表格检索、表达式检索、智能检索到跨语言检索、二次检索等满足各种检索要求。图 10-16 是 innojoy 的检索首页，含一框式检索、发明大师、超级专利、热点技术等模块。

（3）评价指标：大为专利指数 DPI，建立了专利质量量化评估模型，通过专利被引证数、同族数、存活期、许可、转让、无效等指标量化评估专利的质量。

（4）信息展示形式：从首图式展示、列表式展示、法律状态履历到英文在线翻译、单件及多件专利对比视图、专利代码化全文等全面的数据呈现方式。

（5）分析功能：66 种分析模板，一键生成分析报告。Excel/Word/Html 等格式数据导出，单件/批量说明书导出，下载与导出更便捷，速度快。

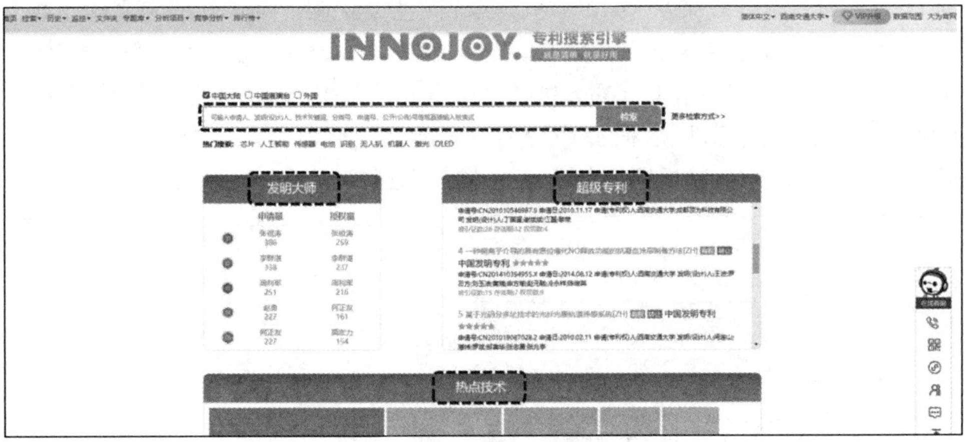

图 10-16　innojoy 专利检索首页

大为 innojoy 的分析功能尤为强大。它不仅可以从数量上进行分析，还可以从质量上进行分析，即对一个检索结果或者对某一条专利，都可以基于它的质量进行分析。尤其是大为特有的 DPI 专利指数分析，能从技术价值、法律价值、市场价值、战略价值、经济价值共五个维度，以及 30 项专利指标进行优化分析，并以分值和星级的形式，为用户判断专利质量及专利价值度提供客观参考。

【案例 10-4】对中国发明专利“启用和停用自动驾驶”进行 DPI 等结果分析。

首先，需在检索结果中，点击图标“”，进入结果分析页面，系统可进行趋势分析、专利地域分析、申请人分析、法律及运营分析、当前专利权人分析、发明人分析、技术主分类分析、技术分类分析、代理机构分析、DPI 分析，还可进行自定义分析。具体如图 10-17 所示。其次，点击“DPI 分析”后，可以从 DPI、被引证、引用、同族、转让次数、许可次数、质押次数、复审无效、维持年限、IPC、说明书、奖励类型等角度进行数据分析，预设丰富分析模板，分析结果可一键导出。DPI 分析包含星级分布、DPI 申请阶段对比分析、DPI 年度构成分析等，图 10-17 中也可见对申请人 DPI 维度进行的分析结果。

要详细、直观地了解大为 innojoy 的分析功能，可扫下方二维码，观看相关的视频。

大为专利检索与分析

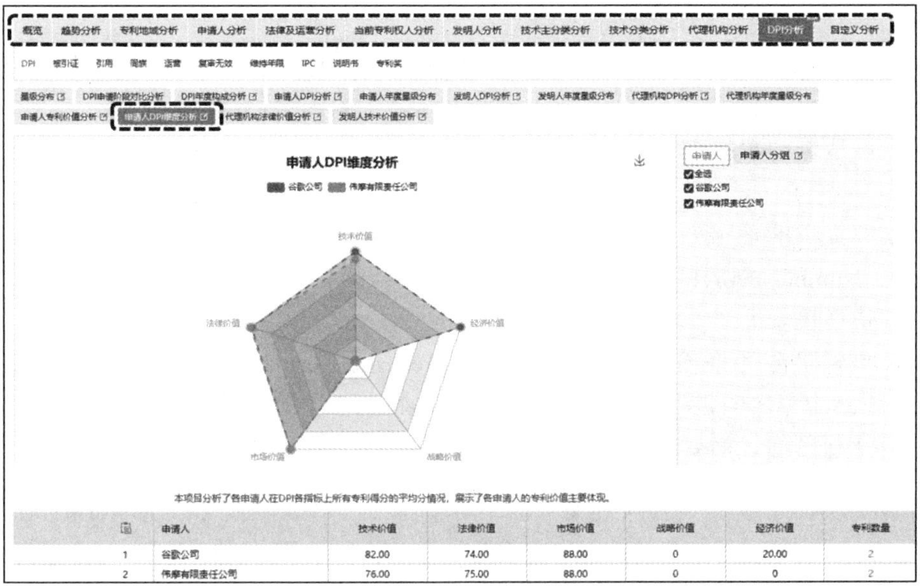

图 10-17　申请人 DPI 维度进行的分析

10.4　国外专利文献检索

10.4.1　美国专利文献检索——美国专利与商标局 USPTO 数据库

美国专利商标局网站（https://www.uspto.gov）是由美国专利商标局（USPTO）建立的政府性官方网站，此网站向公众提供全方位的专利信息服务（见图 10-18）。其专利数据库免费提供 1790 年至今的图像格式的美国专利说明书全文以及 1976 年以来网页格式的专利说明书全文，网址为 https://patft.uspto.gov。数据库内容每周更新一次。

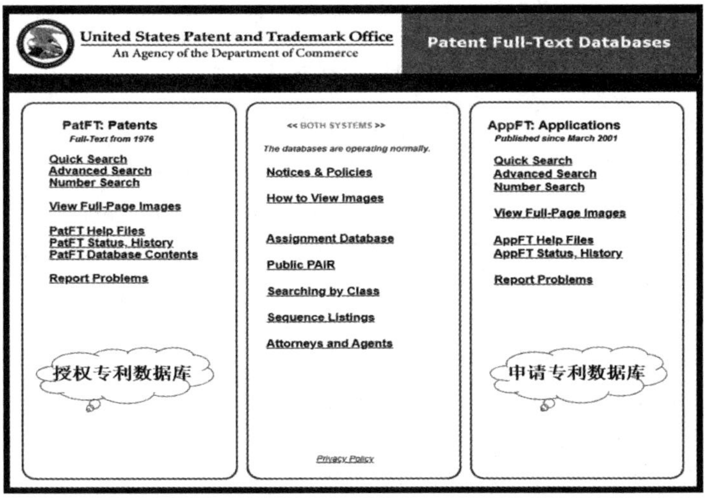

图 10-18　美国专利与商标局 USPTO 数据库

美国专利数据库分为两部分：

- 授权专利数据库（PatFT）：提供 1790 年至今授权的美国专利，有 1790 年至今的图像说明书，1976 年至今的全文文本说明书（附图像链接）。
- 申请专利数据库（AppFT）：提供 2001 年 3 月 15 日以来的申请说明书文本和图像。

数据库提供的检索方式有三种：Quick Search（快速检索）、Advanced Search（高级检索）、Number Search（号码检索）。

（1）快速检索。

快速检索最多允许输入两个检索内容（Term1、Term2），在选择的相应检索字段（Field1、Field2）之间进行逻辑组配检索（与 AND、或 OR、非 ANDNOT）。主要检索字段包括专利名称、摘要、专利号等五十余项。

【案例 10-5】查找“铁路安全”相关专利。如图 10-19 所示，在 Term1 文本框中输入“rail”，在 Term2 文本框中输入“safe”，选取 AND 运算符，在 Field1 菜单中选取 Title 字段，在 Field2 菜单选取 Abstract 字段，最后点击“Search”按钮即可得到检索结果。

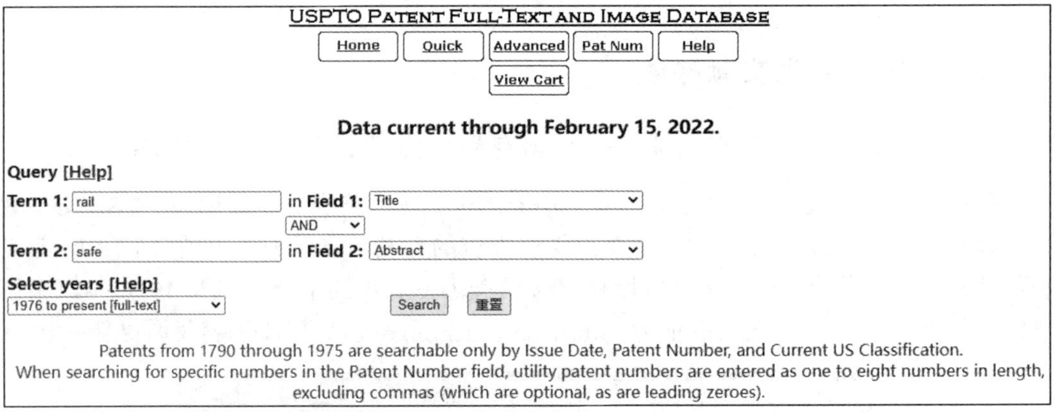

图 10-19　USPTO 数据库快速检索示例

（2）高级检索。

高级检索是使用命令行进行检索的方式，用户自行构建检索式，可以输入两个以上的检索项，使得专利检索更加灵活、准确。高级检索允许检索内容限定在某个字段，检索内容之前使用字段代码及斜杠“/”。高级检索的检索方式为：字段代码/检索内容。检索表达式用布尔逻辑运算符和括号连接起来。

【案例 10-6】查找“铁路安全”相关专利。

如图 10-20 所示，在 Query 文本框中输入 ttl/rail AND（ttl/safe OR abst/safe），点击“Search”按钮即可得到检索结果。

与中文专利检索一样，外文专利检索通常也在标题字段输入核心词，在摘要字段输入附加词或限定词。

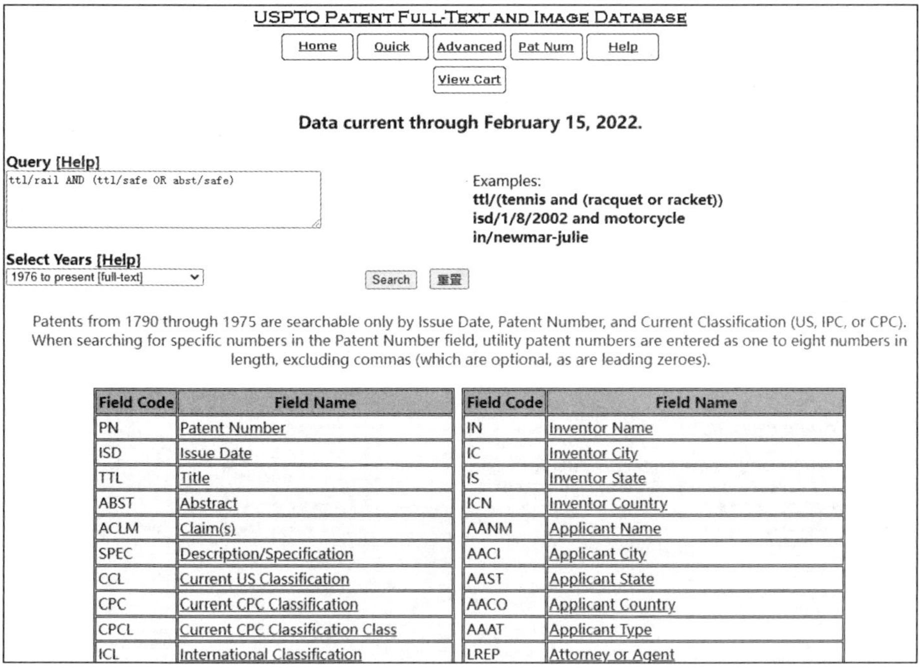
USPTO PATENT FULL-TEXT AND IMAGE DATABASE

Home | Quick | Advanced | Pat Num | Help

View Cart

Data current through February 15, 2022.

Query [Help]

ttl/rail AND (ttl/safe OR abst/safe)

Examples:
ttl/(tennis and (racquet or racket))
isd/1/8/2002 and motorcycle
in/newmar-julie

Select Years [Help]

1976 to present [full-text]

Search 重置

Patents from 1790 through 1975 are searchable only by Issue Date, Patent Number, and Current Classification (US, IPC, or CPC). When searching for specific numbers in the Patent Number field, utility patent numbers are entered as one to eight numbers in length, excluding commas (which are optional, as are leading zeroes).

Field Code	Field Name	Field Code	Field Name
PN	Patent Number	IN	Inventor Name
ISD	Issue Date	IC	Inventor City
TTL	Title	IS	Inventor State
ABST	Abstract	ICN	Inventor Country
ACLM	Claim(s)	AANM	Applicant Name
SPEC	Description/Specification	AACI	Applicant City
CCL	Current US Classification	AAST	Applicant State
CPC	Current CPC Classification	AACO	Applicant Country
CPCL	Current CPC Classification Class	AAAT	Applicant Type
ICL	International Classification	LREP	Attorney or Agent

图 10-20　USPTO 数据库高级检索示例

（3）号码检索。

号码检索允许用户在检索框中直接输入一个或多个专利号进行检索。输入多个专利号时，可以用空格进行分隔。另外，除了实用专利直接输入号码外，其他类型专利需加类型代码进行检索。外观设计的代码为“D”；植物专利为“PP”；再版专利为“RE”；防卫公报为“T”；依法注册发明为“H”等。图 10-21 是外观设计的专利检索示例。

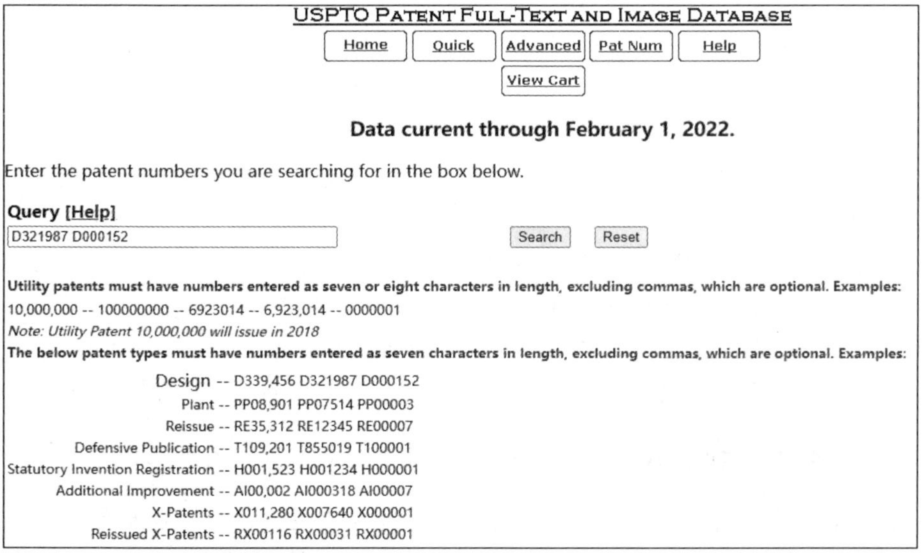
USPTO PATENT FULL-TEXT AND IMAGE DATABASE

Home | Quick | Advanced | Pat Num | Help

View Cart

Data current through February 1, 2022.

Enter the patent numbers you are searching for in the box below.

Query [Help]

D321987 D000152

Search Reset

Utility patents must have numbers entered as seven or eight characters in length, excluding commas, which are optional. Examples:
10,000,000 -- 100000000 -- 6923014 -- 6,923,014 -- 0000001
Note: Utility Patent 10,000,000 will issue in 2018
The below patent types must have numbers entered as seven characters in length, excluding commas, which are optional. Examples:

Design -- D339,456 D321987 D000152
Plant -- PP08,901 PP07514 PP00003
Reissue -- RE35,312 RE12345 RE00007
Defensive Publication -- T109,201 T855019 T100001
Statutory Invention Registration -- H001,523 H001234 H000001
Additional Improvement -- AI00,002 AI000318 AI00007
X-Patents -- X011,280 X007640 X000001
Reissued X-Patents -- RX00116 RX00031 RX00001

图 10-21　USPTO 数据库号码检索示例

从以上任一方式输入检索式后，点击“Search”即可得到检索结果页面（见图 10-22）。检索结果以列表形式进行显示，包括专利号及专利名称；检索结果是按照专利文献公布日期进行排序，即最新公布的专利文献排在最前面，显示页面一次最多显示 50 条记录，通过点击“Nextlist”继续浏览。专利号之前的符号“T”代表该专利有全文文本。另外，如果需要进一步缩小检索结果范围，可以进行二次检索，在“Refined Search”对应的检索框中将当前检索式与其他检索项进行组配，从而缩小检索范围，使检索结果更加准确。

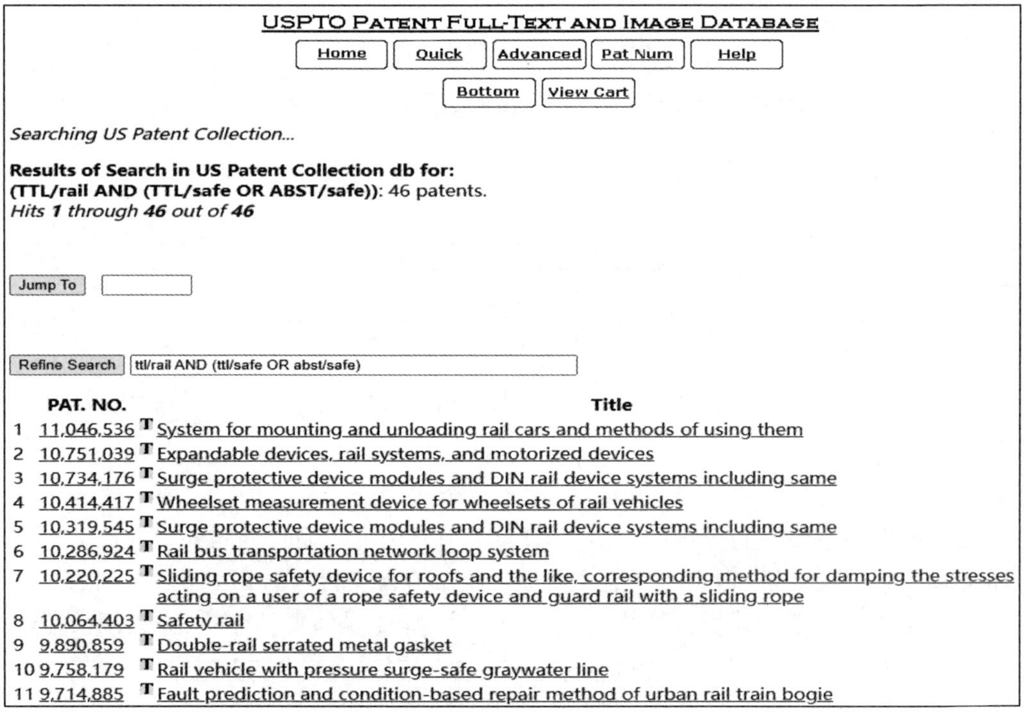

图 10-22　USPTO 数据库检索结果示例

检索注意事项：

（1）若使用短语进行检索时，短语须用双引号""括起来。例如，检索“盐酸”要输入"hydrochloric acid"即可。

（2）支持右截断，逻辑检索允许使用通配符“$”代替某些字符串后面（注意只能是后面，而不能是前面或中间）的字母，例如 safe$表示检索词中含有 safe 或 safety 等的专利。如不在特定字段检索，字符串的长度必须至少 4 个字母长，如在特定字段（如专利号、专利人等）则字符串长度至少 3 个字母。使用短语检索时不能使用通配符。

10.4.2　欧洲专利文献检索——Espacenet 专利检索平台

Espacenet 专利检索平台（https://worldwide.espacenet.com）由欧洲专利局（EPO）管理。2019 年 11 月，EPO 发布最新版 Espacenet，新版检索系统将原来的欧洲专利检

索（EP 数据库）、全球专利检索（Worldwide 数据库）、世界知识产权组织专利检索（WIPO 数据库）合并为统一的全球专利检索，涵盖全球 100 多个国家和地区的专利文献，提供全球 1.1 亿多份专利文献的免费访问，并对专利信息检索工具作了大幅改进，使用户的专利检索更容易。支持使用英语、法语或者德语进行检索。检索方式主要有：

（1）智能检索。

智能检索允许用户在检索框中输入单个词、多个词，或更加复杂的检索条件，通过指定检索字段进行检索，检索式构建规则为“检索字段=检索要素”，例如 ti=“mouse trap”，具体的检索字段标识可查阅网站主页中的 Pocket guide（见图 10-23）。需要注意的是，检索框中每次最多可以输入 20 个检索词。

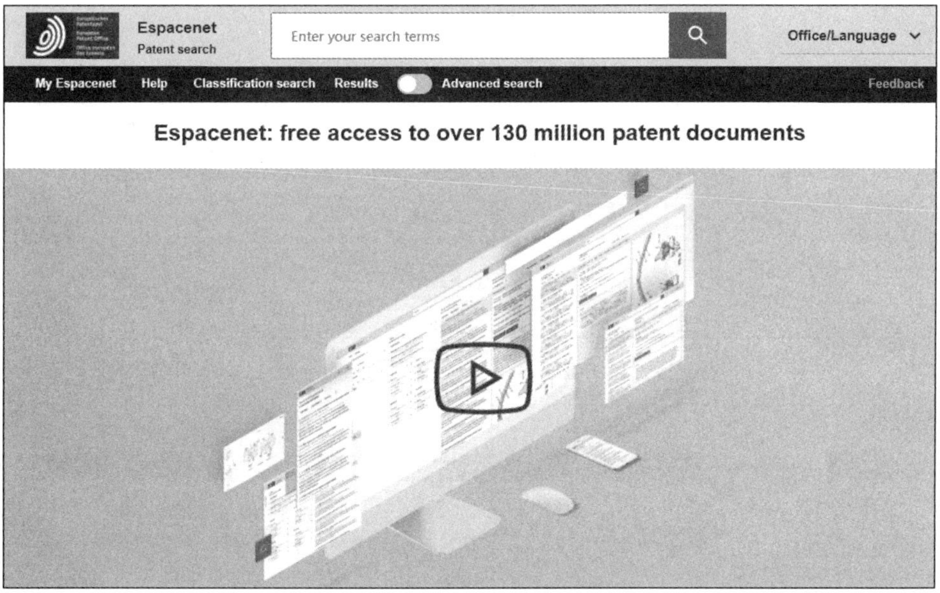

图 10-23　Espacenet 检索界面

（2）高级检索。

检索界面呈现的是阶层式布尔运算表格，使用者可以在空格处填入关键字，点选“Search”按钮后，界面右边即为检索结果。此外，使用者可以设定每个关键字检索范围（见图 10-24），包含专利名称、摘要、申请专利范围、说明书等。同时，也可以根据需要，增加检索输入框，并指定为 OR、AND、NOT 三种布尔逻辑运算关系，如图 10-24 所示。

（3）分类号检索。

欧洲专利局的分类检索是按联合分类号（CPC）进行分类。在分类号检索框内输入对应的分类号，点击“Search”，可显示对应分类号的全部下位类，在显示的下位类中勾选所要检索专利的具体的分类号，然后在右侧的“selected classifications”处点击“find patents”即可获取对应分类号的所有专利文献（见图 10-25）。

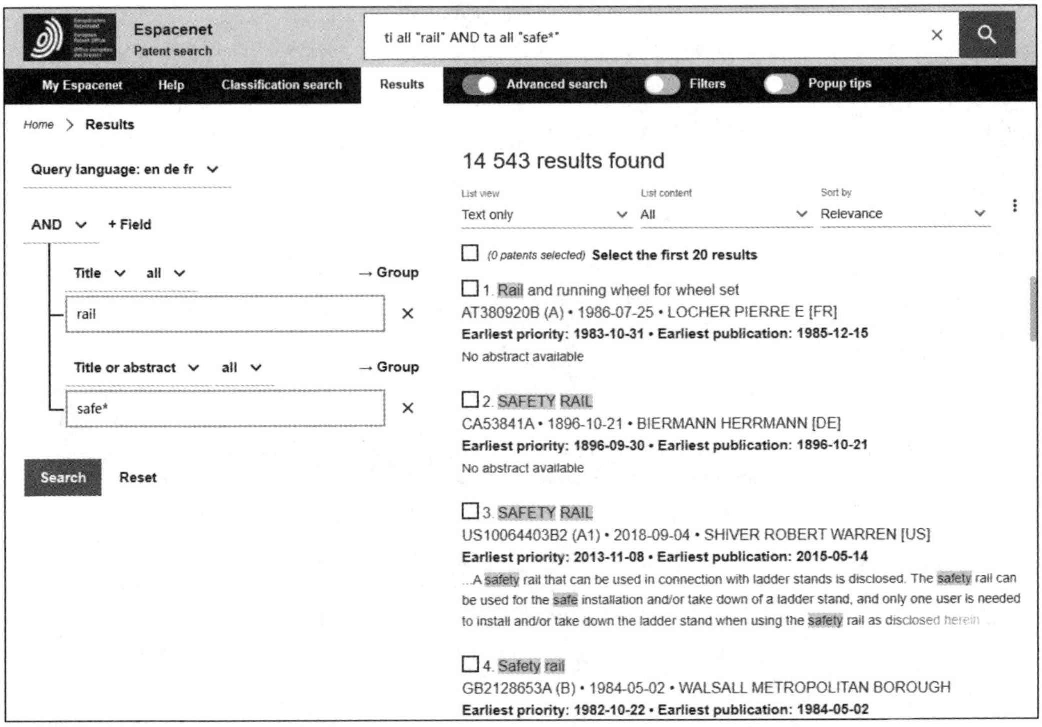

图 10-24　Espacenet 高级检索界面

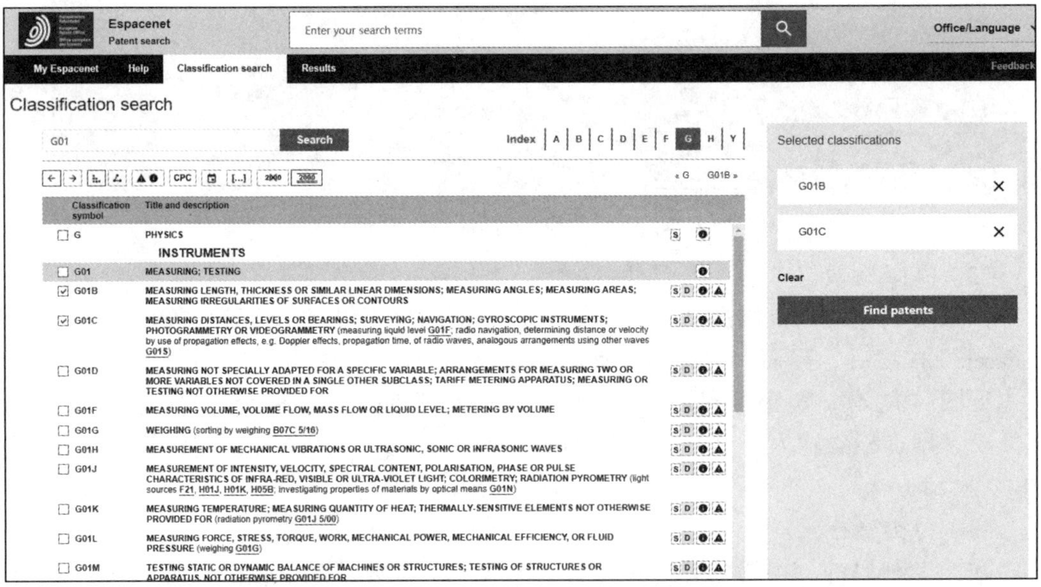

图 10-25　Espacenet 分类号检索界面

在以上三种检索方式的检索结果列表页面中，点击任意的专利名称，可以链接进入该专利申请详细信息页面，页面中可浏览该专利的著录数据（bibliographicdata）、说明书（description）、权利要求书（claims）、说明书附图（mosaics）、原始说明书（original document）等信息，还可通过该页面中的各种链接获取被引文献（cited documents）、引证文献（citing documents）、法律状态（INPADOClegal status）、同族专利（INPADOC patent family）等信息。

温馨提示：与其他检索系统类似，支持“”“?”“#”通配符的使用，但不支持左侧截词检索，例如无法执行检索式“?car”，此外，也不支持在 IPC 或者 CPC 中使用通配符“？”。*

10.4.3 日本专利检索——J-PlatPat 专利检索平台

日本专利局将自 1885 年以来公布的所有日本发明专利、实用新型和外观设计专利文献及检索系统通过其网站（http://www.jpo.go.jp）上的工业产权数字图书馆（IPDL）免费提供给全世界的公众查询。自 2015 年后上线了新的专利平台 J-PlatPat 替代原 IPDL 系统，J-PlatPat 网址为 https://www.j-platpat.inpit.go.jp，该平台支持英文和日文两种语言，均可查询日本发明专利、实用新型、商标数据及外观设计数据。检索方式主要有如下几种：

1. 简单检索

在 J-PlatPat 首页提供了一个简单检索界面（见图 10-26），可以选择同时检索发明/实用新型、外观、商标或选择其中一类，通过在检索框中直接输入关键字或专利号进行检索。

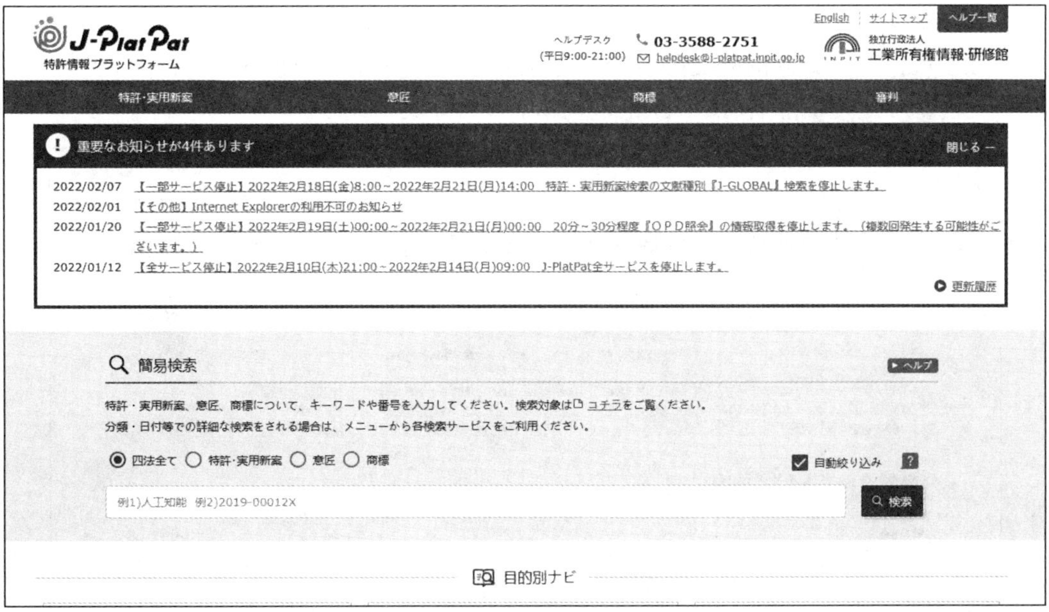

图 10-26 J-PlatPat 检索界面

2. 表格检索

J-PlatPat 平台的表格检索跟普通表格检索类似，通过选择不同的检索字段进行组合检索（见图 10-27）。这个检索界面可以检索日本、中国、美国等国家或地区的专利，特别地，该平台还可以检索日本非专利文献（J-GLOBAL 数据库），实现了在一个数据库里同时检索专利和非专利文献。

图 10-27 J-PlatPat 表格检索

3. 分类号检索

J-PlatPat 平台支持按分类号、分类号关键字检索（见图 10-28）。其中分类号检索支持日本专利分类体系（FI/F-Term）和国际专利分类（IPC）。

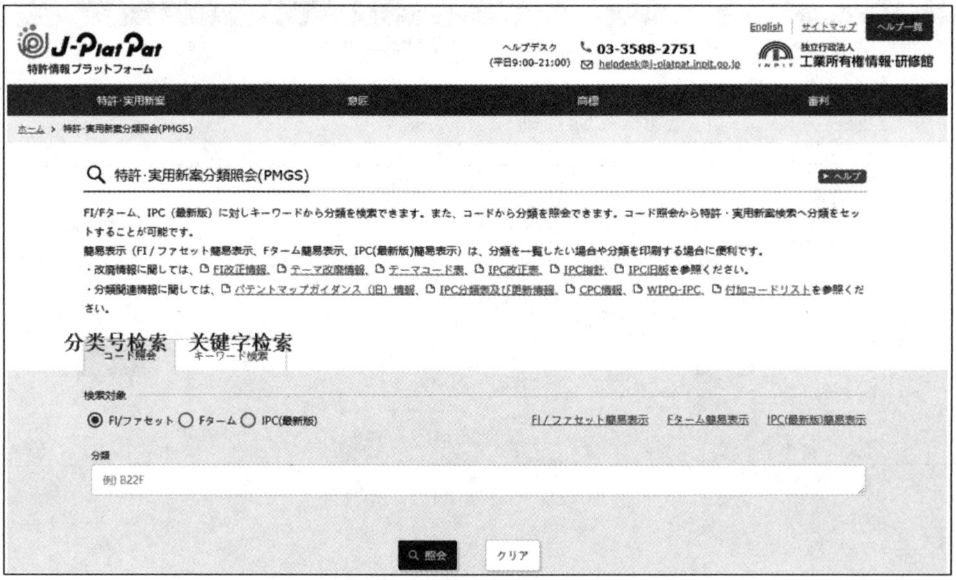

图 10-28 J-PlatPat 分类号检索

10.5　专利案例分析

从专利结果分析研究型大学的实力案例

【案例 10-7】以 2012 年国内 8 所大学为例，从专利数量看研究型大学的实力。

首先，通过专利检索（见图 10-29），以及“授权”过滤后分别获得不同大学的专利数量，如表 10-4 所示。

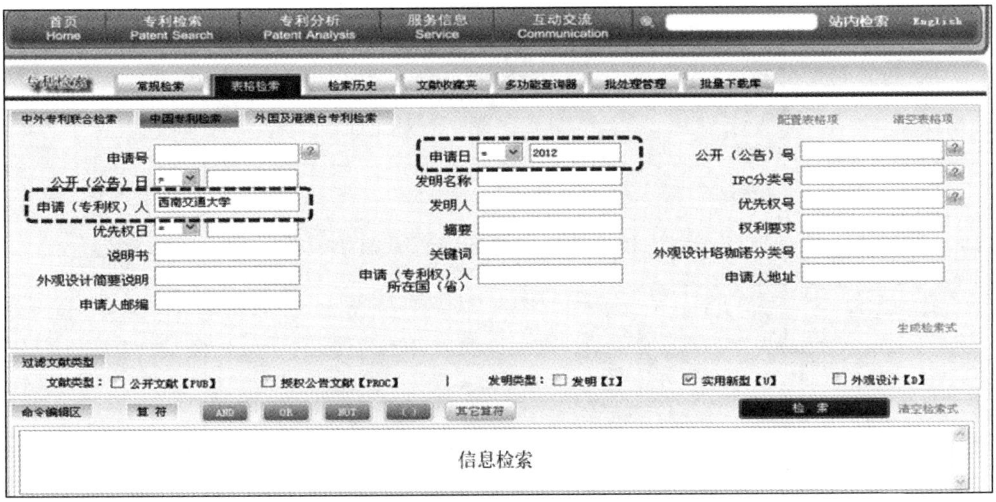

图 10-29　对西南交通大学所做的专利检索

表 10-4　8 所高校 2012 年获得专利数量

名称	发明专利	实用新型专利
清华大学	2 101	276
上海交通大学	1 636	194
西安交通大学	880	110
四川大学	813	192
电子科技大学	2 116	427
浙江大学	2 570	620
北京航空航天大学	1 176	51
西南交通大学	328	191

其次，在检索结果中，通过对比每个大学的发明专利、实用新型专利数量，对每个研究型大学的实力，就会有一个初步的了解。

再次，通过对主要的技术领域构成、主要的发明人等进行分析，可以了解各个高校的重点创新领域（见图 10-30）、主要的创新人物（见图 10-31）。如果要报考研究生，可以从中寻找喜欢的、合适领域的导师；如果是企业，可以寻找合适的大学、专家开展合作。

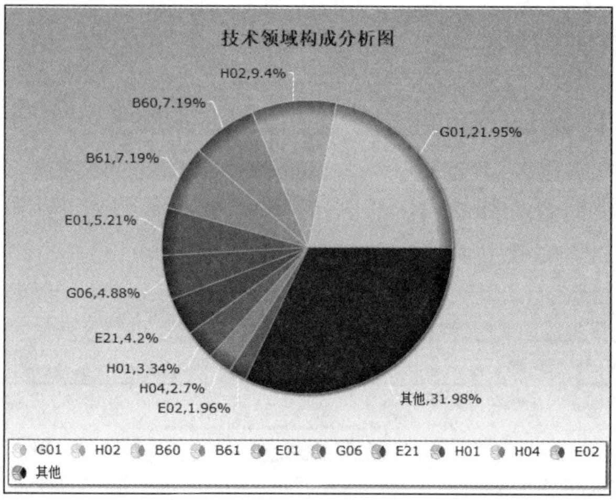

图 10-30　西南交通大学重点创新领域

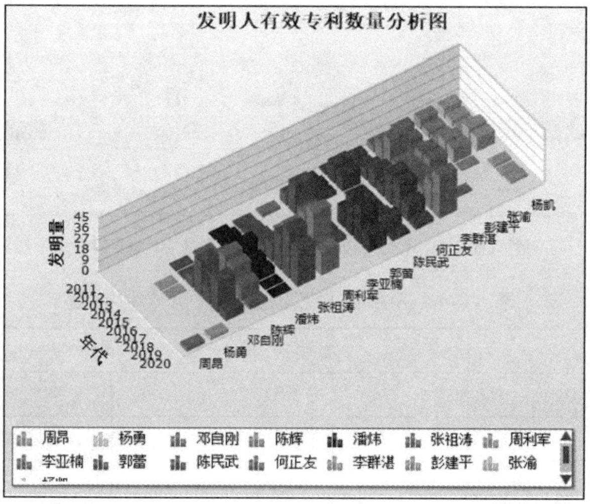

图 10-31　西南交通大学主要创新人物

【案例 10-8】“磁悬浮列车研究技术动态”的专利分析

2003 年，我国要建一条北京到上海的铁路，当时争论的焦点在于是建高速铁路还是建磁悬浮铁路，该如何论证？

首先，通过专利检索，了解磁悬浮列车的技术要点，为决策提供一些技术支撑。

当时通过检索磁悬浮列车的发明专利（见图 10-32），检测出 38 条结果。进行统计后，得到主要研究机构和专利分布情况，如表 10-5 所示结果。

“磁悬浮列车研究技术动态”的专利分析案例

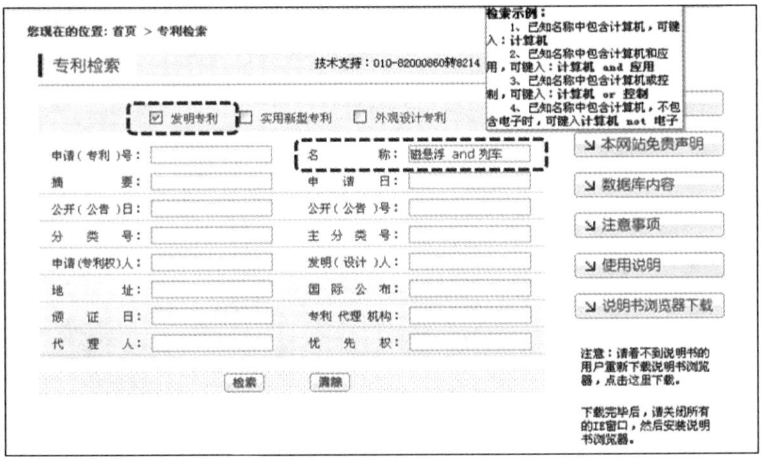

图 10-32 磁悬浮列车的专利检索

表 10-5 磁悬浮列车主要研究机构和专利分布情况

北京控股磁悬浮技术发展有限公司；中国人民解放军国防科学技术大学	6	运行控制系统及其控制方法、钢枕、测速、定位与鉴向装置、防撞机构、悬架高度控制装置
国家磁浮交通工程技术研究中心	5	热冗余车载控制系统、走行机构纵梁、供电的方法及其装置
云南变压器电气股份有限公司	5	自导向磁悬浮列车车体、路轨及高速列车、磁悬浮方法、供电驱动板
西南交通大学	4	超导磁悬浮列车系统、行机构的搭接装置、低速磁悬浮列车的空气弹簧
上海磁悬浮交通发展有限公司	3	磁悬浮列车动力轨安装测量器、磁悬浮列车定子线圈半自动敷设组合车、磁悬浮列车动力轨安装车
德国（5 家公司）	9	行驶道路、行车路轨、操作磁悬浮列车的方法和装置、涡流制动器的磁悬浮列车、设有压缩空气供给单元的磁悬浮列车、磁悬浮列车的驱动
其它（个人）	6	

进行一个对比分析，可得到区域申请人分布，如图 10-33 所示。

根据统计结果显示，可以了解当前磁悬浮列车的研发现状，各机构开发的侧重点，为我们进一步进行技术跟踪和寻找突破点提供参考。

思考：如果国家要投入对磁悬浮列车的研究，哪些单位（企业）容易获得经费？如果国家要投入建设磁悬浮列车线路，哪些单位（企业）容易从项目建设中获利，即哪些专利容易被转化或者必须被转化？

换言之，要找出其中的核心专利。经过分析，发现德国有 5 家公司，他们申请了 9 条专利（见表 10-6）。可以看出这是一个成熟专利国家的专利布局，如沃尔特公司专注于磁悬浮列车道路技术的申请；蒂森克鲁普技术公司是专注于路轨技术；迅捷在于操作技术；蒂森克鲁伯快速运输公司在于系列列车技术；西门子公司专注于驱动技术等。从中可以发现，德国 5 家公司的 9 条专利，从道路、路轨到驱动，组成了完整的磁悬浮列车的一个研发技术系统。

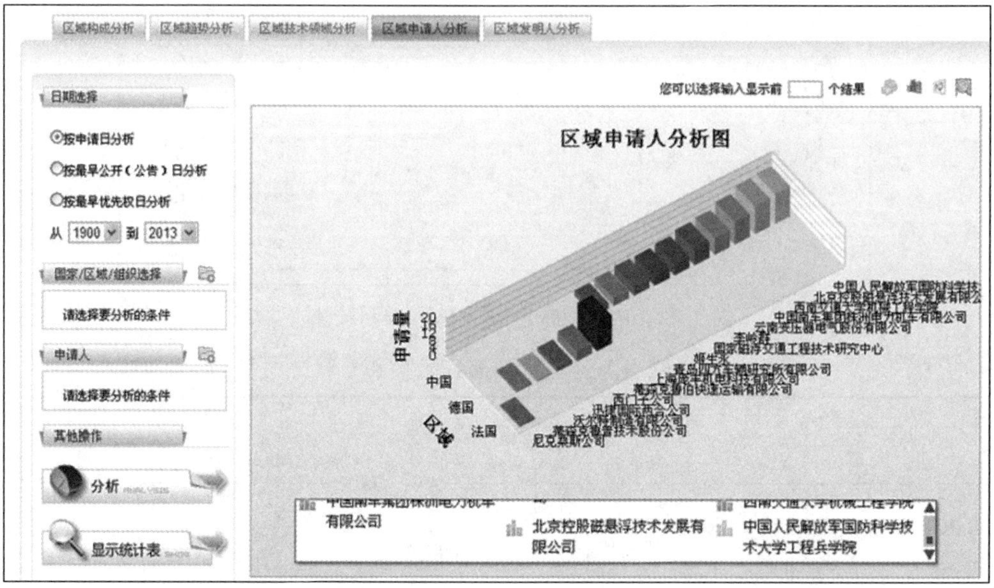

图 10-33　磁悬浮列车检索结果的区域申请人分布

表 10-6　德国 5 家公司的 9 条专利布局和机会发现

磁悬浮列车的行驶道路	沃尔特制造有限公司
磁悬浮列车的行车路轨	蒂森克鲁普技术股份公司
操作磁悬浮列车的方法和装置	迅捷国际两合公司
操作的长定子直线电机磁悬浮列车的装置	迅捷国际两合公司
设有涡流制动器的磁悬浮列车	蒂森克鲁伯快速运输有限公司
磁悬浮列车中用于调节支持间隙的方法	蒂森克鲁伯快速运输有限公司
设有压缩空气供给单元的磁悬浮列车	蒂森克鲁伯快速运输有限公司
接地导体上的装置及装有它的磁悬浮列车	蒂森克鲁伯快速运输有限公司
磁悬浮列车的驱动	西门子公司

这也是成熟国家申请专利的时候，各个公司只申请自身有实力进行转化的技术（其他没有实力进行转化的，就不去申请），然后几家公司组成一个系统。如果要建造一个磁悬浮列车线路的话，这些专利基本上就可以发挥各自的作用。这也是当时为什么京沪高铁没有选择建立磁悬浮的一个比较重要的原因。

总之，专利要有针对性，要有可转化的价值途径，否则会带来沉重负担。因为专利申请既有申请费又有维护费，还可能随时被新的发明所取代。

通过专利检索，可以深入去发现、了解别人的一个专利布局、专利的重点领域，从强势专利（技术）开发群体中寻找机会。比如要生产这些制造这些产品，就需要挖掘、引进相应人才，可以通过检索结果去发掘去发现；所以专利检索不仅可以让我们了解专利知识，而且可以从中去寻找机会。

当然，专利检索也可以与其他的一些检索结果结合，进行综合利用。比如可以通过这个发明人，可以去检索他申请的其他专利，可以检索这位发明人发表的一些科技论文，多角度去了解这个专利的一个背景和技术动态。所以，专利检索和其他检索结合起来，比如与论文科技成果的检索结合起来，能够更好地去分析一些技术的发展和技术动态。

Part 11

第 11 章　信息安全和信息识别

11.1　信息安全

当今信息网络通信技术的广泛应用，既给人们的生产、生活带来了莫大的好处，同时也带来了诸多风险和伤害。信息化社会中的每一个人、每一个组织、每一个机构、每一个国家都面临很多信息安全的问题，国家层面的信息安全是如何维护国家的政治、军事等机密，机构组织层面的信息安全是保护机构的商业、技术，而我们个人层面的信息安全涉及到的是个人隐私的保护。

11.1.1　信息安全——国家层面

如何维护国家信息安全

每年的 4 月 15 日，是我国的全民国家安全教育日。说到国家安全，很多人会联想到间谍、特工、战争等，觉得离自己太遥远，甚至很多人觉得和自己没有关系。实际上，国家安全早已不限于“保卫国家不受侵略”的意思，而当代国家安全包括政治安全、网络安全等 16 个方面的内容。中国国家安全委员会明确将信息安全作为构建国家安全体系的重要一环，凸显信息安全在国家安全中的重要地位。国家的信息安全是具体的，也是细微的，它与每个人密切相关，渗透在了我们日常生活里。

1. 维护国家安全，没有“局外人”

“没有网络安全就没有国家安全，没有信息化就没有现代化。” 习近平总书记的这一重要论断，把网络安全上升到了国家安全的层面，为推动我国网络安全体系的建立，树立正确的网络安全观指明了方向。

而近年来，一些由网络安全引发成为影响国家社会安全的事件频发，也让我们充分认识到网络安全已经成为国家安全的重要组成部分，网络也成为维护国家安全的重要战场。大学生是国家未来发展的主力建设者和参与者，提高他们的国家安全和网络安全意识将是保障国家健康发展的重要一环。

危害国家安全，间谍常用套路有：

（1）拍摄照片。以杂志、报纸约稿等名义要求拍摄敏感照片，并许诺重金。

（2）请教问题。通常打着请教问题的名义，向一些在国防、部队等机构工作的人员套取军事情报。

（3）网络兼职。一些在校大学生、中学生在网上求职或网聊时被境外间谍盯上，主要以积极兑现酬金的形式，兼以要挟等手段，但不见面。境外间谍还会诱导、建议学生发展自己同学参与其中。

（4）打感情牌。不少人是被情感牌拉下水，出于友谊或者感恩甚至是爱情，死心塌地为境外间谍刺探军事情报。

信息安全意识淡薄，危害国家安全的案例还很多。国家的信息安全已经深入到了我们日常生活中。日常生活中，随手拍个照，发个朋友圈是再正常不过的事了，但是生活在军事管制地区的居民，如果随手拍摄军队演习拉练的图片，转发朋友圈，不经意间就在威胁着国家的安全。

【案例 11-1】男子好奇拍下军机发上网　泄露国家机密被判缓刑

男子通过 QQ 与一位境外人员结识，后多次按照对方要求到军港附近进行观测，采取望远镜观看、手机拍摄等方式，搜集军港内军舰信息，整编后传送给对方，以获取报酬。依照《中华人民共和国刑法》相关规定，对其以为境外刺探、非法提供国家秘密罪判处有期徒刑五年，剥夺政治权利一年，并处没收个人财产人民币 5 万元。

2. 如何维护国家信息安全

国家安全涉及的国家社会生活的方方面面，是国家、民族生存与发展的首要保障。把国家安全放在高于一切的地位，是国家的需要，更是个人安全的需要。维护国家安全，需要我们提高国家其安全的认知，熟悉国家安全的法律法规，提升安全防范意识，

具体行动上，我们需要做到：

（1）不在内网专用电脑上使用互联网、单位使用的 U 盘不能带回家连接互联网。

（2）在微信朋友圈晒照片，要注意照片中的背景，不能在军事基地、军用港口等地，还有其他未经允许的地方拍摄。

（3）警惕境外电台、电视、网络等传媒的煽动、造谣。一些有境外背景的组织和个人，利用一些群众不满情绪，煽动与政府对抗。遇到这些情况，应立即报告。

（4）一些可疑人员未经批准到内部调查，进行科技、经济、企业等情况搜集。发现这种情况不能随意提供，并向当地公安机关或国家安全机关报告。

（5）发现可疑线索不隐瞒。发现泄露或可能泄露国家秘密的线索，发现危害国家安全的情况和线索拨打国家安全机关“12339”举报电话进行举报。

11.1.2　信息安全——个人层面

造成个人信息泄漏的渠道

1. 个人信息问题的出现

网络安全与每个公民息息相关，小到个人，大到政企、机构，都需依法从事网络行为，更要注重防范网络威胁。面对黑客攻击、信息泄露等

日益复杂的网络安全态势，网络安全的重要性日益凸显。大数据、人工智能、云计算等技术的广泛应用，基于推荐算法的个性化广告进入日常生活。政府可以利用大数据，提高办事效率，有利于推动服务型政府的建设；企业可以利用大数据对消费者相关信息的分析，精准投放广告，赢得更多的经济效益；个人可以通过大数据享受到更多的个性化服务。

智能穿戴设备每天会记录你行走的步数、睡觉的状态，甚至是心率、血压等生理情况，外卖软件会记录你的饮食习惯；网上商城记录购物习惯；搜索引擎记录浏览行为；聊天软件记录社交行为；打车软件记录你的位置。微博，记录着你的兴趣爱好，推测你的性别、性格，甚至是某些隐私。

更夸张的是，高考完，成绩出来，就有大学的招生电话过来了。你叫什么名字，在哪上学，你的高考成绩多少，甚至家庭住址都知道。“家里孩子刚出生，每天就有应接不暇的母婴用品广告推送”“网上搜了点摄影资料，随后就被铺天盖地的摄影器材广告轰炸”“刚浏览几个婚恋平台，微博上就有大量相亲对象照片发过来”“刚买了房子，紧跟着而来的就是装修公司的电话轰炸”……如今，这样的“精准营销”并不鲜见，给人带来困扰。正因为大数据时代下，大量的信息能够快速被共享，网络安全保护技术发展不健全，个人信息便会轻易泄露，经常能听到人们感叹自己成为大数据时代的“透明人”。

大数据的迅猛发展与广泛应用，为人们的生活提供了极为便利的服务，但它是一把双刃剑，给产业发展、民生安全和国家治理带来了新的机遇，也给个人隐私保护带来了前所未有的挑战。

个人信息已成为大数据产业发展的重要基础资源之一，需求日趋旺盛。而个人数据被滥用和黑市交易的日益猖獗，使得隐私保护的呼声日益高涨。面对这一供需矛盾，大数据产业发展亟须完善个人信息的隐私保护。

个人信息保护中的个人信息有哪些呢？2017 年 6 月 1 日开始实施的《网络安全法》第 76 条第 5 款给出了定义：“个人信息，是指以电子或者其他方式记录的能够单独或者与其他信息结合识别自然人个人身份的各种信息，包括但不限于自然人的姓名、出生日期、身份证件号码、个人生物识别信息、住址、电话号码等。”可以看到网络安全法实际上是采用了概括加列举的方式对个人信息下了定义，这种定义方式在司法解释上比较灵活。

2. 政府层面的个人信息保护

近年来，全国人大及其常委会在制定修改网络安全法、民法总则、刑法、电子商务法等法律中，对个人信息权益、个人信息处理规则、个人信息安全保护措施等做出规定，不断完善个人信息保护相关法律制度。

(1)《网络安全法》。

其中 2016 年 11 月 7 日，全国人大常委会通过了《网络安全法》，将个人信息保护纳入网络安全保护的范畴，《网络安全法》的第四章“网络信息安全”也被称为“个人信息保护专章”。对互联网中个人信息的监管做了极其细致的规定，明确了各相关主体的法律职责。也第一次在法律上给出了个人信息的定义，更重要的是确立了个人信息收集使用的五个基本原则。

① 合法正当原则，网络运营者收集使用个人信息必须出于正当目的，采用合法形式。

② 知情同意原则，要求网络运营者公开隐私规则，获得用户同意。

③ 目的限制原则，网络运营者不得超范围收集、不得违法和违约收集。

④ 安全保密原则，网络运营者不得泄露毁损个人信息，要采取预防措施、补救措施防止个人信息事故。

⑤ 删除改正原则，网络运营者应当应个人要求删除违法、违约信息、改正有误信息。

（2）《中华人民共和国个人信息保护法》。

《中华人民共和国个人信息保护法》于 2021 年 8 月 20 日第十三届全国人民代表大会常务委员会第三十次会议通过并于 2021 年 11 月 1 日起施行。《中华人民共和国个人信息保护法》，在有关法律的基础上，该法进一步细化、完善个人信息保护应遵循的原则和个人信息处理规则，明确个人信息处理活动中的权利义务边界，健全个人信息保护工作体制机制。法规共八章合计七十四条，分别对个人信息处理规则、个人信息跨境提供的规则、个人在个人信息处理活动中的权利、个人信息处理者的义务、履行个人信息保护职责的部门、法律责任进行了明确规定。

3. 如何保护个人信息

公安部发布的数据显示：2020 年，公安部门共破获电信网络诈骗案件 32.2 万起，抓获犯罪嫌疑人 36.1 万名，劝阻 870 万名群众免于被骗，累计挽回损失 1 876 亿元。同时，因电信网络诈骗而导致的命案也时有发生。

个人信息保护

（1）个人信息泄露渠道。

保护个人信息，我们首先要知道我们的个人信息可能通过哪些渠道泄露。

① 各种单据，车票、机票以及快递包装上的物流单等，都包含个人信息。

② 网上互动，微博朋友圈中，评论或转发会出现姓名、职务等信息都会造成个人信息泄露。

③ 电子邮箱，QQ 邮箱显示 QQ 号码，别人一旦知道 QQ 号码，就可以从 QQ 号的个人资料、空间等渠道获取相关信息。

④ 社交账户，社交账户上你如实填写的个人信息比如姓名、手机号、住址、学校等都可能造成个人信息泄露。

⑤ 复印资料、身份证，在打印店复印个人信息的资料，复印完后如果没有及时删除也可能造成泄露。

⑥ 个性化服务，不少商家通过手机客户端定位用户，推送商品或服务，会造成实时“监控”。

⑦ 免费 Wi-Fi，无线网络登录密码的登记较低，很容易造成个人信息泄露。

⑧ 旧手机，旧手机里有我们很多私密的重要的个人信息。

（2）保护个人信息。

近年来，我国对公民个人信息保护日益重视，各部门不断加大违规违法现象打击力度，并取得显著成果。这只是个人信息保护工作起步和开头，要在全社会范围内进一步形成共识、规范管理，须臾离不开执法部门、企业的努力，更离不开每个用户的参与。保护个人信息，专家建议：

① 不要随意点击可疑的广告、短信、二维码，不要轻易下载和安装搜索到的来历不明的 APP。

② 关于 Wi-Fi，不要随便连接公共 Wi-Fi，家里的 Wi-Fi 后台的管理账号密码不要设为默认，必要的话可以做一下 MAC 绑定。

③ 长期不上网时建议关闭手机的无线连接功能及蓝牙功能等。

④ 严格管理应用权限，对涉及通信录、相册、位置等个人私密信息的权限调用，须保持警惕。

⑤ 通过正规渠道购买手机，选择正规手机售后维修点去维修，避免不法分子通过流通环节安装恶意软件。

⑥ 安卓手机多具备文件加密、秘密文件库等功能，对私密数据最好加密保存，不轻易发送私密信息。

⑦ 不要轻易将智能手机交给他人保管和使用，在手机失而复得或维修后应进行必要的检测。

⑧ 不把手机当密码记录本，不把身份证号、地址、银行卡号等敏感信息存在手机里，一旦手机丢失或中病毒，将面临泄露风险。

⑨ 更换手机时，尽量销毁旧手机内私人文件和信息，并恢复出厂设置。

⑩ 一旦发现手机流量异常或可疑应用上传隐私数据，应及时求助于正规售后服务商。

⑪ 关于姓名和身份证号，不要随便填写身份证号码，尤其是在社交平台，淘宝订单地址也不推荐填写真实姓名。

⑫ 关于上网安全，分辨钓鱼网站，谨慎点击陌生链接，设置浏览器在关掉时自动清除 cooki，不随便扫二维码，不随便接收来历不明的文件。

（3）APP 权限问题。

2020 年 6 月，北京日报专门发了一篇文章《不全面授权，APP 就不能用》，APP 越界现象由来已久，大多数人都深受其害。对此，有关部门多次展开专项治理行动，各种“小作坊”生产的 APP 逐渐绝迹。但这一轮的曝光证明，大公司未必就有高操守。许多窥探用户隐私的 APP 都是当前一些互联网巨头旗下的拳头产品。或许也正是基于自身的垄断地位，这些互联网公司有恃无恐，直接将用户协议变为“霸王条款”。正如有网友说的，“今生撒过最大的谎莫过于‘我已阅读并同意用户协议’”。

APP 授权需谨慎。互联网产品申请用户授权的环节，仔细关注需要的具体数据内容，并根据场景判断是否是获得服务所必须的信息，确保最小化授权。

11.2　信息识别

在今天这个网络信息膨胀、信息质量参差不齐的时代，如何对信息进行识别十分重要。本节主要分虚假新闻的识别、网络谣言、真假查询三部分进行探讨。

11.2.1　虚假新闻的识别

1. 虚假新闻的出现

根据 2020 年 4 月的第 45 次《中国互联网络发展状况统计报告》统计，截至 2020 年 3 月，我国网络新闻用户规模达 7.31 亿，占网民整体的 80.9%；手机网络新闻用户规模达 7.26 亿，占手机网民的 81.0%。

随着网络新闻用户规模的扩大，网络媒体也是风起云涌，为了能够迅速提高网络新闻的关注度，从而形成所谓的粉丝经济、流量经济，许多网络平台采取哗众取宠的手段，甚至不惜编造、传播虚假新闻来吸引关注、提高点击率，加上对网络媒体监管不到位，信息发布过于自由等原因，使得网络成为了传播虚假新闻的重灾区。

什么是虚假新闻呢？虚假新闻（Fake News）是指故意捏造信息，散布欺骗性内容或曲解真实性的新闻报道。

2. IFLA 如何发现虚假新闻

我们如何辨别虚假新闻，有没有一定的技巧呢？在如何识别虚假新闻上，国际图书馆联盟 IFLA 做了《如何发现虚假新闻》的指南，给出了八条技巧指导大家采取多种手段甄别虚假新闻。

IFLA 专家教你如何发现虚假新闻

（1）考虑核实新闻来源，不局限于新闻本身，而是调查其发布的网站，发布的机构。新闻是否源自权威新闻机构或网站。这也是我们判断一条新闻是否可靠的一个重要的外在因素。我们获取新闻尽量选择权威的、正规的媒体和官网，官网上的新闻通常是最及时也是最真实的报道。

（2）读全，标题通常是获取点击量的重要依据，为了吸引眼球哗众取宠的标题特别多，那标题反应的是整个新闻的内容还是什么？需要我们通读全文去思考。

（3）查询作者信息，快速检索作者信息，作者值得信赖吗？作者身份和资质如何包括作者是否真实，历史信誉如何等等。

（4）论据可靠吗？点击文中的链接，确认链接中提供的信息能否支撑新闻中的观点？

（5）核实日期。很多看似爆炸的新闻可能是重复发布的旧新闻，或者是旧的图片拿出来重新炒作，不意味着与现在的事件有关联。

（6）是一个玩笑吗？如果新闻所提到的事太异乎寻常，那可能是讽刺性，需要研究发布的网站和作者来进行确认。

（7）核实自己对此新闻有无偏见。确认你现有的认知是否会影响到对这个新闻的判断。

（8）请教专家，咨询图书馆员，或者专注于信息核实事务的网站。

在新冠病毒肺炎疫情爆发之后，IFLA 针对疫情期间出现的新的一些情况又做了调整，专门制作了这样一个新的应对新冠病毒肺炎的虚假信息的对策。

第四条，其他的人同意吗，有其他网站报道吗？他们引用了什么来源。强调了有没有其他的认可。还有最后一个强调的是，你在分享前要去检查确认信息是否是真的，这就是我们强调的信息素养里面的信息道德，也是我们强调的，不传谣，分享前我们需要去核实我们传播的内容是否真实。

通过这些技巧，我们也可以看到 IFLA 对于虚假新闻的核心。就是我们强调的批判性思维。这也是媒介素养和信息素养的关键技能，要教育和倡导批判性思维的重要性。“在浩如烟海的信息中，我们很难有能力知道每一条信息的真伪。”而新闻媒体也正是利用了这一点，在标题上突出、夸大，以达到吸引眼球的目的。作为信息的接收者，公众难以让媒体改变其宣传模式，但可以改变自己在接收信息时的态度和认知。我们能做到的也就是改变自己在接收信息时的态度和认知。其中最容易做到，但也最容易被忽视的就是批判性思维。在面对不确定信息，尤其是那些被炒作的爆炸性信息时，多一分怀疑可以免受误导。

3. 其他识别虚假新闻技巧

新闻要有六要素：5W1H，何时（when）、何地（where）、何人（who）、何事（what）、何故（why）、如何（how）。如果把六要素串起来，概括成一句话，就是：某人某时在某地为何做了某事出现了某种结果。这是一个新闻的基本要素，这是分辨一个新闻真假性的一个重要的标准。我们识别虚假新闻也一定是围绕着这六要素展开，在识别虚假新闻还有以下两个技巧：

（1）检查网站 URL 和域名。熟悉不同域名后缀的网站比如政府部门的网站是.gov，教育部门的网站是.edu。政府机构和教育部门等网站发布的内容一般情况下是比较可靠的。就像我们刷微博的官宣。不同国家的后缀也不一样。

（2）虚假新闻中常常如果有图片，还可提供图片查证链接，如利用反向图片搜索工具比如 TIN EYE 和百度的以图识图等工具来核实图像来源，是否存在被篡改的情况或是否用于错误的内容。

抗击新冠肺炎疫情过程中，新浪新闻利用 AI 技术整合人民日报、新华社等权威媒体内容进行内容聚合分发，帮助用户及时了解实时疫情动态，同时对用户防疫科普、谣言甄别等潜在需求进行预判，向用户展现科普和辟谣信息。

11.2.2 网络谣言

随着互联网急速发展的脚步，信息交换也从多维度几何式的爆炸“扔”在了大家面前。马克吐温（Mark Twain）有一句很应景的话：当真相还在穿鞋，谣言已经跑遍半个世界。从太空可以看见长城，到“碘盐能预防核辐射”的抢盐风波，我们的生活中有很多的谣言正在流行，而每每谣言流行之时，总会有很多人被谣言所迷惑，甚至做出很多让自己后悔的事。

【案例 11-2】某段时间很多人都在朋友圈转发“华西医院眼科主任李丽教授介绍，手机强光直射眼睛 30 分钟以上，造成眼睛黄斑部病变，导致视力急速恶化，特别不可逆的黄斑部病变。一旦得了黄斑病，就等于眼睛癌症，只有等着失明，因为现代医学无法治疗，更谈不上治愈。”华西医生说华西医院的眼科主任并不叫“李丽”，眼科也没有叫这个名字的医生！我们没有说过这种鬼话。

新冠病毒肺炎疫情期间，大多数人可能或多或少都见过甚至转发过一些谣言，其中一张关于“避免疫情扩散，12123 现在免分处理交通违法”的通知截图曾经在各个群疯狂转发。其实这种谣言识破不难，难在其符合广大车主的利益，很多人更愿意选择相信这是真的。其实现在交通违章罚款扣分都能网上完成，完全可以避免人员排队聚集，逻辑上就说不通。更何况，政府通告至少得有两个关键信息，一是明确的信息发布主体，是哪里的交警总/大/支队，二是得有对应的公章，但这张截图上都没有（见图 11-1）。

图 11-1　12123 免分处理交通违法谣言图

大量的疫情信息，有些准确，有些不准确，人们在需要的时候很难获得可信的来源指导意见，大家对于新冠病毒肺炎疫情有即时的大量的信息需求。其实我们的相关部门组织机构也进行了大量的工作，大家可以通过以下官方平台判断：

1. 世界卫生组织

世界卫生组织也专门组织团队，开展了传言与事实澄清相关研究，并在网站上开设专题（见图 11-2）。还和全球知名社交媒体合作，发布通报相关信息。我们国家的各大权威媒体也都针对新冠病毒肺炎疫情开设了专题专栏报道正式权威的信息，并且对互联网上流行的谣言进行辟谣，帮助大家获取信息。

图 11-2　世界卫生组织传言和事实栏目

2. 腾讯较真辟谣

互联网上有很多官方的权威靠谱的辟谣平台帮助我们远离谣言。微信上，有腾讯官方的“腾讯较真辟谣”小程序和微信公众号“全民较真”（见图 11-3、图 11-4），成立于 2015 年 11 月，隶属于腾讯新闻旗下，目标是打击谣言和不实信息，为建设清朗的网络空间而出一份力。2017 年 1 月，“较真”正式升级为较真事实查证平台，查证方向涵盖食品、医疗、科学、社会等各领域，并建立了类目多样且经严格审核的谣言及辟谣数据库等。目前，较真平台已为超过 10 亿人次的网友提供了个性化辟谣。查证服务，有效地抑制了谣言传播。“较真”和众多专业机构展开深入合作，包括中国医师协会健康传播工作委员会、中国健康教育中心、北京科技记者编辑协会、中华预防医学会、中国营养学会、中国健康传媒集团、科信食品与营养信息交流中心、上海网络辟谣平台等。

图 11-3　“腾讯较真辟谣”小程序

图 11-4　腾讯“全民较真”微信公众号

3. 新浪微博辟谣

新浪微博虚假消息辟谣官方账号“微博辟谣”（见图 11-5），是新浪微博专门设立的辟谣平台，除了查看辟谣信息，点击微博下方的举报按钮，也可使用“微博辟谣”话题举报谣言。审核之后，微博运营方会快速查删、标注不实内容，同时根据重要程度进行转发或话题主持人推荐置顶。若涉及重大辟谣信息，微博辟谣官方账号会以粉丝头条的形式进行扩大传播，并对发布谣言的账号做出冻结账号等不同程度的处罚。

图 11-5　新浪“微博辟谣”

4. 其他辟谣平台

其他靠谱的辟谣平台还有很多，比如“科普中国网”（https://www.kepuchina.cn/）（见图 11-6），这是中国科协主办的科普信息化平台，着力为大家提供科学、权威的科普信息内容。科普中国提供科学、权威、准确的科普信息内容和相关资讯，让科技知识在网上和生活中流行，主要包含科学头条、前沿科技、科普大超市、健康科普、真相揭秘等版块。

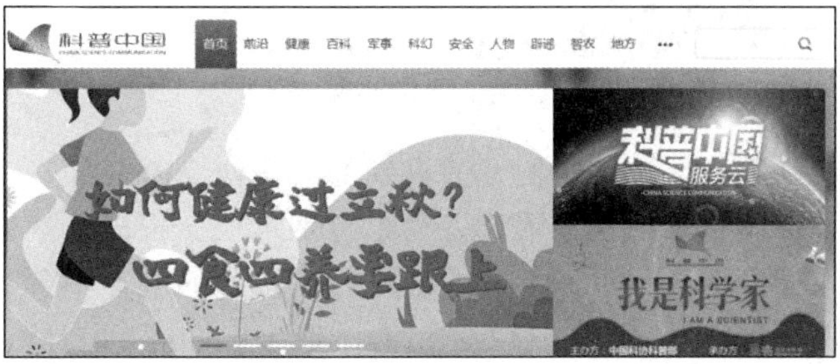

图 11-6　科普中国主页

中国互联网联合辟谣平台（http://www.piyao.org.cn/）（见图 11-7），这是由中央网信办举报中心主办、新华网承办，建立了多部委指导、地方和主要网站参与、权威专家支持、群众举报监督的网络联动辟谣机制，辟谣范围涵盖时事热点、公共政策、科学常识等领域，为广大群众提供了识谣辨谣的权威平台。

图 11-7　中国互联网联合辟谣平台

食品谣言是目前各种微信群传播最广的一种。谣言肆虐，给食品行业造成了巨大损失，同时造成社会恐慌，使得公众对于食品行业的不信任感逐渐增强。对此，在国家市场监管总局、农业农村部和国家网信办的指导下，新华网和中国食品辟谣联盟联合成立了中国食品辟谣网（见图 11-8），打造食品辟谣平台。旨在整合各界力量，聚合资源，主动、集中打击食品谣言。主要职责是关注食品安全、传播科学知识、维护食品行业形象，并以净化网络环境、肃清网络食品谣言、促进中国食品行业健康有序发展为己任。

图 11-8　中国食品辟谣网主页

医疗谣言也屡见不鲜，比如我们之前提到的，华西专家说的，晚上睡前看手机，眼睛会失明。关乎身体健康的这些谣言大家也特别重视，很多虽然也不一定相信，但是为了健康有些人就会抱着宁可信其有的态度。这方面的科普平台其实很多，比如非常著名的医疗健康服务平台有“丁香医生”（https://dxy.com/），当然还有我们权威的官方医疗机构推出的微信公众号，给大家进行科普，比如“北京协和医院”“四川大学华西医院”等知名三甲医院都有自己的公众号。对于医疗谣言，接受主流科学观点，获悉正确的健康科普知识，从而免遭此类谣言的侵害。

最后对于谣言，我们选择权威的平台，靠谱的官方渠道。不信谣、不传谣、不造谣。主动辟谣净化信息环境。

11.2.3 真假查询

1. 虚假网站

互联网上充斥着大量的钓鱼网站和虚假网站。互联网的发展为我们了带来大量的便利的同时，互联网的发展也引入了新的危险。面对这样的虚假网站钓鱼网站，我们平时如果操作时，多留心一下就能避免很多问题？尤其是涉及密码，涉及支付这样比较敏感的操作。

【例 11-3】某大学生就因为误信“钓鱼”网站可办签证，被骗了近 20 万元人民币。首先是他的电子邮箱收到一封署名为“美国大使馆”发来的邮件，通过邮件里的网址链接，看到可以代办赴美国的签证。他看见网页显示有使馆的内容，便信以为真，想着省点心思、足不出户即完成签证事宜。根据该网页的信息提示，代办签证需要提供一份 20 万元的财产证明，他没有多加细想，填写了相关信息。然后，网站又提示称，还需要转账缴纳 25 元的手续费，并弹出一个银行付款页面让其操作。他输入账号并填写了支付密码。不料，过了几分钟后，他就收到银行发来的短信通知，说其账户被转走了近 20 万元的存款。

避免虚假网站访问网站的时候，最好采用自己手动输入或者点击已经收藏到收藏夹网页的方式，访问自己熟悉的网站，尽量少通过陌生人分享的网站访问。因为互联网上可能还有很多高仿的网站，比如我们熟悉的网站，通过修改一个看起来相似的字母，或者多一个，少一个字母，稍微大意就可能上当受骗。

那对于不熟悉的网站和网址我们判断的关键是，有无网站备案号。我们在工业信息化部 ICP/IP 地址/域名信息备案管理系统（http://beian.miit.gov.cn/）首页上的公共查询进行备案查询（见图 11-9）。通过网站名称、网站域名、网站 IP 以及备案/许可证号都可以进行查询和验证。如果搜寻不到结果说明网站不可信。该网站还可以通过查找得到的主办单位的名称、单位性质等判断网站的可信度。

2. 保健品、医疗产品真伪

前瞻产业研究院有数据统计显示，我国 2018 年保健品的销售额就接近 3 000 亿元人民币，老年人消费占了 50%以上。而其中有 70%以上的保健食品存在夸大功效的现象。尽管媒体关于老年人高价购买保健品上当受骗的报道屡见不鲜，仍阻止不了老年人购买保健品的热情。针对老年人推销保健品的骗局可谓层出不穷，散发传单、赠送礼品，举办养生讲座，采取会销方式对老年人进行洗脑；还有通过组织免费体检，引发老年人健康焦虑后，组织“专家”义诊卖产品这样的方式。这些产品不仅价格不菲，而且很多都是不合格的产品，不但让其遭受经济损失，还对身体造成了不好的影响。

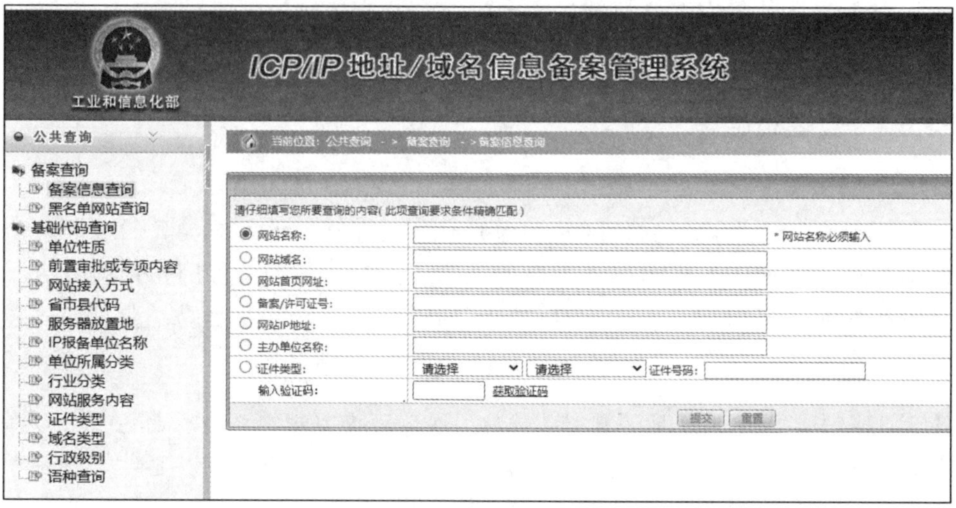

图 11-9　工业信息化部 ICP/IP 地址/域名信息备案管理系统

年轻人也很难幸免，互联网上的化妆品特别多，不合格的品牌，微信朋友圈卖的某款网红产品，某款的芳疗师 DIY 产品。那么我们如何查询这些保健品、药品、化妆品还有一些医疗器械是不是正规合格的产品呢？

保健品其实是保健食品而不是药品。国家市场监督管理总局特殊食品安全监督管理司提供保健食品的查询——特殊食品信息查询平台（见图 11-10）。该平台不仅提供保健食品注册、保健食品备案查询，还提供了婴幼儿配方乳粉产品配方注册和特殊医学用途配方食品注册的查询。

图 11-10　特殊食品信息查询平台

而药品、医疗器械和化妆品可以到国家食品药品监督管理总局查询，所有的药品、医疗器械、进口化妆品，都需要在国家食品药品监督局备案。国家食品药品监督局提供非常详细的药品抽检、药品、医疗器械、化妆品、广告、互联网药品服务等方面的查询，内容非常丰富（见图 11-11）。而需要注意的是，国产非特殊用途化妆品的监管部门不是国家总局，而是各地省局。所以，很多国产化妆品需要在各省药监局才能查找到备案。

图 11-11　国家食品药品监督管理总局药品、医疗器械和化妆品查询

3. 查医院、医生、护士真假

每个人一生或多或少都会遇见疾病。生病了，我们需要选择医院和医生就诊。我们首先要做的是选择一个正规医院。

访问中华人民共和国国家卫生健康委员会的网站就能在名单查询里对国家卫生城镇的医疗机构、医卫人员进行查询（见图 11-12）。不仅如此，该网站还有很多强大的功能，连器官移植机构、辅助生殖机构、产前诊断技术机构和爱婴医院这样比较特殊的机构都能进行查询，还有基本药物目录，这个非常强大的目录，可以在生病吃药的时候，为安全合理用药提供帮助。

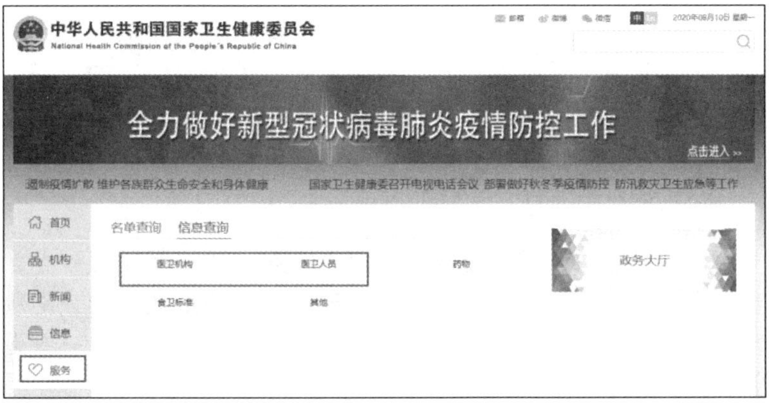

图 11-12　中华人民共和国国家卫生健康委员会信息查询

选择医院和医生，不仅需要选择正规医院和医生，还需要对其治疗水平进行评价。排行榜是比较流行的利用相关的指标对医院和医院的具体的专科进行评价。国内比较公认的是《中国医院综合排行榜》《中国医院专科汇总排行榜》和《中国医院最佳专科声誉排行榜》，是复旦大学医院管理研究所邀请国内著名同行专家一起做的。

另外对于医生和医院擅长的研究方向和医疗水平的高低，还可以通过查询像 SCI 这些高水平的论文从侧面反映他们一个主题的研究水平。大多数情况下，科研能力和医疗水平成正比，在选择的时候可以作为参考。

4. 记者、报纸、刊物

关于真假记者、真假媒体，可以通过国家新闻出版署的中国记者网进行查询，主页提供新闻记者和媒体、媒体刊物查询（见图 11-13）。

图 11-13　中国记者网查询

在目前学术评价还是特别强调论文数量的情况下，假期刊投稿被骗的案例也比比皆是。国家新闻出版广电总局分别于 2014 年和 2017 年两次开展学术期刊认定及清理工作，共确定学术期刊 6 430 种，每年刊发的论文约 100 万篇，但每年专业技术人员因业务考核、职称评聘、岗位聘用、学位授予等产生的发表论文的需求约为 480 万篇。“僧多粥少”的学术期刊市场已经形成，巨大的需求造就了“繁荣”的市场。骗子正是利用这些学者急于发表论文的心理，通过以假乱真的期刊网站，干起买卖论文、代写论文的勾当，甚至伪造编辑部公章或空头承诺直接骗取投稿人钱财。对当事人来讲，除了经济损失，还耗费了大量时间，耽误了事情。

【案例 11-4】某高校在读研究生王丽，就是一名受害者。她通过搜索引擎查询期刊官网，按照官网给出的邮箱投出论文，收到编辑部的录用通知，但把版面费打给编辑部后，对方却再无动静。后来王丽才知道，她投了一个假邮箱，而与之相关的编辑部、网站等都是虚假的。

如何判断国内的期刊是否是正规期刊？一是查 CN 号。CN 号是国内统一刊号，是我国报刊的代号，是报刊管理部门为了便于报刊统计、管理而按一定规则进行编排的号码总称。可以通过查询一本期刊的 CN 号确定是否是正规期刊。查询方式是在国家新闻出版广电总局网站的期刊/期刊社查询输入期刊名称进行查询即可获得期刊的 CN 号信息（见图 11-14）。二是查 ISSN 号。ISSN 号是标准国际连续出版物号，是为各种内容类型和载体类型的连续出版物所分配的具有唯一识别性的代码。国内期刊分配 ISSN 号的权威机构是 ISSN 中国国家中心，所以在 ISSN 中国国家中心的 ISSN 查询项即可查询国内所有期刊的 ISSN 号。

图 11-14　国家新闻出版广电总局期刊查询

国外的虚假期刊也很多也防不胜防，尤其还是外文的，信息获取更困难。查询国外的虚假期刊，也是通过期刊的 ISSN 号。ISSN 是期刊的唯一识别性代码，所以只要是正规合法的期刊，都有正规的 ISSN 号。通过 ISSN 号查询，在 ISSN 中心的 PORTAL 平台即可通过 ISSN 号和标题对国外的期刊进行查询（见图 11-15）。

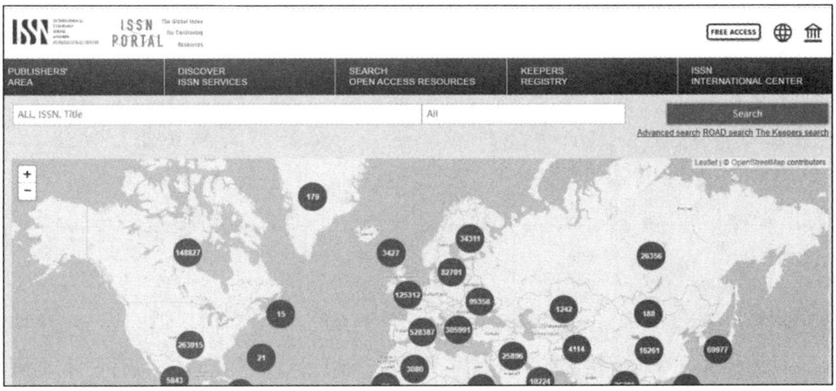

图 11-15　ISSN 中心 PORTAL 平台

5. 背景眼花缭乱的骗子

现在网络上、朋友圈里总能看到一些人，他们经常出现在各种学术和社交场合，名片上的头衔繁多，看起来高大上又权威，让人眼花缭乱。比如全国名人书画艺术联合会、中国文化艺术联合会、中国中医药学会、中国非遗培训中心、全球华人联合会、全球华人企业家联合会、世界名师会协会、世界人民联合会等这些高大上的头衔到底是什么呢？

我们提取他们共同的关键词——协会，如何对这些协会进行查询？通过搜索引擎检索一下协会查询，找到有中国社会组织网这样的网站（见图 11-16），提供全国社会组织信息查询。并且该组织的网址后缀是 gov.cn，说明是政府部门的网站，是可靠的网站。网站提供全国社会组织信息查询，输入你要查询的组织名称，即可知道是不是正规社会组织，还是假冒伪劣的。这样的小骗术，只要稍加搜索，遇到的时候思考，多检索，很容易就能识破。

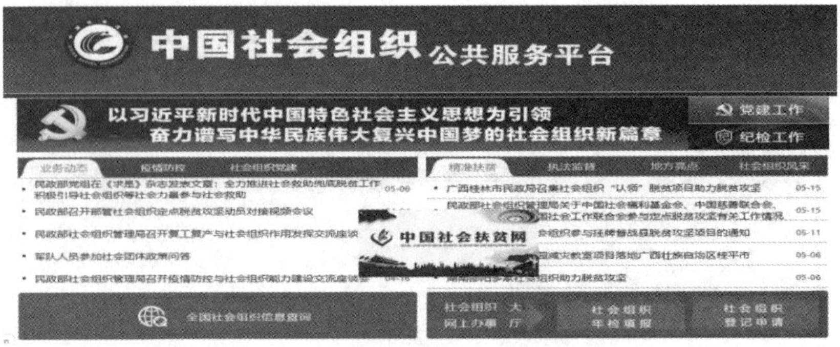

图 11-16　中国社会组织公共服务平台

6. 虚假公司识别

随着如今招聘平台越来越多，求职者的求职渠道得到拓宽的同时，遇到求职诈骗的风险也在增高，一些不法分子正是盯上了求职者们找工作的迫切心情，趁机打起了歪心思，想要昧着良心赚违法之钱。

如何识别虚假公司

【案例 11-5】一个非常让人悲痛惋惜的案例又呈现在我们眼前，2017 年 7 月，23 岁的求职少年、东北大学毕业生李文星因求职误入天津静海的传销组织后，离奇溺亡。李文星通过 BOSS 直聘，去应聘的北京科蓝公司，并不是真正的北京科蓝公司，实际上是一家冒名招聘的“李鬼”公司。BOSS 直聘软件也是在未核实公司资质的情况下允许其发布招聘信息。

这些案例对大家找工作，找兼职都是一个警醒，我们在求职时，对公司的资质情况进行详细的检索和分析，帮助识别骗子公司，避免上当受骗。如何对虚假公司、骗子公司进行识别?

（1）企业的官方网站。

李文星的案例中，企业的官方网站可以帮助我们识别“李鬼”公司。通过真假查询的第一个部分虚假网站的知识，确认网站的真假，找到企业官方网站。官方网站公布的相关信息，一般来说是真实可信的。比如访问北京科蓝软件系统股份有限公司的官方网站，可以看到企业的邮箱、地址、电话等信息和“李鬼”公司有明显出入。该公司有自己的企业邮箱，网站发布的简历投递等信息也是通过官方邮箱，而李鬼公司使用的是 QQ 邮箱发录取 OFFER，北京科蓝软件系统股份有限公司的地址是在北京市北京经济技术开发区，在中国好几个城市也有招聘，但唯独在天津没有。而该公司官网的联系电话也是固定座机而不是移动手机号。

（2）企业的信用信息。

① 工商局企业信用信息公示系统（见图 11-17），可以查询公司信息。如果查不到那么就要谨慎了，极有可能是非法公司，也有可能是新成立公司还没有在工商局信用系统注册。这是验证企业信息最基本的方式。在工商信息中要特别留意“风险信息”

这部分，看看这个公司有没有过和员工的劳资纠纷，以判断公司对员工的待遇如何。如果知识产权有纠纷，那这个公司是不是掌握核心技术，有没有核心竞争力，都可以有所判断。

图 11-17　国家企业信用信息公示系统

② 中国执行信息公开网（见图 11-18），全国法院失信被执行人名单信息公布与查询，是中华人民共和国最高人民法院建设的司法公开三大平台之一，公布全国法院失信被执行人名单信息。通过中国执行信息公开网可以查询失信信息，查询企业是否有失信行为。

图 11-18　中国执行信息公开网

③ 中国裁判文书网（见图 11-19），依据《最高人民法院裁判文书上网公布暂行办法》，除法律规定的特殊情形外，最高法院发生法律效力的判决书、裁定书、决定书一般均应在互联网公布。中国裁判文书网是判决文书查询的官方网站，通过该网站可以查询企业法律诉讼方面的情况。

图 11-19 中国裁判文书网

④ 企查查、天眼查这些信用信息查询网站，像天眼查是国家中小企业发展基金旗下、助力诚信社会商业安全的工具。

Part 12 第 12 章 大学生科技创新与信息检索

目前，创新创业已经成为我国的国家战略。我国发展进入新常态，处于发展方式和新旧动能转换关键期，要以双创这一结构性改革激发市场活力、潜力，以及社会创造力。与此同时，高校的质量标准、课程体系、教学考核等都已重新修订，体现了创新创业的目标要求，校内外的各项活动也为大学生的创业项目提供诸多机会。因此，大学生在校阶段如何进行科技创新，如何通过科创比赛提高科技创新能力，如何通过创新走向创业，开展大学生创新创业实践，是亟待解决的问题。为此，本章将通过探讨大学生科技创新与信息检索的关系，为解决这一问题提供一些指导。

12.1 科技创新与信息检索

12.1.1 生活中的科技创新

开会或者打球的时候，常常会遇到一种尴尬，即当矿泉水打开后，很难区分是谁喝的。为此，使用者往往把标签撕掉，或者用便签写上名字贴上以示区分，但都比较麻烦，非常不便。

在一次节能减排科创比赛中，学生采用撕去部分或全部标签的方法，解决了矿泉水瓶难以区分的问题。首先，学生通过信息检索获取到了相关信息，然后加以创新性利用，发明了一系列带可区分功能标签的饮料瓶。该饮料瓶可以方便、明显地区分出不同人饮用的饮料瓶，以保障卫生和健康，并减少浪费。

生活中的科技创新

该创新设计包括瓶盖、瓶身等有可区分标签底板纸，分区上标示有相应的区分符号实现，如图 12-1 所示。自 2012 年左右就开始申请相关专利，目前已经获得一系列区分矿泉水瓶/盖的专利保护，如图 12-2 和图 12-3 所示。这就是通过信息检索后的创新。

因此，发现问题、分析问题和解决问题，整个过程就是创新的过程。

图 12-1　矿泉水瓶盖、瓶身等有可区分标签底板纸的创新设计

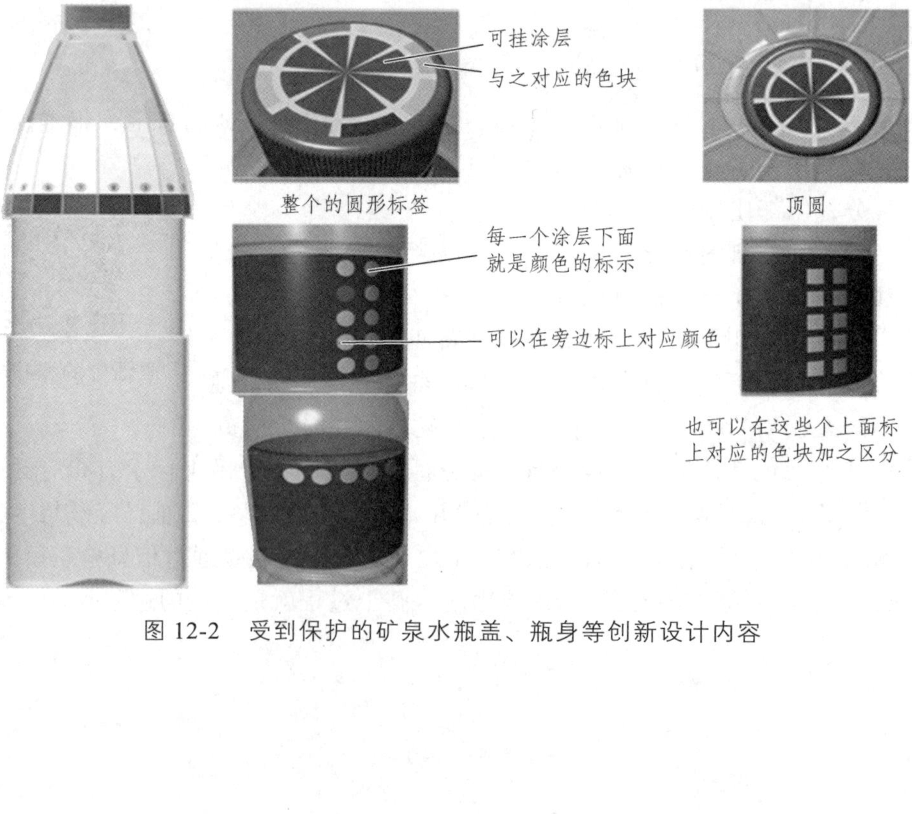

图 12-2　受到保护的矿泉水瓶盖、瓶身等创新设计内容

图 12-3　受到保护的矿泉水瓶盖、瓶身等创新设计专利证书

12.1.2　大学生科创比赛与信息检索

本节旨在从科创竞赛入手，让大学生们充分利用信息检索，助力自己科技创新。

2020 年 1 月 3 日，全国高校竞赛排行榜专家委员会审议并通过《高校竞赛排行榜评估项目遴选办法》，对竞赛排行榜内的竞赛项目进行了动态调整，共计 44 项重要竞赛指标纳入排名，部分如表 12-1 所示。

表 12-1　全国高校纳入竞赛排行榜评估项目的竞赛名称

序号	竞赛名称
1	中国“互联网+”大学生创新创业大赛
2	“挑战杯”全国大学生课外学术科技作品竞赛
3	“挑战杯”中国大学生创业计划大赛
4	“外研社杯”全国英语演讲大赛
5	ACM-ICPC 国际大学生程序设计竞赛
6	全国大学生电子商务“创新、创意及创业”挑战赛
7	全国大学生电子设计竞赛

续表

序号	竞赛名称
8	全国大学生工程训练综合能力竞赛
9	全国大学生广告艺术大赛
10	全国大学生化学实验邀请赛
11	全国大学生机械创新设计大赛
12	全国大学生交通科技大赛
13	全国大学生节能减排社会实践与科技竞赛
14	全国大学生结构设计竞赛
15	全国大学生数学建模竞赛
16	中国大学生起重机创意大赛
17	中美青年创客大赛
	……
44	全国大学生集成电路创新创业大赛

温馨提示：本书编者之一张祖涛教授于 2017 年在中国大学 MOOC 平台推出“大学生科技创新课程”共 8 门慕课，包括：“‘互联网+’创新创业大赛”“大学生科技创新课程之中美青年创客大赛”“‘挑战杯’课外学术科技作品竞赛”“节能减排社会实践与科技竞赛”“智慧城市技术与创意大赛”“机械创新设计大赛”“交通科技大赛”“起重创意大赛”，涵盖了大学生科技创新的主要比赛，有 7 门是纳入全国高校竞赛排行榜。而且，这 8 门慕课也是国家精品在线开放课程。

大学生科创往往涵盖大赛主题、学生组队、竞赛创意、方案设计、作品实现、方案优化、作品展示、网评、国赛答辩、成果保护、创新升华、学习深造等十二个阶段，在大学生科技创新每个阶段都离不开“信息检索”。

本章将通过科创主题、竞赛创意、方案实现、作品展示、成果保护、创新升华等 6 个方面，融入信息检索，进行大学生科技创新与信息检索的分析，进一步助力大学生科创比赛。

12.2 科创主题——命题作文下的信息检索

12.2.1 大学阶段主要科创竞赛

目前机械类工科大学生，主要面对“节能减排社会实践与科技竞赛”“机械创新设计大赛”“交通科技大赛”“‘挑战杯’课外学术科技作品竞赛”“起重创意大赛”“‘互联网+’创新创业大赛”“智慧城市技术与创意大赛”“大学生科技创新课程之中美青年创客大赛”等比赛，下面以全国大学生节能减排社会实践与科技竞赛为例，进行命题作文下的信息检索与科创分析。

12.2.2 节能减排主题分析与信息检索

全国大学生节能减排社会实践与科技竞赛是“节能减排学校行动”的主要内容之一。竞赛充分体现了“节能减排、绿色能源”的主题，紧密围绕国家能源与环境政策，紧密结合国家重大需求，起点高、规模大、精品多，覆盖面广，是一项具有导向性、示范性和群众性的全国大学生竞赛。大赛主题为：节能减排，绿色能源。竞赛内容以“节能减排”为主题，体现新思维、新思想的实物制作（含模型）、软件、设计和社会实践调研报告等作品。主题就是节约能源、降低能源消耗、减少污染物排放。

节能减排主题分析与信息检索

节能减排包括节能和减排两个关键领域，节能和减排两大关键领域既有联系，又有区别。节能必定减排，减排却不一定节能。所以减排项目必须加强节能技术的应用，避免因片面追求减排结果而造成能耗激增，主题一定要注重社会效益和环境效益均衡。

根据信息检索，节能减排分为两大类，一类为体现节能减排新思维、新思想的实物制作（含模型）、软件、设计，第二类为节能减排相关社会实践调研报告等作品。

通过信息检索，可以了解 2016 年第九届全国大学生节能减排社会实践与科技竞赛国家级二等奖“一种新型的降噪发电声屏障”，以及作品情况。

通过信息检索，可以了解 2017 年第十届全国大学生节能减排社会实践与科技竞赛国家级一等奖“蜘蛛人助手”，以及作品情况。

通过信息检索，可以了解 2018 年第十一届全国大学生节能减排社会实践与科技竞赛国家级一等奖“隧道起搏器”，以及作品情况。

通过信息检索，可以了解 2019 年第十二届全国大学生节能减排社会实践与科技竞赛国家级二等奖“随行者”，以及相关作品资料。

通过信息检索，可以了解 2020 年第十三届全国大学生节能减排社会实践与科技竞赛国家级一等奖“鹅卵石步行地面压电发电系统”，及相关资料。

12.3 竞赛创意——信息检索下的八分创意二分实现

如果一个作品总分 100 分，那创意占 80 分，实现制作工作只占 20 分。你的创意决定了你天花板的高度。一个好的想法可以达到事半功倍的效果，而一个一般的想法需要后期付出更多的努力才能达到同样的效果，甚至有时候还达不到同样的效果。所以在竞赛进行创意时，要充分利用信息检索，以便达到创新设计的目的。

要有好的创意，首先得与科技创新及竞赛的主题切合，其次要有天马行空的想法，最后要有开阔的眼界，见多识广。很多好的创意都是受到别人的启发而产生的，因此要利用信息检索查询国内外最新研究，进行好的创意设计。同时建议在组队之后，团队内部多进行头脑风暴，集思广益，天马行空的想法都可以，所有的问题都会有解决的办法。

【案例 12-1】“轮胎发电”创意

此案例充分利用信息检索，以开阔眼界。针对节能减排主题，利用信息检索，查找国内外新颖题目和热点，获得如图 12-4 所示的关键信息。针对轮胎转动过程中的弯曲变形，进行再生能源和新能源利用，给人眼前一亮的感觉。

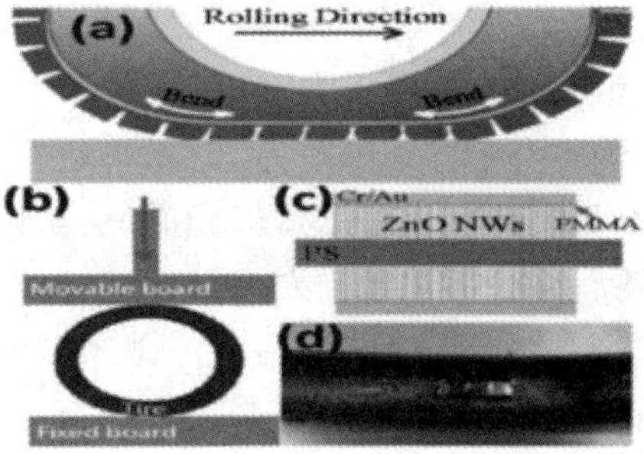

“轮胎发电”创意案例

图 12-4　利用信息检索获得的国内外关键信息结果示例

解决问题的方法有四个层次。最低的层次是用老方法解决老问题，其次，是用老方法解决新问题，再者，是用新方法解决老问题。而最高的层次是用新方法解决新问题，这才是好的创意来源。

产生了与众不同的改变，就是创新。“创”是变化，而非固定；是改变，而非原地不变。“新”是差异，而非模仿。

【案例 12-2】2015 年大赛国家级二等奖——“简易即时脱墨‘再生纸’装置”创意

该装置主要解决以下问题：办公室纸张的需求量大、浪费严重，而现有的纸张回收周期长，且会产生大量的次生污染。因此，通过信息检索，抛弃传统化学脱墨方法，创新性地提出摩擦式脱墨反打印机，不仅具有全新的脱墨理念，而且结构简单、轻便，可以即时实现一张纸的多次使用。该装置如图 12-5 所示。观看简易即时脱墨“再生纸”装置的演示视频，可扫下方二维码。

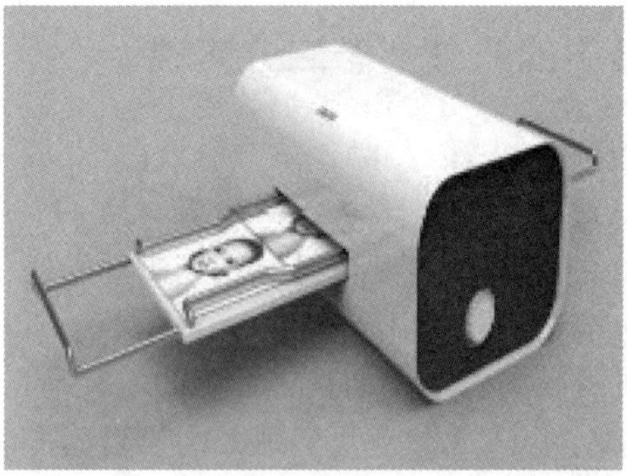

简易脱墨装置演示

图 12-5　简易即时脱墨“再生纸”装置

【案例 12-3】2017 年第十届全国大学生节能减排社会实践与科技竞赛国家级一等奖——“蜘蛛人助手”创意，如图 12-6 所示。具体空化射流原理和设计请观看“蜘蛛人助手”创意的演示视频，可扫下方二维码。

“蜘蛛人助手”创意演示

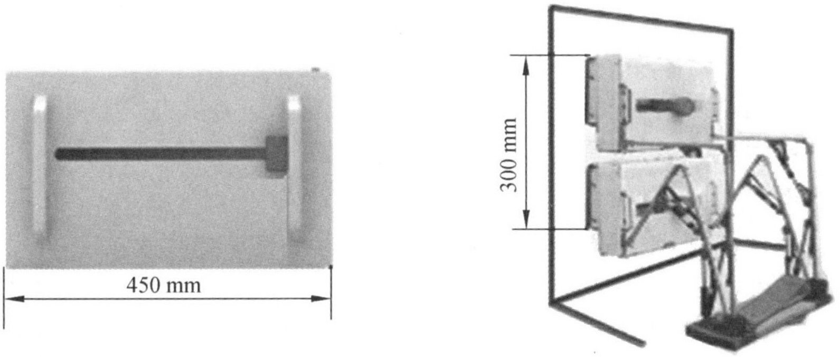

图 12-6 “蜘蛛人助手”创意

【案例 12-4】2015 年挑战杯专项赛“智慧城市”国际赛一等奖——“车载太阳能降温系统”竞赛创意。

夏季汽车停于室外，车内温度急剧上升，使得车内空气质量恶劣。第一，在高温暴晒后进入车内时，短暂的高温闷热降低人体舒适度，并且排放大量有毒气体；第二，高温对汽车内部零件也会造成巨大损害，使得汽车内饰加速老化，造成大量的资源浪费；第三，暴晒后的降温需要打开比平时更大功率的车载制冷空调系统，这不仅会影响空调的性能和寿命，而且增大了耗油量，造成不必要的环境污染，以及能源浪费。针对上述问题，该作品在前期信息检索的基础上，设计了便携式车载太阳能换气降温系统（见图 12-7），不仅能够充分利用太阳能，为空调提供能源，达到节约能源、保护环境的目的。

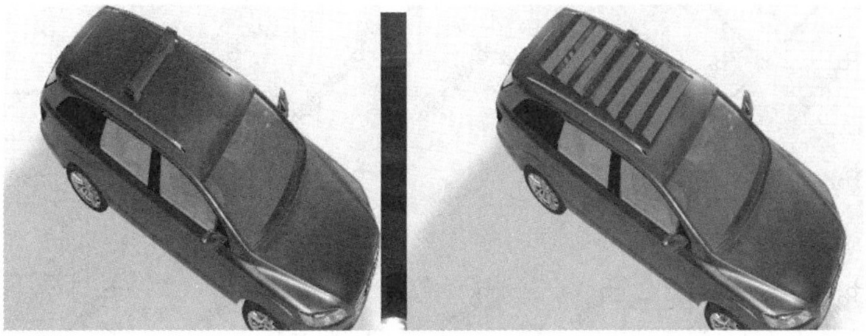

图 12-7 “车载太阳能降温系统”创意

总体而言，创意的实现包含以下三个过程：

（1）寻找选题——发现问题，缩小范围，锁定目标；

（2）构想创意——运用信息检索方法获得新产品的构思与创意；
（3）论证实践——对新产品进行理论论证并付诸应用。
总之，科技创新的重要来源是：信息检索与文献阅读。

12.4 方案实现——从天马行空到落地发芽，离不开信息检索

方案实现包括方案设计、作品实现和方案优化。以下方案的实现，都是经历过从天马行空到落地实现的过程。

【案例 12-5】2014 年全国机械创新设计大赛国家一等奖获奖作品——"便携式多功能制图架"的方案实现。

该方案的实现过程包括：

（1）建模过程：通过 SOLIDWORKS 等软件进行建模仿真及加工工程图的制作。

（2）出图过程：利用三维软件导出零件图和装配图。

（3）加工过程：使用数控机床、立式钻床、线切割等机床进行零件加工。

方案实现案例

此外，该方案的实现经过了三个版本的优化：

（1）第一版校赛

这一版的设计主要采用剪式升降机构来实现高度的调节（见图 12-8），曲柄滑块机构实现角度的调节（见图 12-9），拉杆机构实现板面扩大功能（见图 12-10）。校赛的作品只是简单地实现了三个主要功能（见图 12-11），每一个功能的实现都是采用的最简单的机构，但当时采用的材料是金属，导致重量太重，不方便携带，背离了当初的设计初衷，而且板面扩大功能的实现类似于旅行箱的拉杆的机构，在操作时需要将四面的拉杆拉出，操作繁琐（见图 12-12）。因为存在太重和操作繁琐等问题，所以接下来对作品进行了一次更新换代。

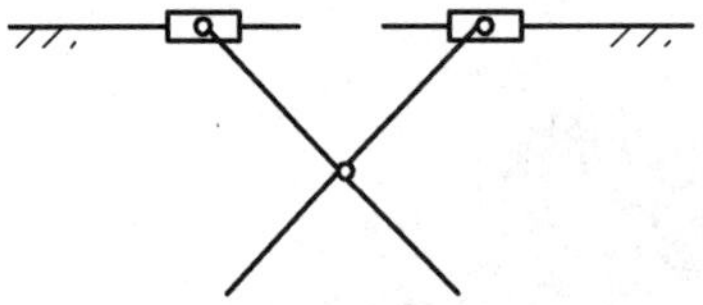
图 12-8 剪式升降机构

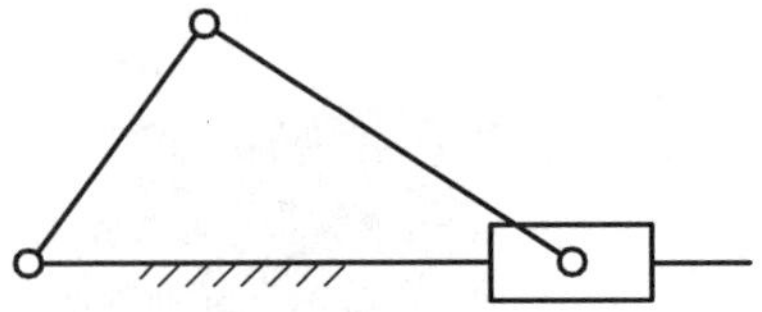
图 12-9 曲柄滑块机构图

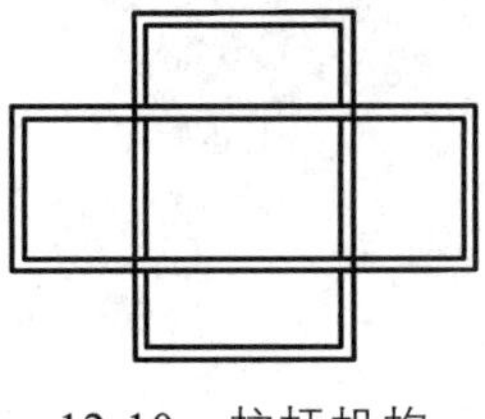
12-10 拉杆机构

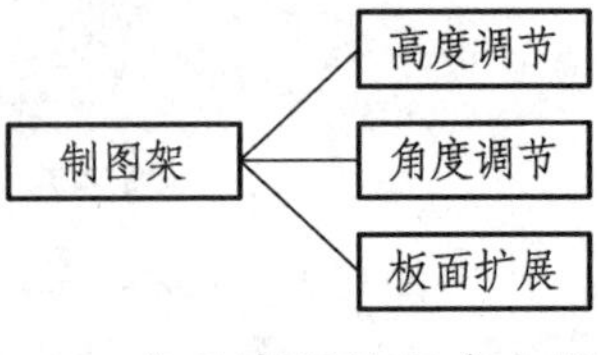

图 12-11 作品实现的三个主要功能

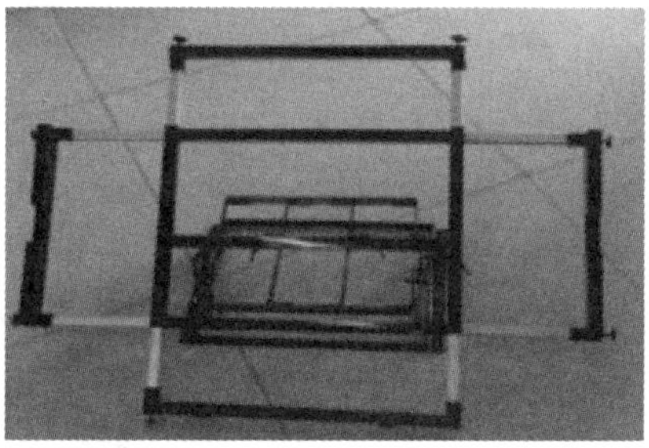

图 12-12　第一版校赛制图架设计

（2）第二版省赛：信息检索后的方案改进

经过信息检索，第二版的设计采用的是剪式升降机构来实现高度的调节，曲柄滑块机构实现角度的调节，盘式扩展机构实现板面扩大功能（见图 12-13）。省赛的作品相对校赛的作品主要改进了板面扩大功能的实现机构，由原来的拉杆式扩大机构改为盘式扩展机构。当需要制图架尺寸改变时，可以通过旋转板面中央上层的转盘，由曲柄带动滑块沿方截面导轨进行运动，从而使四块独立板面扩展至预设位置并锁定。该机构可通过单步操作实现预定功能，操作大大简化。盘式扩展机构也是作品的主要创新点之一。其次改变了材料的选用，虽然还是金属为主，但主要采用较轻质的铝材，相比于第一版减轻了重量，如图 12-14 所示。

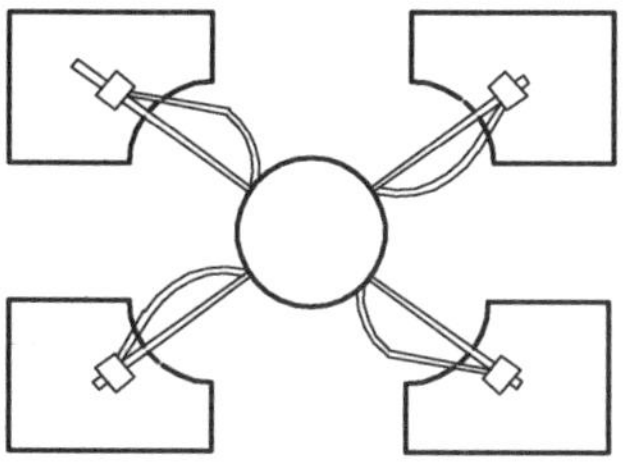

图 12-13　盘式扩展机构

图 12-14　第二版省赛制图架设计

（3）第三版国赛：信息检索后方案的进一步优化

学生们查阅资料后，对方案进行了进一步优化。第三版国赛方案的设计采用的是空间连杆机构来实现高度的调节（见图 12-15），曲柄滑块机构实现角度的调节，盘式扩展机构实现板面扩大功能。

国赛作品相对于第二版作品，在机构方面的主要改进为：采用空间连杆机构代替原来的剪式升降机构。该机构最大的特点是实现了平面的旋转运动和与该平面垂直的直线运动的相互转换，它的每个连杆的两端通过球形铰链分别固定于上支承面和下旋转环之上。经自由度分析，上下两个平面间需安装方形套筒结构限制机构的自由度。只需抬高上支承面，下旋转环相应转过一定的角度，锁定旋转环的转动即可保证调节后的高度不变。该设计结构紧凑，占用空间小，便于收纳，使用方便，稳定性强。在材料方面大部分更换为塑料，少部分采用金属，使得作品的重量进一步减轻，实现真正的便携。作品的外观也做了进一步的优化设计（见图 12-16），使得作品折叠后犹如一个小巧的箱子，随时拎上，说走就走。

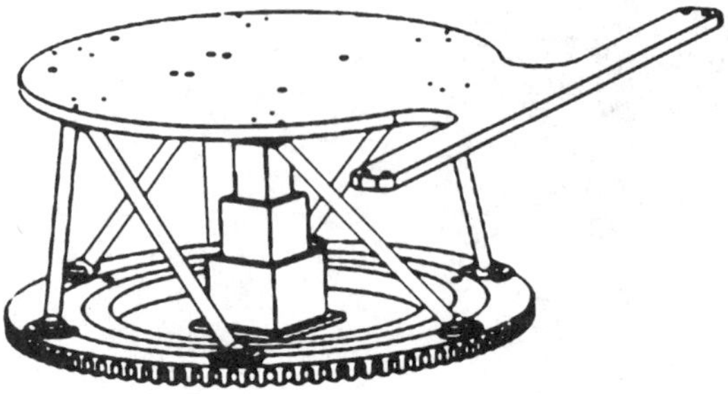

图 12-15　空间连杆机构的设计

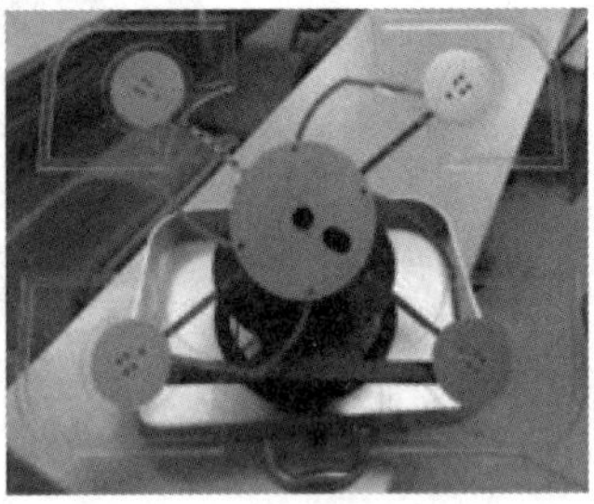

图 12-16　第三版国赛制图架设计

12.5　作品展示——耳目一新意犹未尽，同样需要信息检索

怎样展示好我们的科创作品？

一要让别人看懂你的作品。可以从展现你的想法，以及你的思路入手，再讲解运行原理，要一目了然。

二也要让别人不容易看懂你的作品。也就是要给予作品更深的内涵、更大的想象空间，给人留下功力深厚、精致精巧精美的印象。

作品展示形式有哪些？

作品展示有视频、海报、宣传册等形式。影响作品展示的要素主要有三个：一是作品本身；二是展示人员给对方的感觉；三是展示技巧。既然作品方案本身已经是一个既定的因素，那么，我们就要在信息检索的基础上，争取多在展示气场和展示技巧上多下功夫，为作品加分。

图 12-17 是 iDrawing 制图架两版作品的展示对比。

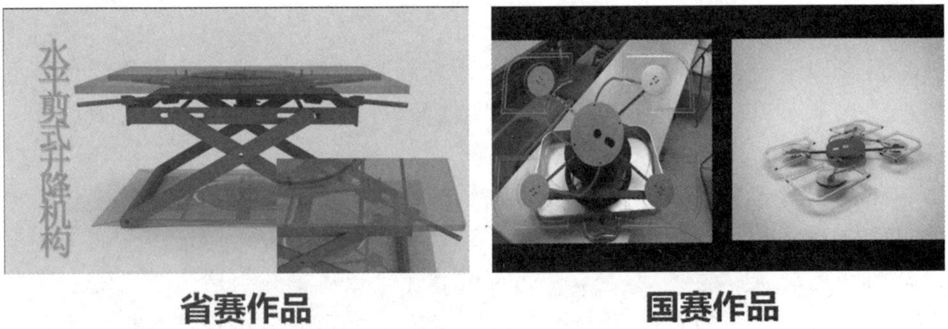

图 12-17　iDrawing 制图架两版作品的展示对比

图 12-18 是 iDrawing 国赛宣传画册。

图 12-18　iDrawing 国赛宣传画册

【案例 12-6】以全国大学生机械创新设计大赛参赛作品 iDrawing 制图架创新作品为例，来分析好的科创作品该如何展示。首先，该作品有非常清晰的框架，如图 12-18 所示的这张宣传单，在设计背景、产品功能、主要创新点等方面，都鲜明地展现了思路、功能及创新点，以最小的篇幅，将该产品表达清楚了。其次，该作品明确地指出了要解决以下问题：传统制图桌体积庞大，只能放在制图教室，导致一座难求，学生需要画图的时候效率低下。该作品形成前期、中期和后期，无论是作品制作、作品完善，还是宣传册的设计，都是在大量信息检索的基础上完成的，可以说，该作品的成功实现得益于不断地信息检索。

全国大学生机械创新设计大赛参赛作品展示

作品展示应注意以下要点：

（1）展示如说话，要清楚明白。

（2）展示如唱歌，要优美动人。

（3）展示如绘画，要给人想象。

精美的图片设计制作离不开信息检索，作品展示时，精美的图片也会让人心旷神怡。图 12-19 是检索到的常用图片制作工具，包括 Visio、Photoshop 和 KeyShot，给我们设计制作精美图片以很大的启迪。

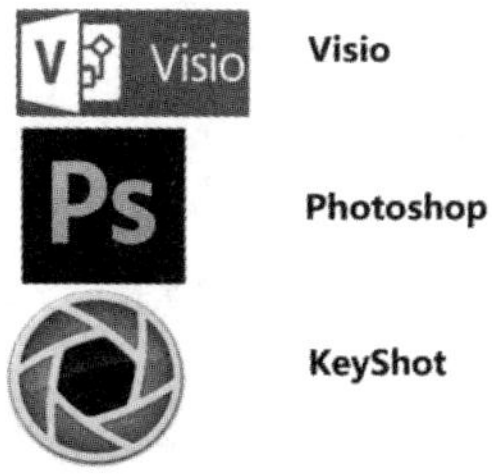

图 12-19　检索到的精美图片（示例一）

图 12-20 所示的是一个便携式太阳能折叠机构的宣传图片，整个设计非常精美，也是在大量信息检索的基础上制作完成的。

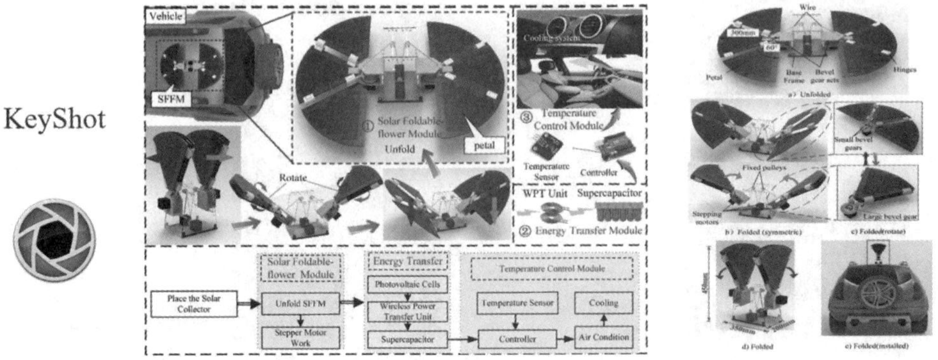

图 12-20　利用信息检索结果后制作的精美图片（示例二）

同时，渲染图也要精心设计，如图 12-21 所示。

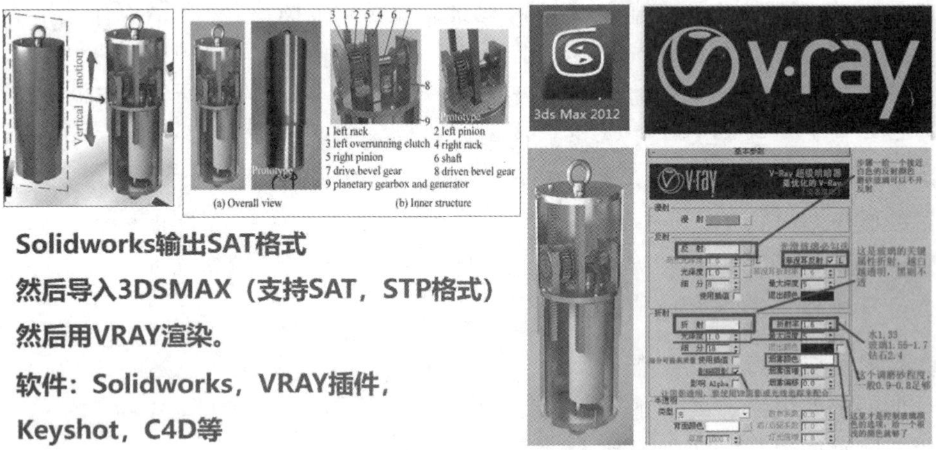

图 12-21　渲染图的精心设计示例

因此，在展示科技创新应用时，渲染效果图往往比语言更有说服力，图 12-22 很好地印证了这一点。

图 12-22　渲染效果图示例

12.6 成果保护——信息检索下的知识保护和成果积累

常见的成果保护包括专利、转件著作权、项目等，如图 12-23 所示。

在科创竞赛中，可将竞赛项目中的创新设计，在信息检索查新后申请相关专利，锻炼大学生的成果保护意识和专利撰写能力。

开篇引出的案例，即一系列区分矿泉水瓶/盖专利保护就是信息检索下的知识保护和成果积累。

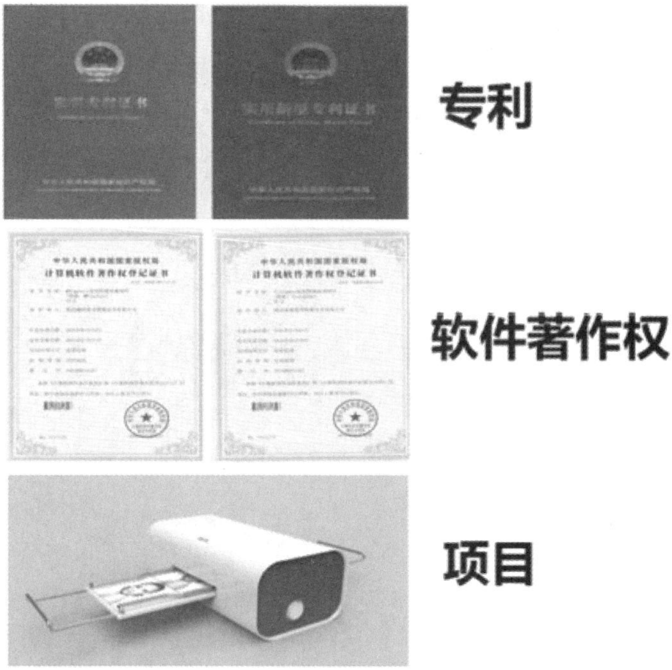

图 12-23　常见的成果保护

12.7 创新升华——融合信息检索，理论提高踏上学术之路

一个好的科创比赛作品及创意不应该止步于比赛，而需要进一步提炼升华，努力走向学术研究。借助比赛作品的研究，我们也可以逐步走上科研之路。

在多年的教学实践和科技创新指导中，团队已探索出“创新教学—团队实践—竞赛升华—回归理论—本/硕/博学术衔接”五位一体创新人才培养模式。

【案例 12-7】以 2015 年挑战杯智慧城市全国一等奖作品“车载太阳能降温系统”为例，通过以赛代学，融合信息检索，将竞赛想法升华，开展学术研究，最终发表了高水平论文。具体为：学生将该创意升华以后，发表在期刊“Applied Energy”上。该期刊 2019 年的影响因子（IF）为：8.848。

【案例 12-8】以 2016 年节能减排全国二等奖作品“一种新型的降噪发电声屏障”

为例，学生将该作品理论升华，进行理论提高，走上学术之路，发表在 energy 期刊上。具体过程为：2016 年 5 月得到比赛的创意；16 年 7 月进行科创国赛，获得国家级竞赛二等奖；2017 年 9 月份开始理论研究，进行文章的规划；2018 年 1 月写成初稿，2018 年 3 月修改定稿；2018 年 5 月投稿 energy 期刊，2018 年 7 月份修改，直至被该期刊录用、发表。

节能减排全国二等奖
作品创新升华案例

本作品融合信息检索，从科创比赛、生活、研究中发现热点问题，理论提高，走上学术之路，实现了提出问题、分析问题、解决问题的途径。

100 次的心动不如一次行动。希望同学们能积极通过信息检索、通过科创竞赛，提升自己的科技创新能力。

参考文献

[1] Framework for Information Literacy for Higher Education[EB/OL]. [2021-1-9]. http://www.ala.org/acrl/standards/ilframework.

[2] 韩丽风，王茜，李津，管翠中，郭兰芳，王媛．高等教育信息素养框架[J]．大学图书馆学报，2015，33（6）：118-126．

[3] 邓发云．信息检索与利用[M]．北京：科学出版社，2017．

[4] 陈晓红，高凡．近五年国内外信息素养教育研究进展及展望[J]．图书情报工作，2018，62（10）：136-142．

[5] 陈晓红，高凡，朱维凤，等．信息素养 SPOC 混合教学模式的设计与实现[J]．图书情报工作，2022，66（9）：123-130．

[6] 叶继元．学术规范通论[M]．上海：华东师范大学出版社，2005．

[7] 杨贺，王立伟，郦圣旺．基于倾角演化的滑坡监测及稳定过程[J]．工程力学，2020，37（S1）：193-199．

[8] 白泽朝，吕森，曹琨，王彦平．结合星载/地基 InSAR 分析的四川新磨村滑坡早期识别与灾后监测[J/OL]．地球物理学进展：1-10[2020-08-07]．http://kns.cnki.net/kcms/detail/11.2982.P.20200608.1106.044.html．

[9] 全国信息与文献标准化技术委员会．科学技术报告、学位论文和学术论文的编写格式：GB7713—1987[S]．北京：中国标准出版社，1987．

[10] 全国信息与文献标准化技术委员会．信息与文献参考文献著录规则：GB/T7714—2015[S]．北京：中国标准出版社，2015．

[11] 盛小平．国内知识管理研究综述[J]．中国图书馆学报，2002（3）：59-63．

[12] 全国信息与文献标准化技术委员会．科学技术报告、学位论文和学术论文的编写格式：GB7713—1987[S]．北京：中国标准出版社，1987：2-11．

[13] 陶志刚，李海鹏，孙光林，等．基于恒阻大变形锚索的滑坡监测预警系统研发及应用[J]．岩土力学，2015，36（10）：3032-3040．

[14] 赵相吉，马蕾，郭俊，王文健，刘启跃．干-水态下圆形硌伤对钢轨材料滚动接触疲劳特性影响[J]．摩擦学学报，2017，37（4）：544-550．

[15] 王振，李保峰，黄媛．从街道峡谷到街区层峡：城市形态与微气候的相关性分析[J]．南方建筑，2016（3）：5-10．

[16] 白晓梅．基于社会网络分析的学术影响力评估与预测[D]．大连：大连理工大学，2017：19-31．

[17] 任胜利．参考文献的选择与标引[J]．中国有色金属学报，2004（12）：1972．

[18] GB/T 7713—1987. 科学技术报告、学位论文和学术论文的编写格式[S]. 北京：中国标准出版社，1987.
[19] GB/T 7714—2015. 信息与文献 参考文献 著录规则[S]. 北京：中国标准出版社，2015.
[20] 陈晓红，高凡，何雪梅. 融合“MOOC”课程和“翻转课堂”理念优势的信息素养教学模式构建与实践[J]. 图书情报工作，2016，60（6）：32-37.